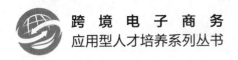

跨境电子商务
应用型人才培养系列丛书

跨境电子商务文案策划与写作

主 编 ◎ 张克夫　李丽娜
副主编 ◎ 邹益民　隋东旭　梁　华

清华大学出版社
北　京

内 容 简 介

本书结合跨境电子商务文案人员的岗位需求，系统介绍了跨境电子商务环境下文案策划与写作所需的知识和技能，主要包括跨境电子商务文案导论、跨境电子商务文案写作前期准备、跨境电子商务文案撰写、跨境电子商务网站内页文案策划与写作、跨境电子商务网络推广文案策划与写作、跨境电子商务营销软文写作等内容。

本书内容既有理论性，又有实用性，既是一本适合本科院校学生学习的教学参考书，也是一本可供有志于或者正在从事跨境电子商务文案相关工作人员的培训学习用书。

本书封面贴有清华大学出版社防伪标签，无标签者不得销售。
版权所有，侵权必究。举报：010-62782989，beiqinquan@tup.tsinghua.edu.cn。

图书在版编目（CIP）数据

跨境电子商务文案策划与写作 / 张克夫，李丽娜主编 . —北京：清华大学出版社，2021.5（2024.1重印）
（跨境电子商务应用型人才培养系列丛书）
ISBN 978-7-302-57869-7

Ⅰ. ①跨… Ⅱ. ①张… ②李… Ⅲ. ①电子商务—应用文—写作—高等学校—教材 Ⅳ. ①F713.36

中国版本图书馆 CIP 数据核字（2021）第 056481 号

责任编辑：邓　婷
封面设计：刘　超
版式设计：文森时代
责任校对：马军令
责任印制：曹婉颖

出版发行：清华大学出版社
网　　址：https://www.tup.com.cn，https://www.wqxuetang.com
地　　址：北京清华大学学研大厦A座　　　邮　编：100084
社 总 机：010-83470000　　　　　　　　邮　购：010-62786544
投稿与读者服务：010-62776969，c-service@tup.tsinghua.edu.cn
质量反馈：010-62772015，zhiliang@tup.tsinghua.edu.cn
印 装 者：三河市少明印务有限公司
经　　销：全国新华书店
开　　本：185mm×260mm　　印　张：16.5　　字　数：391千字
版　　次：2021年6月第1版　　　　　　　印　次：2024年1月第3次印刷
定　　价：49.80元

产品编号：088298-01

前　言
Preface

跨境电子商务是一种新型贸易方式和新型业态，具有广阔的市场空间和良好的发展前景。发展跨境电子商务不仅可以带动我国对外贸易和国民经济增长，还可以促进我国经济转型升级，提升"中国制造"和"中国服务"的国际竞争力，培育我国开放型经济新优势。

《跨境电子商务文案策划与写作》教材以培养高素质技术技能人才为目标，在适应实战型跨境电子商务文案策划与写作人才培养模式及教学一体化要求的基础上，结合企业的实际岗位需求完成编写。

本教材共分六章，分别为跨境电子商务文案导论、跨境电子商务文案写作前期准备、跨境电子商务文案撰写、跨境电子商务网站内页文案策划与写作、跨境电子商务网络推广文案策划与写作、跨境电子商务营销软文写作，系统地阐述了跨境电子商务文案策划与写作的基本知识和职业岗位能力要求，以"实用、适度、够用"为原则，重点突出"应用"和"能力"，具体来说拥有以下几个特点。

1. 理论和实践相结合，采用"案例+知识+实操"的模式组织内容

本教材针对跨境电子商务行业的文案岗位，循序渐进地介绍跨境电子商务文案所涉及的知识，由浅入深，层层深入。采用"案例+知识+实操"的模式组织教学，可以明显提升教学效果，有利于增强读者的学习兴趣。本书在编写过程中特别注重将电子商务文案的理论知识讲解与实际应用相结合，每一章都由经典案例引入，然后介绍文案的基础知识，最后通过习题与实训进行练习，以检验知识的学习效果。

2. 图文结合，内容通俗易懂

本教材在文字描述中采用图文结合的方式，利用图片对相关内容进行解释，使读者在阅读过程中能够获得良好的阅读体验。

3. 案例新颖、丰富，实战性强

本教材每章的开头以案例导读的方式引导读者进行学习，并在正文的知识讲解过程中穿插对应的真实案例。这些案例都十分具有代表性且比较新颖，具有很强的可读性和参考性，可以帮助读者快速理解与掌握文案写作的方法。

4. 教学资源丰富

本教材配套资源丰富，同时书中的"知识小助手"环节总结了相关的经验、技巧，能帮助读者更好地梳理知识。此外，本书通过二维码的方式提供了书中的一些拓展知识，读

者扫描二维码即可阅读,从而开阔眼界。

本书引用的图片、广告、案例仅为说明(教学)之用,绝无侵权之意,特此声明。

本教材既可作为高等院校电子商务专业、跨境电子商务专业、国际贸易专业、商务英语专业及相关专业的教学用书,也可作为相关专业人员自学的参考用书。

由于编者水平有限,时间仓促,书中难免存在不足和疏漏之处,请各位专家与读者不吝赐教。

编　者
2021 年 5 月

目 录
Contents

第一章　跨境电子商务文案导论 1
 第一节　电子商务文案概述 3
  一、电子商务文案的内涵 3
  二、电子商务文案的作用 5
  三、电子商务文案的类型 9
 第二节　跨境电子商务文案概述 15
  一、跨境电子商务文案的特点 16
  二、现阶段跨境电子商务文案的不足 16
  三、跨境电子商务文案的提升方向 17
  四、跨境电子商务文案表述策略 18
  五、跨境电子商务文案写作的注意事项 22
 第三节　跨境电子商务文案岗位能力要求 23
  一、写作能力 23
  二、思维能力 25
  三、其他能力 26
 复习与思考 27
 实训项目 27

第二章　跨境电子商务文案写作前期准备 31
 第一节　跨境电子商务商品认知 34
  一、了解商品分类 34
  二、熟悉商品属性 36
  三、掌握商品文化 37
 第二节　跨境电子商务市场调研与分析 39
  一、市场分析 39
  二、目标人群分析 40
  三、竞争对手分析 48
 第三节　跨境电子商务商品卖点提炼 51
  一、使用FAB法则分析商品卖点 51
  二、使用九宫格思考法分析商品卖点 52

  三、使用型录要点延伸法分析商品卖点 55
  四、商品卖点的展现角度 55
  五、关联消费者痛点 58
 第四节 跨境电子商务文案创意 59
  一、文案策划中的思维活动 59
  二、文案创意策略与方法 68
 复习与思考 75
 实训项目 75

第三章 跨境电子商务文案撰写 79

 第一节 跨境电子商务文案写作步骤 82
  一、明确写作目的 82
  二、拓展创意思维 84
  三、明确写作主题 87
  四、明确表达方式 88
  五、完善内容构思 89
 第二节 跨境电子商务文案标题策划与写作 90
  一、跨境电子商务文案标题的作用 90
  二、常见的跨境电子商务文案标题类型 92
  三、常见的跨境电子商务文案标题写作技巧 93
 第三节 跨境电子商务文案开头的策划与写作 96
  一、跨境电子商务文案开头的作用 96
  二、常见的跨境电子商务文案开头方式 96
  三、常见的跨境电子商务文案开头写作技巧 98
 第四节 跨境电子商务文案正文的策划与写作 102
  一、常见的跨境电子商务文案正文类型 102
  二、常见的跨境电子商务文案正文写作技巧 105
 第五节 跨境电子商务文案结尾的策划与写作 111
  一、常见的跨境电子商务文案结尾类型 111
  二、常见的跨境电子商务文案结尾写作技巧 113
 复习与思考 114
 实训项目 115

第四章 跨境电子商务网站内页文案策划与写作 117

 第一节 商品关键词的分析与设置 120
  一、关键词的常见类型 120
  二、关键词的选取与分析 127
  三、关键词的优化技巧 131

第二节　商品标题的拟定 143
一、商品标题的基本属性 143
二、商品标题的作用 144
三、商品标题的模板 144
四、商品标题的组合 145
五、商品标题写作的常见问题 146

第三节　撰写商品品牌文案 149
一、电子商务品牌文化概述 149
二、品牌文案的写作流程 151
三、品牌文案的写作要素 154
四、品牌文案的写作技巧 158

第四节　商品详情页文案写作 160
一、商品详情页的作用 160
二、商品详情页的设计原则 162
三、商品详情页的构架方式 164
四、商品详情页文案的写作技巧 171

复习与思考 176
实训项目 176

第五章　跨境电子商务网络推广文案策划与写作 181
第一节　搜索引擎营销推广文案策划与写作 185
一、搜索引擎简介 185
二、搜索引擎推广文案写作前的准备事项 187
三、搜索引擎推广文案写作方法 188
四、搜索引擎推广文案写作技巧 192

第二节　SNS 营销推广文案策划与写作 193
一、SNS 简介 193
二、社群的类型 194
三、社群推广文案的形式 195
四、社群推广文案的组成要素 197
五、社群推广文案的注意事项 198

第三节　邮件营销推广文案策划与写作 200
一、电子邮件文案简介 200
二、电子邮件文案的写作技巧 202

第四节　新媒体营销推广文案策划与写作 206
一、微博推广文案写作 206
二、微信推广文案写作 211

复习与思考 219

实训项目...220

第六章 跨境电子商务营销软文写作...................................222

第一节 软文概述...224
一、软文的内涵...224
二、软文的作用...227
三、软文的基本类型...229
四、软文的营销策略...238

第二节 软文写作概述...240
一、软文的写作技巧...240
二、常见软文写作场景...242
三、不同类型的软文撰写技巧...248
四、软文写作的误区与禁忌...252

复习与思考...254
实训项目...254

参考文献...256

第一章　跨境电子商务文案导论

📖 知识目标

- ❏ 认识电子商务文案。
- ❏ 掌握跨境电子商务文案。

📝 学习重点、难点

重点

- ❏ 电子商务文案的类型。
- ❏ 跨境电子商务文案的表述方法。
- ❏ 跨境电子商务文案写作的注意事项。

难点

- ❏ 运用跨境电子商务文案导论的相关知识分析问题、解决问题。

❓ 本章思维导图

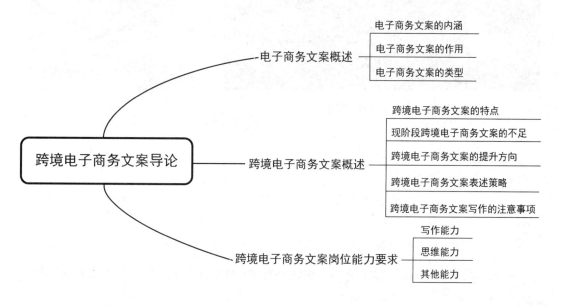

案例导入

电子商务经典文案PK：不服来战

现在各大电子商务企业为了抢夺受众眼球，在宣传上各出奇招，把对抗变成创意的角逐，为抢占市场份额不遗余力。

1. 1号店 VS 京东商城

京东食品曾曝光了一组以"不服就来战"为主题的漫画。漫画主要讲京东进口牛奶售价全网最低，有不服的可以随时比价。不过漫画中提到的"不二之选""嘴大"等词都是1号店之前的宣传文案，如图1-1所示。这揭开了京东食品和1号店的文案大战序幕。

此系列海报公布后，国美在线官方微博发布的四组海报，以"是男人，就放过1号店"标语直接向京东喊话，同样火药味十足。

从表面上看，国美在线是替1号店说话，实际上是在暗讽京东——跟牛奶较劲，伤不起！"排名第几不在意"文案针锋相对，调侃语气不言而喻，如图1-2所示。

图1-1　京东商城文案　　　　　　　图1-2　国美在线文案

2. 京东商城 VS 淘宝

淘宝客户端首页几个图标发生了变化，合在一起就是"真心便宜，不然是狗"，而这个"狗"显然暗指京东（吉祥物）。

而京东则更狠，客户端首页上直接显示"拒绝假货，不玩猫腻"，暗指工商总局曝光天猫销售假货。

资料来源：http://www.macyingjia.com/infoDetail.php?id=6506&cateid=4368.

➥ 辩证思考：分析以上文案内容，讨论并思考：什么是文案？文案中产品或品牌的宣传重点是什么？

第一节 电子商务文案概述

互联网的快速发展推动着电子商务的不断进步,在这一进程中,电子商务文案应运而生,并逐渐发展成为一个新兴的岗位。它基于电子商务这个广阔的平台,在继承传统文案特点的基础上,延伸出自己的特点。

一、电子商务文案的内涵

随着经济文化的发展,文案的含义由原本放书的桌子,衍变为公司或企业中出于宣传目的而创作的文章,它是以文字来表现已经制定的创意策略,多存在于广告推广、企业宣传和新闻策划等之中。随着电子商务的蓬勃发展,服务于电子商务的跨境电子商务文案也顺势产生,并成为各个商家宣传、推广企业和商品的一种途径。

(一)电子商务文案的内涵

传统的文案是指广告作品中的所有语言文字,即在大众媒介上刊发出来的广告作品中的所有语言文字。而随着新媒体时代的到来,文案逐渐发展并借由网络平台传播;这类文案以商业目的为写作基础,通过网站、论坛、微博和微信等交流平台进行发布,达到让消费者信任并引起其购买欲望的目的。

电子商务文案不仅包括文字,还能通过图片、视频、超链接等网络元素来丰富文案的内容,使文案更加富有吸引力。事实上,电子商务文案更像是一种营销文案,它不仅可以展示文案工作者的文字功底和创意,更重要的是与消费者沟通,通过所展示的文案内容打动、说服消费者。淘宝中的促销跨境电子商务文案如图1-3所示。该广告以文字和图片为主,通过秒杀、满减、打折等信息突出商品优惠条件,再搭配上美观的商品图片,可以快速让消费者对商品产生非常直观的印象,并刺激消费者点击该促销广告,进而浏览商品最终产生购物行为。

电子商务文案服务于电子商务领域,不管是文案主题表达,还是具体的商品信息传播,都是为了促进交易的产生和完成。它通常采用环环相扣的表达方式来串联内容,不同的环节会有不同的侧重点,每一部分文案表达都分工明确,让消费者层层深入,逐渐对文案所表达的内容形成较为全面的认识,进而引起消费者的购买欲望。

基于网络的特点,电子商务文案用语更加自由和时尚,可以第一时间使用网络中流行的新词、热词来吸引消费者关注。同时,可以利用正向契机,将网络热词打造成事件营销,在这一点上,良品铺子做出了很好的示范。2019年双十一促销中,良品铺子紧抓粉丝情绪,从粉丝视角出发,把流行热词"我柠檬了"进一步发酵为一场事件营销,掀起了#吴亦凡贰叁柠檬了#、#凡事贰叁,幸有良伴#等讨论热潮,化身"小太阳",表明和粉丝站在一线的立场,也表达了对粉丝的高度共情。良品铺子借力化流量为销量,打了一场漂亮的营销仗,如图1-4所示。

图1-3 淘宝促销文案　　　　　图1-4 良品铺子文案

（二）电子商务文案与传统文案的区别

传统的文案是以报纸、杂志、书籍和直接邮寄的广告等为载体，进行广告信息内容表现的一种形式。它具有一定的局限性，只能以文章或图文并茂的形式来进行静态宣传；而电子商务文案却拥有更加丰富的表现形式和传播途径，这提高了文案的使用价值，使文案成为一种低成本、高效能的营销模式。但传统文案也有电子商务文案所不能达到的一些效果，总的来说，两者之间的不同之处主要包括以下几点。

视野拓展：2019年网络热词盘点

（1）传统文案的文章布局较为正式，一般采用文章的正式写法，有头有尾，娓娓道来；电子商务文案布局较为随意，更注重文案的整体美观效果，更具有设计感。

（2）传统文案发布的时间长且门槛高；电子商务文案发布及时，且可以迅速感知到受众的反应。

（3）传统文案主要作用于广告和新闻；电子商务文案贯穿整个网络平台，作用范围更加广泛。

（4）传统文案不宜转载，传播力度弱；电子商务文案能够被广大网民查看，且极易被复制、粘贴和传播。

（5）传统文案主要以大中小企业或工厂使用为主；电子商务文案则以网站站长、网商及店长使用为主。

（6）传统文案主要以纸质媒介为主，是静态的；电子商务文案则以网络媒体为主，是动态的。

（7）传统文案寿命较短，难以保存；电子商务文案寿命长，可以存储在数据库或计算机中。

（8）传统文案的投放渠道有系统、有规模，读者较为固定，忠诚度高；电子商务文案的投放渠道比较分散，网民忠诚度较低。

比较而言，电子商务文案在传统文案的基础上，具有更强的层次性、时尚性、交互性和延伸性，它是一种在传统文案基础上衍生出来的新型跨境电子商务文案，更加注重文案写作人员的超文本写作能力和创作思路的创新性，并且更符合当下消费者的生活和消费习惯。

视野拓展：网络媒体的优势

二、电子商务文案的作用

在新消费时代的背景下，人们对商品的需求越发多元化，除要满足其实际需求外，更要满足其潜在的心理需求。如何巧妙地抓住消费者心理，用最小的成本引起消费者的共鸣，挖掘消费者的潜在心理需求并满足它，成为摆在众多商家面前的一道难题。而电子商务文案的出现，很好地改善了这些问题。电子商务文案不仅可以展现商家自己的文化和商品，还能更好地体现消费者需求，吸引消费者购买。

文案既是一种销售手段，又是一种广告载体。文案也被人称为纸上推销术，它可以清晰描述商品的全部卖点，把控消费者心理，激发消费者的购买欲望，达成销售的目标。成功的电子商务文案可以带动商品的销量，优秀的文案更可以带动整个店铺的销量。当然文案不仅包括文字，还需要图片、视频等元素增强文案的吸引力，以起到事半功倍的作用。曾经有人讲过把梳子卖给和尚、把冰块卖给爱斯基摩人的故事，用它来赞扬优秀的销售人员。文案通过塑造商品的差异化优势，可以快速地寻找到明确的目标客户群，从而带动销量。

熟练掌握文案营销并辅助视觉设计可以解决大部分店铺的流量问题和转化问题。优秀的文案可以提升商品的价值，促进销售，同时还可以增加消费者对店铺的信任度，提升品牌影响力。文案在本质上属于创作，但最终目的是实现基于商品本身的销售目标。随着电子商务竞争的日渐激烈，文案也成功地走在了电子商务竞争的前端。接下来介绍文案在营销中的作用。

（一）促进品牌资产的积累

随着市场与商品竞争的不断加剧，企业以及商品品牌之间的竞争也越来越受到商家的重视。同时，消费者也更容易因受到品牌影响进而选择购买商品。一般来说，品牌资产包括品牌认知、品牌形象、品牌联想、品牌忠诚度和附着在品牌上的其他资产。

☆ 知识小助手

品牌认知、品牌形象、品牌联想、品牌忠诚度的含义

品牌认知：即品牌的知名度，是指消费者对该品牌的内涵、个性等有所了解。

品牌形象：是指消费者对某一品牌的总体质量感受或在品质上的整体印象。

品牌联想：是指消费者对品牌或商品的联想，包括与有关商品的属性定义或服务功能的联想，以及有关商品的服务、购买或消费的外在联想。

品牌忠诚度：是指消费者在购买决策中，多次表现出对某个品牌有偏向性的行为反应，它是一种行为过程，也是一种心理（决策和评估）过程。

文案可以将企业和商品品牌以形象生动的文字表达出来,让消费者了解品牌的形成过程、企业所倡导的文化精神以及品牌所代表的意义等,提升品牌的形象,增加消费者对品牌的好感和信任度。长此以往,就可以逐渐积累起品牌的美誉度,使公众对于该品牌的质量可信度、社会公信力、市场竞争力、服务诚意、致力公益和回报社会等方面的综合评价有良好的印象。

案例 1-1

王老吉 VS 加多宝经典营销大战:"对不起"PK"没关系"

广州市中级人民法院裁定加多宝禁用"改名"广告曾经轰动一时,就此禁令,加多宝官方微博连发四条主题为"对不起"的自嘲系列文案,并配以幼儿哭泣的图片,引发上万网友转发。而在同一天的傍晚,微博上马上出现了王老吉版的"没关系"文案,配以幼儿微笑的图片,回应加多宝的"对不起"。

两条微博引起了网友的广泛关注,短短数小时内,转发量便已达到十万多条。品牌营销专家认为,加多宝在和王老吉竞争中,感情牌打得非常好,这次被裁定禁止使用此广告语之后,这一系列广告行为还是为了争取同情。而当时正处在春节营销旺季,双方娱乐对掐,引发媒体、名人、网友免费转发,可谓一场"双赢"的成功营销战。

加多宝:"对不起"体,发道歉微博"叫屈"

#对不起#是我们太自私,连续 6 年全国销量领先,没有帮助竞争队友修建工厂、完善渠道、快速成长……

#对不起#是我们无能,卖凉茶可以,打官司不行。

#对不起#是我们出身草根,彻彻底底是民企的基因。

#对不起#是我们太笨,用了 17 年的时间才把中国的凉茶做成唯一可以比肩可口可乐的品牌。

画面中的主角是一位天真可爱但却不知为何而号啕大哭的小男孩,像是被夺走心爱的玩具那般委屈。这组画面,再辅以"对不起"的诉求,让人立即想起了加多宝和王老吉的商标之争,以及双方落槌的官司,如图 1-5 所示。

加多宝的道歉微博一经发布,便引起广泛关注。新浪数据显示,发布后短短数小时,"对不起"系列微博的转发量已超过 17 万,覆盖粉丝数逾 3 亿。而小男孩的无言哭诉,赚足了同情分。

王老吉:"没关系"体,若真道歉会说"没关系"

#没关系#是我们要赢,凉茶要卖好,官司也不能输。

#没关系#是我们出身优越,但不改一颗自立的决心。

#没关系#是我们太囧,费了 17 年的时间才懂得祖宗留下中国的凉茶需要自己细心经营。

#没关系#是我们太大度,连续 10 几年让你们放手去做,没有介入日常经营、渠道建设,在背后默默付出。

加多宝发布道歉微博短短几个小时之后,网上突然出现了王老吉版的四条"没关系"体微博,以可爱的幼儿配图,回应加多宝的"对不起"。"没关系"体同样引来上万网友的快速转发,并惊叹"王老吉的反应速度真快",如图 1-6 所示。

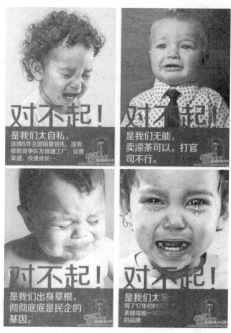

图1-5 加多宝"对不起"体

图1-6 王老吉"没关系"体

但有发现称,"没关系"体最早出自名为"MADBRIEF 疯狂简报"的官方认证微博,王老吉官方微博对此进行了转发。该微博称:"'没关系'体纯属'鞋骨'(疯狂简报员工)昨晚临下班的随手娱乐 PS,非王老吉官方出街稿。图片来自百度搜索,字体为微软雅黑,文案'鞋骨'原创。"据介绍,疯狂简报是一家独立的跨界互动行销资讯网站,专注品牌的数字化传播与社会化营销。随后,又有网友创作了"无所谓"体,对这两大凉茶企业的大战进行恶搞,如图1-7所示。

图1-7 "没关系"VS"对不起"VS"无所谓"

资料来源:王老吉加多宝微博对战,"对不起"PK"没关系"[EB/OL].(2013-02-07). http://www.chinanews.com/cj/2013/02-07/4556416.shtml.

（二）取得消费者的信任

电子商务文案是一种带有销售性质的文案，它的主要目的是要让消费者信任文案中所描述的商品并产生购买欲望。因此，也可以将电子商务文案看作一种销售行为，销售基于信任，而文案恰恰能够建立起商家与消费者之间的信任关系。文案中详细的商品信息展示、第三方评价和权威机构认证等都是很好的文案宣传素材。

不仅如此，文案还能在更准确地揣摩消费者心理的基础上，从多方面出发，做到动之以情，晓之以理，激发出消费者平时没有关注到的潜在需求，引起消费者情感上的共鸣，促使消费者产生购买欲望。

例如，海飞丝的文案"对我来说，一个干净的肩膀，让她随时依靠，就是我对她的支持""去头屑，让你靠得更近"，不仅说明了洗发水的超强去屑功能，还可以引起消费者对头屑问题的联想，加深消费者对这个问题的重视程度，进而产生对商品的需求。

（三）整合与互动作用

在网络平台上，电子商务文案可以无处不在，消费者只要具备上网的条件就可以看到它。商家也可以通过各种平台进行文案推广与宣传，扩大文案的作用范围，如网页、邮件、微博、论坛、QQ 和微信等都可以进行推广与整合营销。商家还能及时获得公众的意见与回复，增加彼此之间的互动，展开讨论。互动的范围和讨论的主题如果具有一定的话题性，可以有效地进行宣传与营销，起到事半功倍的效果。

文案是手段，销售才是广告的最终目的。电子商务文案是为了将受众的注意力吸引到商品上来，有效传达文案中所包含的商品信息，使受众在解读这些信息后，将自己的需求与商品、品牌联系起来，进而起到促销的作用。因此，电子商务文案的撰写，必须以销售为导向。

知识小助手

整 合 营 销

整合营销是一种对各种营销工具和手段的系统化结合，根据环境进行即时性的动态修正，以使交换双方在交互中实现价值增值的营销理念与方法。整合就是把各个独立的营销综合成一个整体，以产生协同效应。这些独立的营销工作包括广告、直接营销、销售促进、人员推销、包装、事件赞助和客户服务等。战略性地审视、整合营销体系、行业、产品及客户有助于企业决策层制定出符合企业实际情况的整合营销策略。

视野拓展：整合营销的内容

（四）增加外部链接与点击量

电子商务文案的一个优点是可以添加外部链接，以便带来更多的外部流量并提高网站的 PR 值（网页级别）。首先，消费者可以通过单击这些外部链接来访问更多的网页，了解企业或商品的更多信息。其次，从搜索引擎优化的角度来考虑，外部链接越多的网页越能够被搜索引擎发现和收录，这就表明，网页越能够被消费者搜索到，产生的流量也会越多。

消费者的需求得到满足时就会产生愉悦的心理感受，同时会对满足其需求的商品或品牌产生好感。相反，如果需求不能得到满足则容易对商品或品牌产生排斥。而文案就是为了实现与消费者的良好沟通，改变消费者的固有观念，促使他们产生购买行为并树立商品和品牌良好形象而产生的。商品的长期销售需要企业有效地塑造品牌形象，优秀的电子商务文案必须承担起塑造品牌或企业形象的责任。这就要求电子商务文案能准确、有效地展示商品或企业独特的个性，并通过长期传播，最终将这种个性升华为品牌内涵。

三、电子商务文案的类型

电子商务文案种类繁多，不同的文案适用于不同的情景，所达到的效果也大不相同。可以大致将电子商务文案分为以下四类。

（一）横幅跨境电子商务文案

横幅广告是网络中最常见的一种广告形式，一般以 jpg、png、gif 等格式的图像文件出现在网页中，用于表达广告的内容。横幅广告一般放置在网页中较为醒目的位置，如网站主页的顶部，如图 1-8 所示。

图 1-8 华为官网首页的横幅广告

横幅跨境电子商务文案一般是一个简短的标题加上标志或是一个简洁的招牌，主要起到提示的作用，暗示消费者单击图片打开其他页面，去了解更详尽的广告信息。对于文案工作者来说，要进行横幅跨境电子商务文案的创作，需要结合一定的创意来进行表现，尽量表现广告主题的独创性和新颖性。

（二）网店内页文案

网店内页包含的页面众多，如商品列表页、搜索页、商品展示页等。对于文案写作来说，网店内页文案主要是为了描述商品展示信息而创作的，常表现为商品标题文案、商品促销跨境电子商务文案、商品描述文案等。

1. 商品标题文案

消费者通过搜索关键词可以在电子商务网站中获得与所搜索关键词相关的所有商品的信息，而搜索结果与搜索关键词和商品标题内容的匹配度有密切关系。在不考虑商品其他因素的情况下，商品标题文案与消费者搜索关键词之间的匹配度越高，搜索结果中出现该商品的概率就越高，消费者点击该结果进入内页查看的概率也就越高。

因此，商品标题文案是非常重要的，它不仅需要包含与消费者搜索意向相匹配的关键词，还要在符合电子商务平台对商品标题限制的条件下，合理地将关键词与其他词组合起来，使其形成语句连贯、关键词突出、包含信息完整的标题内容，才能最大可能地被电子商务平台检索出来，并呈列显示在消费者眼前，吸引消费者对商品产生兴趣。例如，在淘宝网中以关键词"女靴2020年新款"进行搜索，从搜索结果中可以看到，商品标题中与消费者搜索关键词相匹配的词语是组成商品标题的关键性词语，可以通过不同的组合方式关联商品的其他信息，使其成为具有点击率的商品标题文案，如图1-9所示。

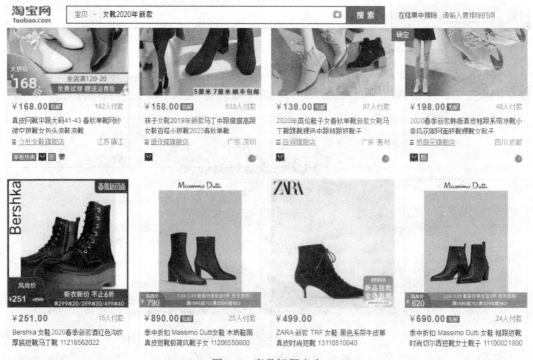

图1-9　商品标题文案

文案人员需要注意的是，商品标题文案不需要华丽的辞藻和夸张的修辞，而是要在综合考虑消费者搜索需求的基础上，按照电子商务平台搜索引擎的搜索规则来进行创作，以实用性为主。

2．商品促销跨境电子商务文案

为了宣传商品，商家常常会通过一些促销跨境电子商务文案来吸引消费者，这类文案的目的是刺激消费者产生购买商品的欲望，增加商品的浏览量与销量。商品促销跨境电子商务文案的重点是促销，文案内容常以口号的形式号召消费者参与购物，因此，用语相对简洁，内容简短，以突出的商品卖点、优惠价格、促销力度等内容为主。例如，苏泊尔"红点锅"商品详情页中的促销跨境电子商务文案主要包括促销海报和商品卖点两部分。文案首先通过3张优惠促销海报展示促销信息，不仅向消费者展示了本商品"直降70元"的优惠信息,还展示了店铺内的其他商品促销信息,以增加商品的关联营销力度,增加其他商品的跳转率;其次,还以"有点不一样"文案展示了商品的基本信息,说明商品是一款平底锅,但又与其他平底锅不一样,引起消费者想要一探究竟的欲望,增加消费者在商品详情页中的停留时间,最终达到提升销量的目的,如图1-10所示。

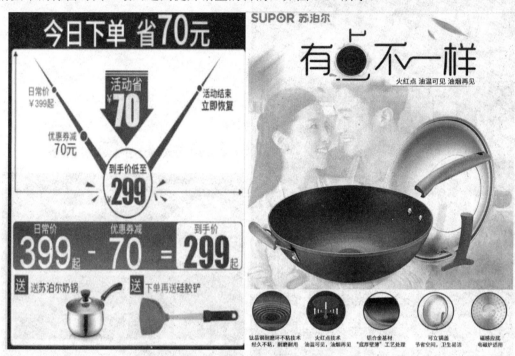

图1-10 商品促销跨境电子商务文案

促销海报是促销跨境电子商务文案的重点,海报要尽量以突出的文字和图片的组合体现出视觉吸引力,以提高消费者对促销商品的认知,激发他们的购买欲望。在策划促销海报时,要注意海报文案的内容形式并不是固定的,可以是"标题+副标题+活动规则",可以是"标题+副标题+销售话语",也可以添加商品卖点、促销力度、活动时间或最低价等内容,若是线下实体店也有活动,还可在海报上添加实体店的活动地点。由此可以看出,海报文案的内容非常灵活,商家可以根据促销目的灵活安排。

知识小助手

除网店内页中的促销海报文案外,网店其他页面也可能出现海报文案,这些海报的内容既可以是有关新商品的新宣传、优惠促销,也可以是活动推广。

3. 商品描述文案

商品描述文案是说明商品信息的文案,其作用是解释说明商品的各项信息,包括功能、性能、规格、参数、使用方法等,让消费者对商品有一个全面详细的了解。商品描述文案主要围绕商品信息进行创作,其内容一般较多,贯穿在整个商品展示页面,因此要注意描述语言的风格统一和用词准确。在商品详情页中常通过详细的商品描述文案来说明商品,如商品颜色、商品细节、工艺技术等内容。例如，戴森无线吸尘器的部分描述文案，说明了商品的内部组成、参数组成、先锋技术、清洁模式等信息，让消费者对这款商品的主要功能有所了解后继而被打动，产生购买欲望，如图1-11所示。

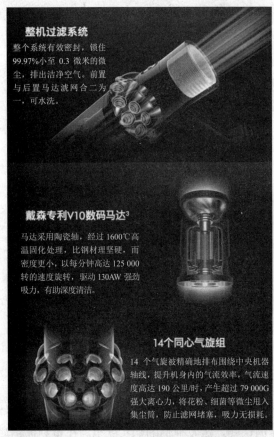

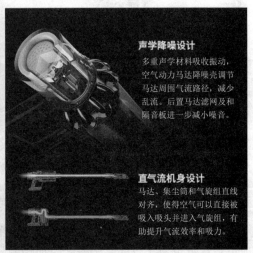

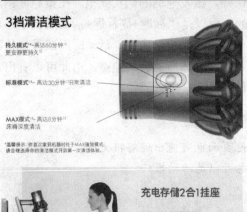

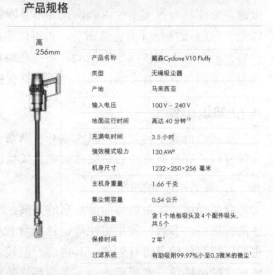

图1-11 戴森无线吸尘器描述文案

（三）电子商务品牌文案

电子商务品牌文案主要用于品牌建设，累积品牌资产。一般来说，电子商务品牌文案主要通过故事进行品牌形象的建立与传播，文案内容的好坏直接决定着品牌故事的好坏，因此要注重故事的塑造和所要表达的思想。一个好的品牌故事能够体现其核心的品牌文化，并达到脍炙人口、源远流长的效果。

品牌故事文案的重点是"故事"，通过一定的描写手法来塑造一个具有感染力的故事，让消费者融入故事情节中，产生自我、带入情绪才能更好地感染消费者，打动消费者的心，使他们认可你的品牌。品牌故事文案写作不能太天马行空，可以选取比较具有代表性的事件、品牌领导人、企业来历等，这样更容易触动消费者，便于消费者记忆和传播。品牌故事文案要写清楚故事发生的时间、地点、人物，事件发生的起因、经过和结果，要在故事的发展中融入品牌的来历、理念、价值等信息，这样才能通过故事来提高品牌的知名度和影响力。例如，海蓝之谜精华面霜从商品原料来源、制作工艺的角度创作的品牌故事文案，体现了商品的高品质，给消费者留下了良好的品牌印象，如图1-12所示。

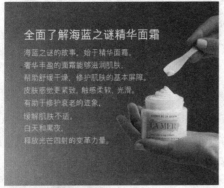

图1-12　品牌故事文案

（四）网络推广文案

电子商务文案服务于整个网络平台，为了推广并宣传自己的商品、品牌或服务，商家可以通过各种网络渠道（如目前较为主流的微博、微信、资讯类网站和社群）进行宣传，相应地，文案人员就要在这些平台中写作并发布商品、品牌或服务的推广文案。网络推广文案由于推广平台不一，其写作方法和表现形式也有所不同，但相同的是，它们都通过写作具有吸引力的内容来吸引消费者，提高消费者对话题的关注度，并引导他们积极参与话题讨论，在无形中将商品的特性和功能诉求详细地告诉消费者，以激发他们的关注度和购买欲。例如，以下两则广告，它们借势女神节，将品牌、商品与热点融合起来，借用热点来宣传商品。这是网络推广文案常用的一种手法，如图 1-13 和图 1-14 所示。

图 1-13　整形机构推广文案

图 1-14　盏颜燕窝推广文案

案例 1-2

京东春节文案《红色寄托》

"春节"对于中国人来说是非常重要的传统节日，自然也备受品牌关注。年，是什么颜色？在中国传统中，年就是"红色"，红色象征着过年的气氛，红色是情感的寄托。

在 2019 年小年期间，京东春节广告《红的寄托》正式上线。广告以红色为主线，通过 8 个不同的故事，讲述每个人和红色物品间的故事，并进一步描述了这些红色物品对于他们的意义，如图 1-15 和图 1-16 所示。

送母亲一支口红，希望帮她留住风华；父亲久久不愿按下的红色挂断电话标识，是对儿子的思念和不舍；送爱宠一条红绳，作为重逢的信物；送孩子一双红鞋垫，寄予踏实的期许……

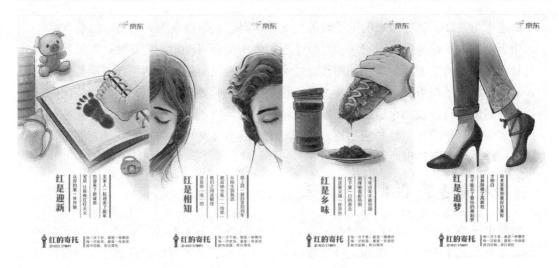

图1-15 红色寄托系列文案一

图1-16 红色寄托系列文案二

资料来源：盘它！让人"记忆住"的2019春节营销案例[EB/OL].（2019-02-14）. http://www.woshipm.com/marketing/1917082.html.

第二节 跨境电子商务文案概述

跨境电子商务贸易是网络信息技术与对外贸易产业有机结合的产物，打破了以往国际贸易的局限性，使商品交易能够通过网络进行，保证了商品贸易的高效性、便捷性以及严谨性。不同国家之间通过网络商铺直接进行在线交易，省去了中间烦琐的环节，提高了工作效率，使商品交易更加简单、方便。同时跨境电子商务的发展也促进了各国之间的贸易往来，对于提高我国经济发展以及提升国际影响力具有积极意义。随着跨境电子商务事业的不断进步与发展,随之而来的电子商务文案写作问题也逐渐成为人们关注的重点。

由于跨境电子商务是基于网络信息技术而衍生出的新兴产物,创新性、发展性成为其主要特点,以往的电子商务文案的写作已经无法适应跨境电子商务的不断更新与发展。因此,基于跨境电子商务的电子商务文案的写作要具有与时俱进的特点,还要保持国际化视野以及创新性技巧,以此来适应不断发展与革新的跨境电子商务事业。此外,还要提高电子商务文案的写作的实用性与应用性,使跨境电子商务文案的写作更加简洁、明了,进而促进我国跨境电子商务事业的发展与提升。

一、跨境电子商务文案的特点

跨境电子商务的发展与普及对电子商务文案的写作提出了更高的要求,使电子商务文案的写作更加趋于专业化、实用化以及规范化。电子商务文案写作的有效性与适应性是跨境电子商务贸易的有力组成部分,是各国商品交易顺利进行的有力保证。

跨境电子商务贸易的出现打破了以往的商品交易模式,从当初的面对面商品贸易、电话沟通形式逐渐演变为网络在线交易模式,使商品的对外流通更加方便、高效,并且也带动了物流事业以及港口事业的发展与提升。跨境电子商务贸易的顺利实施需要电子商务文案更加具有专业性、通俗性及系统性,主要原因在于跨境电子商务贸易形势下,人们获取物品信息的方式只有网络文字、图片以及视频。要想让顾客更好地了解商品的优势及特点,就需要电子商务文案的写作更加简洁、全面以及深入。并且在跨境电子商务交易的模式下,人们对于商品的报价、合同的签署、订单的处理,甚至售后索赔、保险签订,都是通过电子商务文案来实现的。因此,电子商务文案对于跨境电子商务的顺利进行以及高效发展起到了非常关键的作用。

跨境电子商务的电子商务文案的写作不同于日常的文案形式,要具有简洁化、专业化以及实用化的特点。例如,在跨境电子商务文案的写作中较多出现专业术语和英文缩写。因此,首先要充分掌握英语基础知识,有与贸易相关的写作能力。如部分写作需要英语电函才能更好地被人们所接受,电子商务贸易也才会更加顺利。其次,跨境电子商务文案的写作要求人们拥有良好的对外贸易意识以及国际视野,对于商品的信息要了解全面,国际贸易词语的应用也要全面掌握,只有这样才能保证商品更加符合人们的实际需求,商品介绍更加全面,电子商务文案的写作更加贴合商品的实际情况。

二、现阶段跨境电子商务文案的不足

(一)单一性

跨境电子商务的发展日新月异,主要原因在于网络信息技术的不断革新与发展。由于我国跨境电子商务事业的起步较晚,人们对于电子商务贸易的了解还不够透彻,电子商务文案的写作经验还不够充足,电子商务文案的写作技巧也较为单一。缺乏适应性与科学性是我国跨境电子商务贸易发展与进步的主要问题。

（二）缺乏专业性

随着跨境电子商务事业的不断发展与进步，贸易往来中所涉及的商品种类也越来越多。不断更新的专业名词层出不穷，跨境电子商务文案的写作要求也越来越高。但现阶段我国跨境电子商务文案的写作人员缺乏与时俱进的写作精神以及国际视野，对跨境电子商务环境下的商品了解不够全面，加之专业知识掌握不够全面，写作技巧不足，使得电子商务文案的编写缺乏专业性以及严谨性。

（三）国际交流能力缺乏

由于跨境电子商务贸易形式主要为在线交易，因此，文字的国际沟通与交流是必不可少的。例如，我们应用最多的阿里巴巴公司下的"速卖通"是专注于跨境电子商务的软件，通过在线的交流沟通实现商品的交易。因此，国际交流能力对于跨境电子商务贸易具有非常重要的作用。由于我国部分人员国际交流能力较差，导致交流沟通缺乏专业性与严谨性，进而造成客户的流失以及商品优越性无法更好地被人们所理解，对跨境电子商务商品交易的顺利进行产生了一定的影响。同时国际交流能力的缺乏对于跨境电子商务文案的写作也会带来不利的影响，会造成沟通过程中无法全面有效地了解到客户对产品的需求，这对于后续的合同签订、物流发货、售后服务都会产生一定的影响。

三、跨境电子商务文案的提升方向

（一）促进跨境电子商务文案多样化

跨境电子商务的发展使我国对外贸易的商品种类日渐增多，并且随之而来的商品服务也越来越广泛。因此，我国要积极提高跨境电子商务文案的多样性，不断丰富自身的英语国际知识能力，提高电子商务文案的写作水平，使其更具有实用性、适应性和严谨性，以更好地对商品优势进行阐述，便于与国外客户进行交流。同时，丰富跨境电子商务文案的多样性还有利于更好地对商品的服务进行处理，使我国跨境电子商务贸易往来能够更加专业化、科学化和先进化，也为我国对外贸易事业提供了很好的支持。

（二）增强跨境电子商务文案专业性

要充分了解与掌握跨境电子商务文案写作的专业技巧和编写规范，如跨境电子商务贸易中商品的专业词语以及英文缩写。要积极提升自身的专业知识水平，提升自身的国际贸易能力，结合我国对外贸易的实际状况，将电子商务文案写作中的专业词语以及英文缩写合理进行运用，提高我国跨境电子商务文案写作的专业性、严谨性和规范性，为我国对外贸易事业的进步与发展提供有力的帮助与支持。

（三）提升跨境电子商务文案语言的对外交流能力

提升跨境电子商务文案语言的对外交流能力能对提高电子商务文案的写作水平起到积极有效的推动作用，主要原因在于跨境电子商务一般为线上交易，文案的沟通与交流是必不可少的。因此，国际交流能力的提升能够很好地改善电子商务文案写作交流能力，对于提高跨境电子商务下的沟通交流、商品优势的阐述以及商品服务能力具有积极意义，也是跨境电子商务文案写作能力提升的主要措施以及发展方向。

四、跨境电子商务文案表述策略

跨境电子商务文案的核心思想就是提取卖点，吸引消费者的注意力，刺激消费者的购买欲望。优秀的跨境电子商务文案的表述应做到以下几点。

（一）基本要求

跨境电子商务文案最基本的要求是逻辑通顺，要简洁生动地表达出产品最核心的诉求，告诉消费者产品能给他们带来什么，并以强有力的视觉冲击力吸引住客户，吸引其继续往下看并最终购买产品。

案例 1-3

比阿里文案还扎心的跨境电子商务

以下是一则跨境电子商务培训机构——易仓科技的网络文案（见图1-17～图1-26），其以独特的视角、扎心的语言吸引读者阅读。

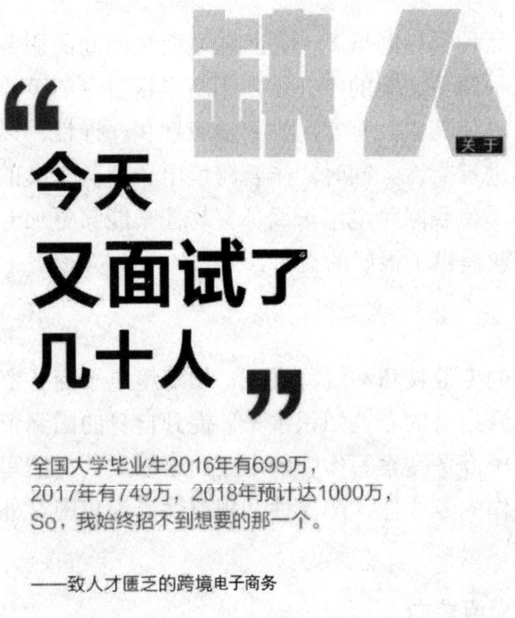

"缺人"
今天
又面试了
几十人

全国大学毕业生2016年有699万，
2017年有749万，2018年预计达1000万，
So，我始终招不到想要的那一个。

——致人才匮乏的跨境电子商务

图1-17 缺人

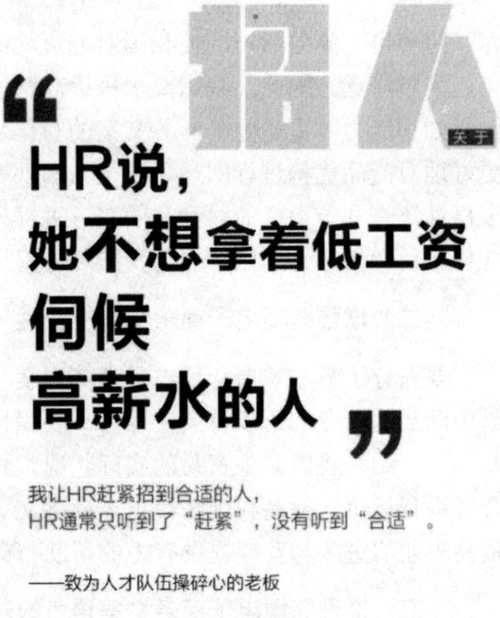

"招人"
HR说，
她不想拿着低工资
伺候
高薪水的人

我让HR赶紧招到合适的人，
HR通常只听到了"赶紧"，没有听到"合适"。

——致为人才队伍操碎心的老板

图1-18 招人

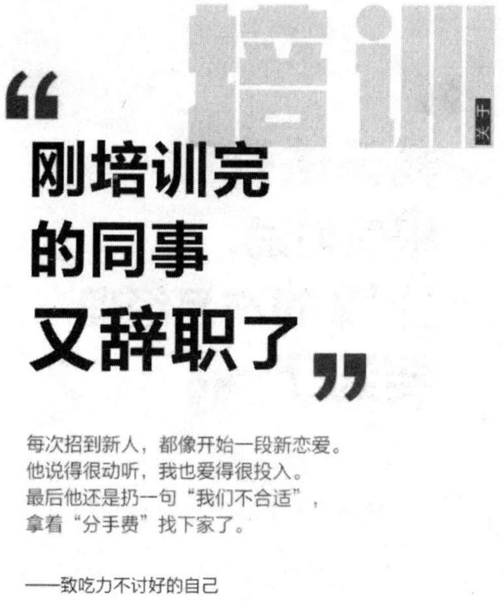

第一章 跨境电子商务文案导论

> **刚培训完的同事又辞职了**

每次招到新人，都像开始一段新恋爱。
他说得很动听，我也爱得很投入。
最后他还是扔一句"我们不合适"，
拿着"分手费"找下家了。

——致吃力不讨好的自己

图1-19 培训

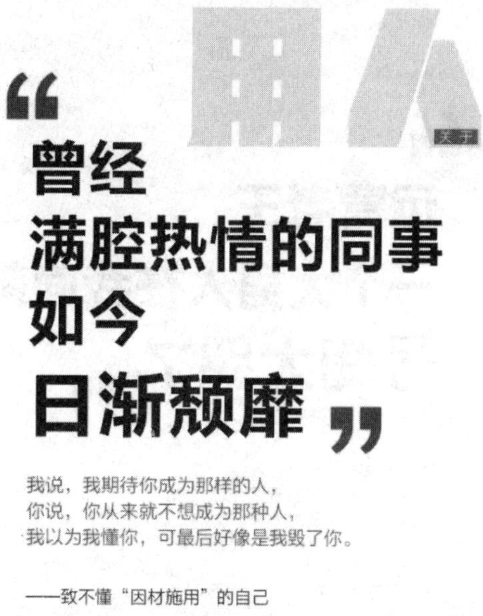

> **曾经满腔热情的同事如今日渐颓靡**

我说，我期待你成为那样的人，
你说，你从来就不想成为那种人，
我以为我懂你，可最后好像是我毁了你。

——致不懂"因材施用"的自己

图1-20 用人

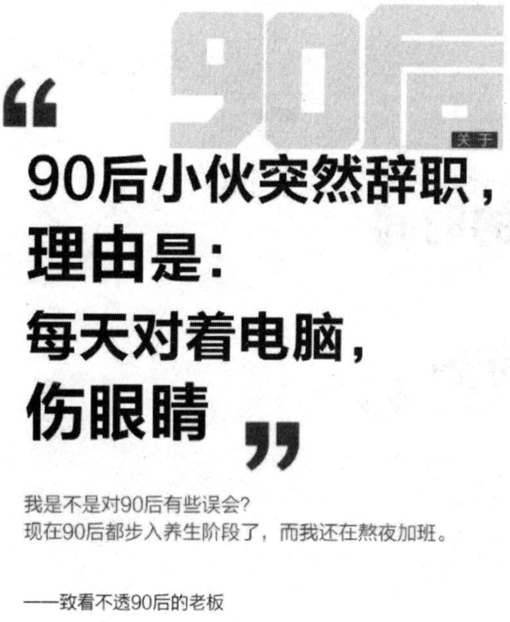

> **90后小伙突然辞职，理由是：每天对着电脑，伤眼睛**

我是不是对90后有些误会？
现在90后都步入养生阶段了，而我还在熬夜加班。

——致看不透90后的老板

图1-21 90后

> **我问你要什么，你说你什么都不要，只要走**

房子都抵押了，还是留不住你。

——致留不住人的跨境电子商务

图1-22 留人

有人说阿里的文案扎到心窝里。
可是真正扎心的不是文案，而是生活本身。
在跨境电子商务里，
总有人像容嬷嬷一样，冷不丁出来扎你一下。

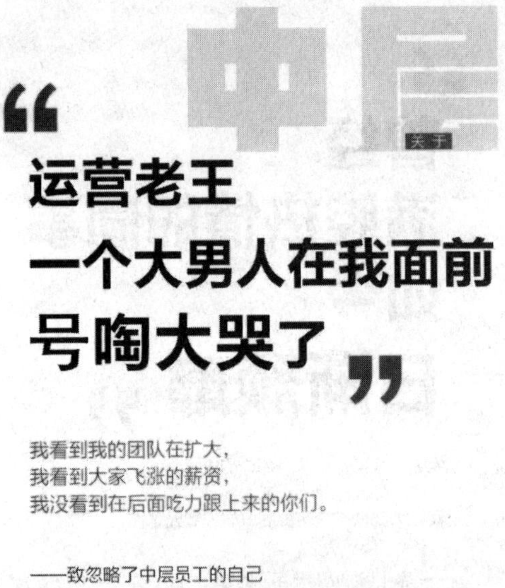
关于
中层
运营老王
一个大男人在我面前
号啕大哭了
我看到我的团队在扩大，
我看到大家飞涨的薪资，
我没看到在后面吃力跟上来的你们。
——致忽略了中层员工的自己

图 1-23　中层

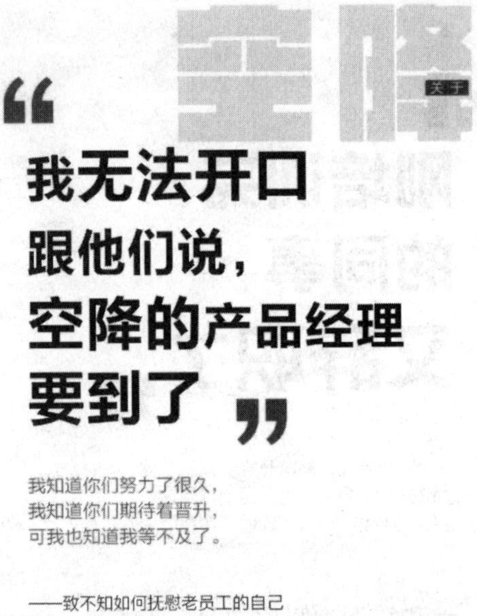
关于
空降
我无法开口
跟他们说，
空降的产品经理
要到了
我知道你们努力了很久，
我知道你们期待着晋升，
可我也知道我等不及了。
——致不知如何抚慰老员工的自己

图 1-24　空降

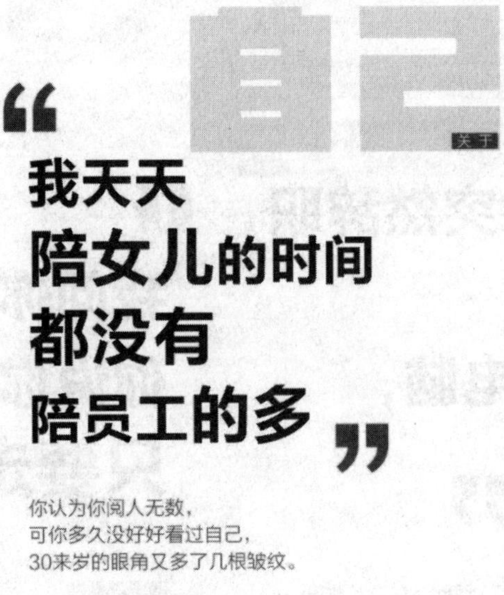
关于
自己
我天天
陪女儿的时间
都没有
陪员工的多
你认为你阅人无数，
可你多久没好好看过自己，
30来岁的眼角又多了几根皱纹。
——致跨境电子商务的老板们

图 1-25　自己

阿里说没人会原谅你的穷，

京东说，你不必成功。

但我们都知道，爱你的人自然会体谅你。

为了一起奋斗的伙伴，你必须成功。

这回，你无须独自舔舐自己千疮百孔的心，

易仓第十四期极客营解救你。

本期邀请了现任前十跨境电子商务卖家培训师，
过往授课反响极好的×××讲师，
讲述《跨境电子商务团队如何有效留人》。
会议议程如下，欢迎踊跃报名。

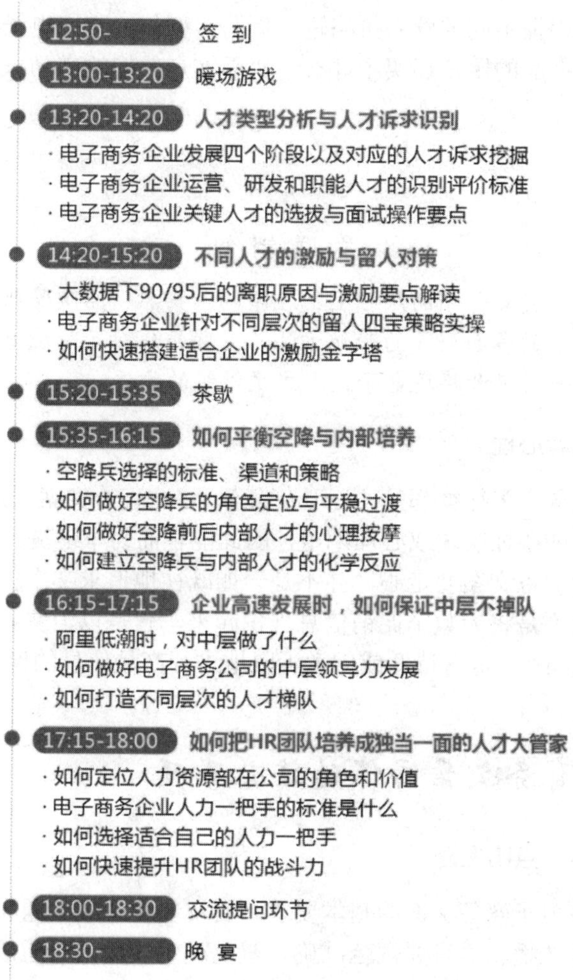

- **12:50-** 签到
- **13:00-13:20** 暖场游戏
- **13:20-14:20** 人才类型分析与人才诉求识别
  · 电子商务企业发展四个阶段以及对应的人才诉求挖掘
  · 电子商务企业运营、研发和职能人才的识别评价标准
  · 电子商务企业关键人才的选拔与面试操作要点
- **14:20-15:20** 不同人才的激励与留人对策
  · 大数据下90/95后的离职原因与激励要点解读
  · 电子商务企业针对不同层次的留人四宝策略实操
  · 如何快速搭建适合企业的激励金字塔
- **15:20-15:35** 茶歇
- **15:35-16:15** 如何平衡空降与内部培养
  · 空降兵选择的标准、渠道和策略
  · 如何做好空降兵的角色定位与平稳过渡
  · 如何做好空降前后内部人才的心理按摩
  · 如何建立空降兵与内部人才的化学反应
- **16:15-17:15** 企业高速发展时，如何保证中层不掉队
  · 阿里低潮时，对中层做了什么
  · 如何做好电子商务公司的中层领导力发展
  · 如何打造不同层次的人才梯队
- **17:15-18:00** 如何把HR团队培养成独当一面的人才大管家
  · 如何定位人力资源部在公司的角色和价值
  · 电子商务企业人力一把手的标准是什么
  · 如何选择适合自己的人力一把手
  · 如何快速提升HR团队的战斗力
- **18:00-18:30** 交流提问环节
- **18:30-** 晚宴

图1-26　会议议程

资料来源：比阿里文案还扎心的跨境电商[EB/OL]．（2017-11-18）．https://www.sohu.com/a/205120090_698491．

（二）突出产品卖点

跨境电子商务文案应该与专业的、多角度的、多场景下的图片相结合，详细突出产品的卖点，刺激客户的第一感觉，图片可分为产品效果图、产品细节图、产品实物图等。

（三）利用好评

用户好评是最直接的跨境电子商务文案，可以在网站或店铺页面上展示出用户好评，这样可以增加消费者对产品的认同程度和接受程度。因此，可以通过一系列活动来鼓励用户写出故事性的好评，这样更能增加消费者的信任度。

（四）跟随营销策略走

企业需根据不同的产品采用多种营销策略，如关联销售、捆绑销售、提升销售等，跨境电子商务文案则应根据不同的营销策略进行撰写。例如，跨境电子商务企业可以在产品文案中加入"买了该产品的用户还买了什么""受客户欢迎的产品排行"等，来提升整个网站或店铺的关联销售。

知识小助手

关 联 销 售

关联销售是一种在交叉营销的基础上，在事物、产品、品牌等所要营销的事物中寻找关联性，来实现深层次的多面引导的营销方法。关联销售对于跨境电子商务来说，不仅是一种营销手段，还是一种提升跨境电子商务文案等级的方法。

（五）掌握消费者心理

跨境电子商务优秀文案往往都是"心理专家"，这些优秀文案通过"文字+图片+色彩"的组合来刺激消费者的心理需求或心理期望，因此能轻而易举地提升销售量。

因此，跨境电子商务文案要走心，并不是一如既往地追求文字优美，也不是简简单单地解释产品信息，更不是将无数个促销信息堆积起来，它是以消费者心理、消费者需求、消费者期望为前提，幽默、富有诗意或创意无限地进行产品信息的诠释、促销信息的展现、活动的公布等。

五、跨境电子商务文案写作的注意事项

（一）准确规范，点明主题

准确规范是跨境电子商务文案的基本要求，要实现对文案主题和文案创意的有效表现和对文案信息的有效传播。语言要规范准确，避免产生歧义，要通俗化、大众化，避免使用冷僻和专业词语。

（二）简明精练，言简意赅

跨境电子商务文案在文字的使用上，要简明扼要、精练概括，用尽可能少的文字传达尽可能多的有用信息。

（三）生动形象，表明创意

曾有国外研究资料表明：文字、图像能引起人们注意的百分比分别是22%和78%；能够唤起记忆的文字是65%，图像是35%。这就要求在进行文案创作时采用生动活泼、新颖独特的语言，与图像配合以达到最佳效果。

(四)动听流畅,上口易记

跨境电子商务文案涉及宣传推广的整体构思,对于其中诉之于听觉的推广语言,要注意优美、流畅和动听,使其易识别、易记忆和易传播,从而突出营销定位,以很好地表现文案主题和文案创意,产生良好的文案效果。同时,也要避免过分追求语言和音韵美,而忽视文案主题,生搬硬套,牵强附会,因文害意。

现阶段,我国跨境电子商务事业的发展正朝着国家化、专业化以及科学化的方向进行。网络信息技术的不断创新与发展使得跨境电子商务呈现出多样化与综合化的特点,对跨境电子商务文案的写作要求也越来越高。因此,要不断强化电子商务文案写作的多样化、专业性以及国际交流性,以此来保证我国跨境电子商务事业平稳、有效地发展,也为我国对外贸易事业的进步与发展提供有力的支持依据。

第三节 跨境电子商务文案岗位能力要求

一、写作能力

社会上有一种比较普遍的观点,认为文案是跨境电子商务商品营销中的一个关键环节,做文案的目的是为了商品营销,善于营销的人就适合做文案。文案的确是跨境电子商务商品营销的一项重要技能,而锻炼这项技能需要基于对消费者和营销商品的了解,要能够精准地挖掘消费者的需求和痛点,如图 1-27 所示。

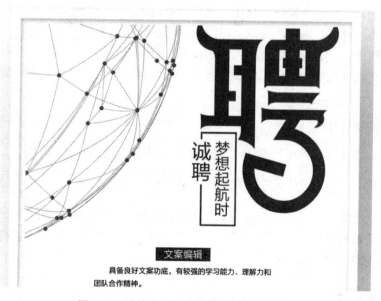

图 1-27 跨境电子商务文案人员招聘广告

对于跨境电子商务文案来说,创意非常重要,但创意并不能解决所有问题,最有用的文案才是最好的文案。对以盈利为目的的跨境电子商务企业来说,其营销推广的最终目的就是提升转化率，提高商品销量，而转化率的高低与流量、质量直接相关，因此找到高质量的消费者，然后通过文案刺激他们产生购买行为才是电子商务文案的最终目标。

（一）阅读习惯

书籍是知识的载体，是人类进步的基础。人们在学习某项技能时，除亲身实践外，最有用的方法就是通过书籍来学习。电子商务文案这个岗位常与文字打交道，所以需要通过阅读来提高自身的创作能力。文案人员在阅读书籍时，除学习专业的知识外，还要留意文章的表达结构和构思，词语的选择和组合。

文案岗位的工作量比较大，通常一个文案小组一天就要完成一篇文案，高强度的工作对文案人员的基础积累提出了很高的要求，所以建议文案人员养成勤于阅读的好习惯，丰富自己的知识，以便更快、更好地完成文案创作。

（二）资料搜集能力

对于文案来说，资料的搜集也非常重要，任何有价值的资料都有可能成为下一篇文案的主要内容。在已有资料的基础上进行文案创作，不仅可以大大提高创作速度，文案质量也有基本保证。

网络中，有成千上万篇文案写作技巧值得学习，"梅花网""广告门"等论坛中也提供了大量的文案学习资料，在微信公众号中搜"文案"也能查阅到大量的文案知识。当然，除通过网络途径进行学习外，在平时的生活或工作中也要养成随时积累的习惯。例如：看到一句精彩的广告语及时记录下来；在网上看到有创意、比较有趣的内容，也可以保存下来。随时关注、随时思考、随时记录，不断积累素材，最终才能在创作文案时信手拈来。

对于文案来说，搜集资料不仅是将资料收集起来，还需要将其转化为自己的知识，通过资料的搜集、理解、融合，完成自己的文案创作。在这个信息化的时代，资料的搜集变得更加方便快捷，一名优秀的文案人员不仅要有搜集资料的好习惯，还要对搜集到的资料进行吸收，在透彻理解的基础上将搜集到的资料转化成自己的知识，融会贯通，实现自我提升。

（三）坚持写作

很多人认为文案只需要创意，文案的创作必须等待灵感，其实不然。文案的写作需要的是长期创作的积累，写得多了，甚至不需要灵感，在往常的积累中随便选择一条，就是灵感。

最终决定文案岗位工作质量的是文字，因此文案人员应该养成练笔的好习惯，最好给自己制订一个写作目标，例如，每天写×××字或每天写×××条等。坚持写作也是积累文案创作经验的一种有效方式。

 知识小助手

文案写作中的创新能力非常重要，充满新意的想法能使文案不落俗套，从而引起受众的注意与共鸣。

案例 1-4

英盛网招聘文案

英盛网招聘广告如图 1-28 所示。

图 1-28　英盛网招聘文案

资料来源：为什么总招不到人？一定是你不会写招聘广告！[EB/OL]．（2017-06-25）．http://www.digitaling.com/articles/37998.html.

二、思维能力

作为一名文案创作者，除了需要不断地学习、积累和写作外，创意和灵感也必不可少。人的创造力水平在很大程度上取决于自我意识，取决于碰到创造性活动时自己的想法和看法，这意味着我们可以通过实践来增强自己的创造力，提高熟练度，以应对设定的目标。

在进行文案创作时，文案需要通过以下三点来让自己的思维保持在最佳水平。

（一）创造性思考能力

提高创造力的方法有很多种，但对于电子商务文案创作者来说，主要有以下两种。

（1）客户开发。客户的开发质量在很大程度上决定文案创作者的收入，在网络时代，文案的转发量和阅读量都关乎商品的销量，所以文案创作者应该具备开发客户的能力。而对客户的发现和开发通常建立在了解的基础上，也就是说，文案创作者必须先了解目标客户群体，才能写出受他们欢迎的文案。

（2）提示购买动机。在创作文案过程中，必须创造性地进行提问，才能准确发现客户的需求并促进其购买行为的产生。消费者对于任何促销方式都有天然的抗拒心理，他们往往不会告诉卖家在什么情况下他们才有可能购买商品。所以文案创作者应该站在客户的角度分析他们真正的需求，然后在文案创作的过程中满足他们的需求，或让客户自己发现自己的需求，从而促成客户最后的消费行为。

（二）洞察力和创造力

优秀的文案创作者能够帮助客户发现新商品的用处，通过有创造力的文案发掘出使用商品的新方法，从而产生新的销售机会。因此，跨境电子商务文案创作者要能够快速并准确地捕捉商品亮点，对网络受众进行深入分析；还要具备思维活跃、洞察力强、富有创意的潜质，同时要对互联网及跨境电子商务行业的热点和流行趋势有较强的敏感度和理解能力。跨境电子商务文案创作者要善于发现别人忽略的闪光点，并能够用生动、准确、形象的语言表达出来。

（三）理解商品内涵的能力

始于对商品或服务的彻底了解，文案创作者对自己商品的理解越深，就越有机会创造性地销售它。与同类商品相比，对自己的商品的优越性了解得越多，就越有利于文案说服用户，消除购买阻力。

三、其他能力

跨境电子商务文案创作者除具备写作能力外，还必须具备创造性思维能力，具有敏锐的洞察力和丰富的想象力。除此之外，要想成为一名合格的跨境电子商务文案创作者，还要拥有能够胜任该岗位的其他能力。

（一）合理的知识结构

跨境电子商务文案创作者应该掌握精深的专业知识，要有广博的知识储备和丰富的生活经验。只有拥有扎实的基础，才能将知识、技能与生活工作中的所感、所想结合在一起，从受众的角度和需求出发看待问题。

（二）团队协作能力

团队是工作正常进行的前提，没有谁能独自成功，光环里的人背后一定有一个强大的团队给予支持。因此,跨境电子商务文案创作者光有文笔和创意还不行,在实际工作中与团队的协作能力至关重要。能进行良好的沟通、能协调自己与同事之间的工作、对工作保持高度的责任心以及严谨的工作态度,是创作出好作品的关键。

(三)良好的职业道德

良好的职业道德在每个行业的每位工作者身上都应该体现,跨境电子商务文案创作者的职业道德主要表现为两个方面:① 要有敬业精神,要热爱文案工作,对自己追求的目标锲而不舍;② 要有责任心,对公司负责,对消费者负责。

(四)审美能力

只有文案创作者本身具备欣赏美的能力,才能写出让受众觉得美的文案。对美的把握可从这些方面入手:文字排版的整体风格、字体大小、颜色、字间距、行间距是否协调,图文的搭配是否合适,版面是否整洁优美,文案读来是否让人觉得简练而有重点,等等。

知识小助手

审美能力可通过解析优秀文章来进行提升,在观摩优秀文章时,可以分析它的文案排版及文字是否颇具节奏、韵律与美感,包括每段、每行、每句甚至是标点符号等细节的设计。切记版块不要太多,颜色不可太杂,以保证整体的简洁舒服。

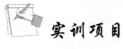

1. 简述电子商务文案的内涵。
2. 简述电子商务文案与传统文案的区别。
3. 简述电子商务文案的类型。
4. 简述跨境电子商务文案表述策略。
5. 简述跨境电子商务文案的写作方法。
6. 简述跨境电子商务文案写作的注意事项。

实训项目

实训题目

电子商务海报文案鉴赏

实训要求

(1)掌握电子商务海报文案的组成。
(2)掌握电子商务海报文案的鉴赏方法。
(3)学会分析优秀文案的方法。

实训准备

海报是电子商务常用的促销或活动推广载体，主要由图片和文字组成，其以强烈的视觉冲击力和突出的卖点吸引消费者。一般来说，促销海报文案大致可分为两种，一种是普通的商品上新或活动文案，这种文案一般不展示优惠信息；另一种是依托某种活动而制定的，利用打折、优惠券等营销手段制作而成的活动海报，是为了促进商品的销售而采取的一种促销策略，这种海报文案主要体现商品的优惠信息。不管是哪种类型的电子商务海报文案，在进行鉴赏时都要注意从海报文案的排版、写法两个方面进行。

海报文案的排版：海报文案的视觉冲击力主要通过文案、图片的组合排版来实现，特别是海报中的文案内容，一定要突出标题、副标题或其他卖点信息，让消费者一眼就能看到最具吸引力的内容。一般来说，海报文案的排版可以从文字的大小、粗细对比和疏密对比来进行区别。大小、粗细对比是指通过对不同的文案内容运用粗细、大小不同的字体来体现内容的重要程度，一般标题文案的字体最明显，副标题次之，需要突出的卖点、价格、活动时间等特殊信息则可设置得比标题稍小一些，以通过对比进行强调。疏密对比是指文案内容之间的字间距、行间距要合适，不能太密，也不能太疏，以免造成视觉混乱。

海报文案的写法：电子商务海报文案的写作要在抓住消费者需求的基础上，以强烈的视觉吸引力给消费者留下印象。对于不以优惠信息为主要目的的海报文案来说，写作时主要通过文案渲染出新商品的特点或活动氛围；而优惠性海报文案则以优惠信息为主，有打折促销、优惠满减、积分换购、满就送等；除此之外，还要体现出优惠信息的时间和限制条件。

实训步骤

1. 商品促销海报文案鉴赏

例如，联想笔记本电脑的促销海报文案，通过对海报中的内容进行分析可知，海报主要突出了商品的特点——"颜值轻薄本"，通过加大加粗的标题体现了该商品的卖点，这部分内容也是消费者最先看到的；其次，是商品的价格信息"4999元起"、促销信息"下单立减200元"、商品的型号"联想小新14"、商品的配置信息等，如图1-29所示。

图1-29　笔记本促销海报文案

该商品促销海报文案通过将重点提炼出来并进行加粗放大，让消费者一眼看到文案内容之间的对比，根据强烈的视觉感受依次浏览海报中的文案内容，不会造成主次不分、重点不突出的情况。这则海报文案的内容层次分明，极具引导性，能够吸引消费者逐层浏览海报中的内容。

练习：请尝试鉴赏如图 1-30 所示的商品促销海报文案。

图 1-30 兰蔻"极光水"促销海报文案

2. 活动宣传海报文案鉴赏

例如，燕之屋活动宣传海报，海报中通过加大加粗的标题文字"@all，粉丝量破百万！"让消费者一眼就看到活动的主题；然后在主题下方以粗细文字结合的形式突出活动可能获得的优惠，营造活动气氛并引起消费者的兴趣；最后在主题的下方以小于其他文案的字体说明活动的时间。这则活动宣传海报文案的内容十分直观，包括活动主题、活动优惠、活动时间，每个内容之间通过文字的大小来加强对比，且文字间距合适，利于消费者直观查看，如图 1-31 所示。

图 1-31 活动宣传海报文案

练习：请尝试鉴赏如图1-32所示的活动宣传海报文案。

图1-32 巧虎早教活动宣传海报文案

第二章　跨境电子商务文案写作前期准备

知识目标

- 掌握商品认知的方法。
- 掌握跨境电子商务市场调研与分析的内容。
- 掌握商品卖点的提炼方法。
- 掌握文案创意的方法。

学习重点、难点

重点

- 掌握商品卖点的提炼方法。
- 掌握文案创意的方法。

难点

- 运用跨境电子商务文案写作前期准备的相关知识分析问题、解决问题。

本章思维导图

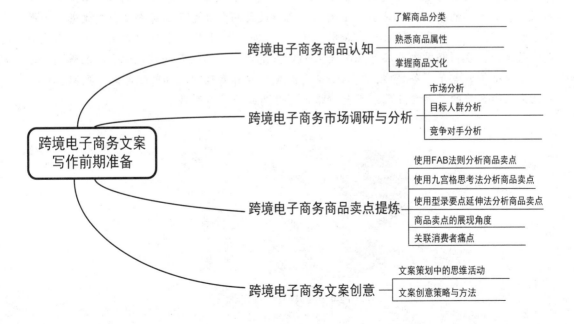

案例导入

三只松鼠"萌"文化的网红零食成功之道

随着互联网的快速发展和消费群体需求的不断变化,传统企业在电子商务的冲击下逐渐失去了原本的优势。据统计,如今全球100强糖果零食公司排行榜中,除旺旺和喜之郎是传统品牌外,其余上榜的品牌都是在互联网环境下发展起来的休闲零食品牌,其中尤以三只松鼠最具代表性,它是国内领先的定位于纯互联网食品品牌的企业,也是当前销售规模最大的食品电子商务企业。

1. 三只松鼠的前世今生

章燎原先生,1976年出生,中国国籍,无境外永久居留权。安徽铜陵煤炭技校自动化专业,中专学历。在从技工学校毕业后的七八年时间里,章燎原摆过地摊,开过冷饮店,卖过VCD,骑过摩的……前后换了十几份工作,均以失败告终。

26岁时,章燎原依旧一事无成,既没有很好的学历,也没有赚到钱。但向来喜欢折腾的他并没有轻言放弃,反思之后他回到安徽,进入一家主打坚果产品的企业——安徽詹氏食品股份有限公司工作。经历了多次失败后,进入詹氏的章燎原比任何员工都要努力,从一名一线产品销售员一路做到了公司董事总经理。

当时,网购逐渐兴起,章燎原从中嗅到了商机。

2010年10月,章燎原创立淘品牌"壳壳果",在网上售卖山核桃。2011年1月1日,精心筹划的壳壳果旗舰店在淘宝网上线。依靠细分坚果品类及"15天新鲜坚果"的概念,在上线8个月后,销售收入就突破1000万元。章燎原因此获封"壳壳老爹"。

然而,"壳壳老爹"在詹氏的推广计划却没有成功。2011年年末,章燎原在董事会上建议将电子商务作为集团的第一战略要务,加快"壳壳果"的发展,但这个提议遭到了股东的否决。失望的章燎原在2012年1月提出辞职,开始了自己的创业历程。

三只松鼠股份有限公司成立于2012年,公司总部在安徽芜湖,是中国第一家定位于纯互联网食品品牌的企业,也是当前中国销售规模最大的食品电子商务企业,其主营业务覆盖了坚果、肉脯、果干、膨化等全品类休闲零食。同年6月19日,三只松鼠在天猫商城正式运营上线,主推坚果类产品,但其自身的定位是"多品类的互联网森林食品品牌"。在当时注重低价的电子商务领域,三只松鼠自诞生起就有着鲜明的品牌化色彩(见图2-1),它用来吸引客户的最大卖点已经不是价格,而是商品质量和服务。

图2-1 三只松鼠品牌形象

2012年8月，上线第65天，三只松鼠的销售额在淘宝天猫坚果行业跃居第一名。同年11月11日，第一次参加双十一大促，交出日销售766万的成绩单，名列全网食品类电子商务当日销售收入第一。创业第一年，大额的首轮融资，优秀的销售额表现，三只松鼠借助互联网红利，成功扛起了发展的大旗。2019年12月3日，三只松鼠宣布，2019年其全年销售额突破百亿，成为零食行业首家迈过百亿门槛的企业。

2. 三只松鼠是如何将口碑做到极致的呢

三只松鼠的成功除了归功于营销的策略外，还有它对自身商品的准确定位和对用户的极致服务。三只松鼠刚成立时主营商品只有坚果，这是因为松鼠是啮齿类动物，主食是坚果，通过品牌名与商品之间的联系可以让消费者直观地树立起对品牌的印象。而为了让消费者打消对互联网售卖零食商品的疑虑，三只松鼠推出了"森林系"食品概念，即绿色、新鲜的食品，选品全部来源于原产农场或本地特产。三只松鼠主打互联网市场，而互联网市场的消费人群构成复杂，为了更加精准地定位自己的消费人群，三只松鼠将自己的目标消费群体定位为具有个性化需求的年轻购物群体，他们不仅追求商品的物质感受，对商品所带来的精神上的满足也有一定的要求。

为了迎合这部分消费群体的需求，三只松鼠采取了动漫化的策略，设计了十分具有亲和力的卡通Logo形象，将品牌人格化，与消费者零距离。当客户第一次接触三只松鼠时，会在第一时间留下难以磨灭的印象，就是因为那三只可爱的松鼠——鼠小贱、鼠小酷、鼠小美，如图2-2所示。三只可爱松鼠的"萌"营销只是表层原因，其直接赋予品牌以人格化，以主人和宠物之间的关系，替代了传统的商家和消费者之间的关系，这才是三只松鼠的本质意义。

图2-2 三只松鼠卡通形象

同时，通过网店页面、商品包装设计等营造出一种充满青春活力、轻松快乐的欢乐轻食主义氛围，如图2-3所示。

首先，在用户体验的极致服务上，三只松鼠亲切地称呼每一位购物的顾客为"主人"，客服更是以松鼠宠物的口吻来与顾客交流，顾客成了主人，客服成了宠物。于是，客服可以撒娇，可以通过独特的语言体系在顾客脑中形成更加生动的形象。这不仅体现了以顾客为中心的销售理念，还让顾客感受到被尊重。其次，三只松鼠的每一代商品都用独立的牛皮纸袋包装，针对不同的商品，商品包装袋上的松鼠漫画形象也各不相同，并附上果壳袋、湿巾、食品夹等物品，全方位满足用户的需求。

图 2-3　三只松鼠店铺页面

资料来源：三只松鼠营销策略分析：萌文化的网红零食成功之道[EB/OL].（2018-10-10）. https://www.sohu.com/a/258571098_100169107.

▶ **辩证思考**：分析以上文案内容，讨论并思考如何提炼商品卖点以形成独特的品牌印象？

分析提示：三只松鼠的成功让商家意识到，要想在竞争激烈的市场中占据一席之地，首先需要做好市场、商品和消费群体的定位，在精确定位的基础上开展营销推广会事半功倍。而随着市场与消费群体需求的不断升级，还要时刻关注新的需求与变化。作为电子商务行业的文案从业人员，在这种环境下开展文案写作的前提就是熟悉商品，从目标消费人群和竞争对手等不同的角度来考虑如何展示商品的最佳卖点，提升企业品牌和商品在市场中的竞争力。

第一节　跨境电子商务商品认知

跨境电子商务商品认知是指对跨境电子商务商品基本信息的了解与熟悉程度，文案人员一定要在熟悉商品的基础上开展文案写作，才能使写出来的内容符合商品的特点，体现出商品与众不同的卖点，进而吸引有相关需求的消费者。商品认知主要包括商品分类、商品属性和商品文化等内容。

一、了解商品分类

电子商务市场中越来越丰富的商品种类和品牌使消费者有了更加广阔的选择空间，为了找到企业商品的目标消费群体，商家需要明确自身商品在市场中的定位，做好商品的分类。商品分类是指为了一定的需求，根据商品的属性或特征，选择合适的分类标志将商品划分门类、大类、中类、小类、品类或品目，以及品种、花色和规格等。国内的大多数门户网站采用 UNSPSC 商品分类标准（第一个应用于电子商务的商品及服务的分类系统，每一种商品在 UNSPSC 的分类中都有一个独特及唯一的编码），电子交易市场则参照《商品名称及编码协调制度》，还有一些电子交易市场则使用自编的商品分类系统。因此，并没有一个统一的电子商务市场的商品分类规范，但基本可以归纳出商品分类以下方法。

视野拓展：可参考的商品分类原则

（一）按商品用途分类

商品是为了满足人们生活和工作的需求而被生产出来的，因此商品的用途是直接体现商品价值的标志，也是进行商品分类的一个重要依据。按照商品用途进行分类可以对相同类型的商品更好地进行区分。例如将日用品按照用途进行分类，可以分为器皿类、玩具类、化妆品类和洗涤用品类等。

（二）按原材料分类

商品原材料因为成分、性质和结构等的不同，会使商品具有截然不同的特征。按原材料对商品进行分类，可以从本质上反映出商品的性能和特点，适合于原材料来源较多，且原材料对商品性能起决定作用的商品。但类似汽车、电视机、洗衣机等多种原材料组成的商品则并不适用。例如将纺织品按照原材料进行分类，可以分为棉、麻、丝、化纤和棉织品等。

（三）按生产工艺分类

对于相同原材料的商品，可以通过生产加工方法来进行分类。例如将茶叶按照不同的生产加工方式进行分类，可以分为红茶、绿茶、乌龙茶、白茶、黄茶和速溶茶等。

（四）按商品主要化学成分分类

商品成分往往对商品的性能、质量和用途起着决定性的作用，特别是对于主要成分相同，但包含某些特殊成分的商品，可以使商品的质量、性能和用途完全不同。例如玻璃的主要成分是二氧化硅，但由于某些特殊成分的添加，可以将玻璃分为铅玻璃、钾玻璃和钠玻璃等。

（五）其他分类方式

除以上分类依据外，商品外观形状、生产产地、生产季节和流通方式等都可以作为商品分类的标志。例如苹果按照产地和流通方式可分为烟台苹果、新西兰进口玫瑰苹果、富士苹果和美国加利福尼亚蛇果等；茶叶按照采摘季节可分为春茶、夏茶、秋茶和冬茶等。

文案人员要在充分了解商品分类的基础上，准确判断出商品分类的依据，并将此依据作为商品文案写作的参考内容之一。其中，商品用途、原材料、生产工艺是比较普遍的、出现在商品详情页文案中的内容；商品特色，如产地、外观等具有特殊代表性的元素则常出现在商品标题文案中，文案人员要根据商品自身的属性来合理选择书写的方法。

二、熟悉商品属性

商品属性是指商品本身所固有的性质,是商品所具有的特定属性,如服装商品的属性包括服装风格、款式、面料、品牌等,这些属性可以看作商品性质的集合,可用于区别不同的商品。文案人员写作文案前要熟悉商品的属性,找出自身商品与其他商品的差异,突出自身特点才能吸引更多消费者点击并浏览内容,以增加成交机会。

按照电子商务平台的标准商品单元(standard product unit,SPU),可以将商品属性分为关键属性、销售属性和其他属性。

知识小助手

关键属性、销售属性和其他属性的含义

关键属性:是指能够唯一确定商品的属性。该属性可以是单一的属性,也可以是多个关键属性的组合。不同类目的商品用于确定商品的关键属性不同,要注意区分和识别。例如,手机商品可采用"品牌(华为)+型号(mate 30 Plus)"属性来作为关键属性,服装商品可采用"品牌(ONLY)+货号(10476)"属性来作为关键属性,以区分不同属性的商品。

销售属性:是指组成库存量单位(Stock Keeping Unit,SKU)的特殊属性,主要包括颜色、版本、尺码等影响消费者购买和商家库存管理的属性,如图2-4所示。

视野拓展:SPU和SKU的区别

图2-4 商品销售属性

其他属性:除关键属性和销售属性外的其他属性,如材质、面料、包装、价格等属性,是商品普遍具有的属性。

文案人员也可以通过对以上属性内容的分析来确定商品的价值，包括使用价值和非使用价值。在写作商品文案时，既要体现商品的使用价值，又要体现其非使用价值，这样才能提升商品对消费者的吸引力，以获得更加可观的收益。

视野拓展：使用价值和非使用价值的含义

⭐ 知识小助手

商品标题文案可以通过商品属性关键词的积累来与买家搜索的关键词进行匹配，以提高店铺的流量。而在详情页文案中则可通过对商品使用价值和非使用价值的描述，来突出展示商品卖点，提升商品对消费者的吸引力。

三、掌握商品文化

商品作为一种满足消费者需求的物品，既具有物质属性，又具有文化属性。这种文化属性的附加可以提升商品的价值表现，使商品既可以作为一种物质交换而存在，又可以作为一种精神文化的交流，潜移默化地改变消费者的价值观念、思想意识和行为。因此，也可以说，商品文化是商品价值的一种表现。掌握商品文化可以拓宽文案人员对商品价值的认识和理解，使其写出更具有精神感染力的文案，加深商品在消费者心中的印象，进而形成独特的文化烙印，增加消费者与商品之间的联系，最终形成良好的品牌效应和忠实的消费群体。

商品文化一直存在于商品交换的过程中，随着消费者消费能力的提升，消费者对商品除实用性的要求外，更加注重精神层面的文化享受。不同的商品，由于地域环境、社会习俗、文化环境等不同，会具有不同的商品文化；同样类型的商品，也可能由于生产地、制作工艺等不同，而产生各异的风格。因此，不同的商品文化容易形成商品之间的差异性，使商品之间产生区别，进而影响消费者的消费决策。

⭐ 知识小助手

商品文化的形成主要依赖的因素

1. 地域文化环境

地域文化环境是指商品生产和消费的文化环境，常由商品所在地的历史传统与文化传统所形成。其中，风土人情是地域文化最为显著的因素，是经过长时间的累积与流传而形成的源远流长、独具特色的文化风情，是商品最具代表性的文化传播内容。历史典故、文化传统、民俗文化、习惯传承等都是十分具有代表性的地域文化因素。

例如，北京烤鸭、天津狗不理包子、景德镇瓷器、曲阳石雕、汾阳杏花村汾酒、绍兴黄酒、松花皮蛋、宜宾五粮液、安岳竹席等地方特色商品的背后都具有十分深厚的文化积淀，在同类商品中具有十分突出的优势，可以更好地传递商品的价值，满足消费者对精神层面的追求。

2. 商品流行性

商品流行性是指商品在消费市场中被大多数消费者所接受和使用的程度。如果大部分消费者在一定时期和范围内对某种商品同时产生兴趣，使该商品在短时间内成为众多消费者消费的对象，那么这种商品就可以看作流行商品。流行商品在一定程度上反映了一定时期内的社会现象和消费需求，可以体现出消费者的文化追求。如在写作服装类商品文案时，就常采用时尚、百搭、流行、经典、热卖等具有"流行"意味的词语。

熟悉商品文化后，文案人员即可对商品文化进行包装和优化，写出具有文化气息和情感氛围的文案，使之与消费者的需求相吻合，从而建立起商品与消费者之间的深度联系，形成消费者的品牌偏好。广告文案、商品说明文案、品牌故事等就是典型的依靠商品文化而写作的满足消费者精神需求的文案。以绍兴黄酒为例。绍兴黄酒历史悠久，早在《吕氏春秋》中就记载有越王勾践"投醪劳师"的故事。一家在淘宝天猫上售卖"女儿酒"的商家抓住绍兴酒历史悠久、源远流长的特点，写了一则以晋代时期为背景的商品品牌故事。

视野拓展：绍兴黄酒文案

案例 2-1

红星二锅头的走心文案

红星二锅头系列广告文案如图 2-5～图 2-8 所示。

图 2-5　红星二锅头系列文案一

图 2-6　红星二锅头系列文案二

图2-7 红星二锅头系列文案三

图2-8 红星二锅头系列文案四

红星二锅头的文案没有用煽情的语句，而是把生活中的不易细致地描绘了出来，戳中了所有在外漂泊的人们的心。

资料来源：这些酒的文案，每一个都堪称经典！[EB/OL].（2018-05-23）. https://www.sohu.com/a/232620052_115470.

第二节 跨境电子商务市场调研与分析

在跨境电子商务文案写作过程中，需求调研是写作的前期准备工作，是对文案写作资料的收集与整理，也是文案写作人员体现营销思维的过程。跨境电子商务文案是为营销服务的，因此，为满足文案写作需求而进行调研是跨境电子商务文案写作中不可缺少的部分。其调研工作包括市场分析、目标人群分析、竞争对手分析。

一、市场分析

市场分析就是对产品投放的市场或文案面向的市场进行分析，包括市场的规模、特点、性质等，大多数跨境电子商务文案都是根据这些要素进行创作的。这些要素与市场的成熟度息息相关，市场的成熟度表示的是在未推出产品时，市场上有多少相似产品，相似产品越多，代表竞争对手越多，产品所在的市场就越成熟。市场成熟度可做如下划分。

（一）原生市场

原生市场是市场成熟度的最初阶段。在这个阶段，市场上没有其他相似的商品，也就是没有竞争对手，相当于这是一个对于受众来说未知度很大的产品，这时的文案需要全面展示商品的内容，说服消费者购买，这和消费者认知程度的第三个阶段是一样的。

（二）中度成熟的市场

中度成熟的市场是市场成熟度的第二个阶段。在这个阶段，市场上可能有一些相似的商品，而消费者也对那些商品有所认识。在这个状态下，撰写文案前应该观察一下竞争对手在做什么，他们采用了什么样的手法。要明白他们如何描述商品，从哪个角度撰写，用什么样的营销方式。然后，在竞争对手的策略上进一步优化。例如，电子商务竞争最火热的女装市场，大部分人会以为这是一个非常成熟的市场，机会很少，其实在网络购物日益成熟、年轻人成为电子商务消费者主力的今天，人们往往容易忽略一些细分领域，如中老年、大码女装等，而"上新"永远是这个行业的关键词。

（三）重度成熟的市场

重度成熟的市场是市场成熟度的第三个阶段。在这个阶段，市场上有非常多类似的商品，俗称"标品市场"，消费者也很难去发现新的商品。不过这个市场永远都有受众，市场也会自己去旧换新。在技术水平有了提高和更新后，还会进行原产品的更新换代。在这样的情况下也很可能出现新品牌或产品，但这种市场环境下的受众对已有品牌的依赖性很大，因此在撰写这类产品的文案时，一定要注意突出品牌的影响力，增加受众信任感。

很多时候，文案写作所面对的市场都是成熟度较高的市场，这时对文案的要求比原生市场要高，因此就要设计具有竞争力的文案，大多是结合市场特征，从同行业竞争对手的产品出发，对自身产品的卖点进行提炼。对市场分析得越深入，所获取的信息就越多，对产品就越了解，就越能写出优秀的文案。若是对产品所处的市场不了解，对竞争对手不了解，那么就很难使文案在众多竞争者中脱颖而出。例如，跨境电子商务中的家用电器就是一个非常成熟的市场，因为知名品牌数量并不多，但是跨境消费者的家用电器随着时间的流逝会被更新换代。同时，随着技术水平的提高和更新，还可能出现新的品牌或商品。

二、目标人群分析

目标人群不同，文案写作所采取的方法大不相同，文案写作的侧重点也不同。因此在写文案时，要对文案所面对的目标人群进行划分，根据不同人群的特点拟订不同的方案。目标人群的划分可以从以下几个方面进行。

视野拓展：个性对目标人群的影响

（一）社会角色分析

每个人都有自己的社会角色，按职业可分为工作族、学生等；工作族又可按工作种类划分为医生、律师、教师、清洁工、服务员等；按性别又可分为男性与女性。社会角色向来都不是单一的，而是多种角色的叠加，但很多时候这些角色又能进行整合，如追求高品质生活、拥有高收入的人群，追求便宜实惠商品、收入一般的人群，等等。

对社会角色的划分能帮助文案写作人员迅速找准产品定位。例如，轻奢鞋包、化妆品、职业套装、高跟鞋等面对的就是职业女性，西装、皮带、领带等面对的就是男性，产品不同，针对的目标人群也不同。撰写产品文案，重要的是找准产品所对应的目标人群，摸清这些人的消费特点，这样才能写出针对性强的文案。

每个产品所针对的社会角色不同，文案的叙述方式就不同。在确定目标人群时，需要具体问题具体分析。例如，在销售婴幼儿用品时，文案面对的销售对象其实是婴幼儿的父母，所以写出的文案得抓住父母的购买心理。例如，一款儿童玩具"Hape 动物农场游戏盒"的产品详情页文案，可以看出文案写作人员把握住了父母对孩子玩耍安全性和能力提升的心理需求，保证了商品较高的销量，如图 2-9 所示。

图 2-9　儿童玩具文案

还有一些外部因素会影响目标人群的划分，如受众的经济状况，是否负债或可支配收入是否充足，等等，同一收入阶层，因可支配收入不同就会进行不同的商品选择；又如在不同的生活阶段，受众的需求也不同，如结婚或买房时，受众就会购买平时不会买的昂贵家具，这时，受众就从一种商品的目标人群转化成另一种商品的目标人群。

（二）目标人群购买意向分析

购买意向是基于消费者态度的一种指向未来的购买行为。消费者对商品产生积极、支持的态度，就可能产生购买该商品的明确意向。购买意向是消费者选择某种商品的主观倾向，表示消费者愿意购买某种商品的可能性，是消费者购买前的一种消费心理表现。

知识小助手

影响消费者购买意向的因素

1. 环境因素

环境因素指文化环境、社会环境和经济环境等外在的社会化环境因素。环境因素会影响消费者的购买意向，如冬季雾霾严重，防霾口罩在这一时段就会比其他时段的人气高很多；又如某热播剧引起人们对某个商品的关注，受该热播剧的影响，关注该商品的消费者也会急剧增多。

2. 商品因素

商品因素主要是对商品的价格、质量、性能、款式、服务、广告和购买便捷性等因素的考虑。如在淘宝直播平台中消费者可以在观看直播的同时直接购买商品,这比传统视频营销结束后告知消费者通过何种渠道进行购买便利得多。

3. 消费者个人及心理因素

由于消费者自身经济能力(如购买能力、接受程度)、兴趣习惯(如颜色偏好、品牌偏好)等不同,会产生不同的购买意向,并且消费者的心理、感情和实际的需求各不相同,也会产生不同的购买动机。

综合分析影响消费者购买意向的因素和跨境电子商务给消费者带来的便利,会发现消费者在跨境电子商务模式下的消费行为发生了很大变化。因此,要想获得消费者的购买意向,就要重视消费者信息的收集、分析并发现消费者的消费规律,研究消费者在跨境电子商务网站上发生购买行为的原因。

下面以淘宝和京东两个电子商务平台为例进行分析。

1. 淘宝

为什么有这么多消费者在淘宝上购物?不是因为淘宝是最先开始电子商务模式营销的平台之一,而是因为它具有以下优势。

(1)淘宝为消费者提供了十分丰富的商品,几乎涉及我们生活需求的方方面面,其商品琳琅满目,品种不一,消费者可以自主进行商品的浏览和搜索。淘宝网中的商品,不仅包括实物商品,还有话费充值、水电煤缴费、车险和旅行等,如图2-10所示。

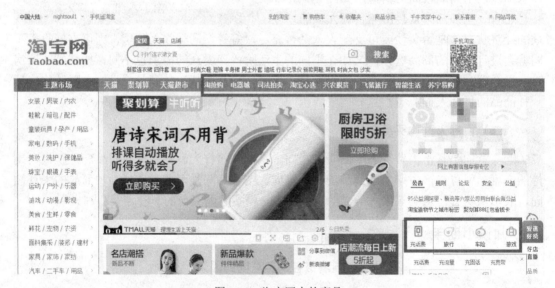

图2-10 淘宝网中的商品

(2)淘宝中的商品价格低廉,很多商品都比实体店中的商品价格更实惠,符合很多消费者对商品物美价廉的消费需求。例如,商品"古筝"在淘宝网中搜索的价格如图2-11所示,从图中可看到其价格比市面上古筝的价格要便宜不少。

(3)阿里巴巴基于淘宝开发了一系列App,通过这些App消费者可以预订酒店、火车票、电影票,也可以进行理财、旅游等。

第二章 跨境电子商务文案写作前期准备

图 2-11 古筝价格

知识小助手

基于阿里巴巴的 App 应用

支付宝：支付宝是国内领先的第三方支付平台，致力于提供"简单、安全、快速"的支付解决方案。它是一个融合了支付、生活服务、政务服务、社交、理财、保险、公益等多个场景与行业的开放性平台。

飞猪：飞猪可提供票务服务，如国内外机票、酒店、火车票预订；提供国内外旅游路线、出境超市等资讯服务。

淘票票：在原淘宝电影的基础上开发的一款电影 App，支持电影和演出赛事在线购票，提供深度电影剖析，帮助消费者选择观影。

2. 京东

京东与淘宝的销售模式有所区别，主要包括京东自营和非自营（POP）两种模式。其中，京东自营是指京东直销模式，由京东采购货物，负责配送、售后等一系列事项，以保证商品质量；非自营模式是京东与商家联营的一种合作方式，京东商城作为一个开放的第三方平台，为厂家或商家提供销售平台，由厂家或者其他商家发货，京东向商家收取平台使用费，这种模式又包括 FBP 和 SOP。

知识小助手

FBP、SOP 的含义

FBP：类似于京东采购模式，是京东提供给商家的一个独立操作的后台，由商家自行上传商品，描述商品信息，但商品仓储、配送和客服则由京东来操作，京东本身自营的商品能享受的所有服务，商家都能享受。但要求商家必须具备一般纳税人资格，需要给京东开具增值税发票。

SOP：与淘宝商城（天猫）的模式类似，即京东给商家一个独立操作的后台，由商家自行上传商品，描述商品信息，订单产生后 12 小时内发货，由商家自行承担所有的服务。

京东商城全部采用 B2C 的方式进行销售，在消费者看来商品质量更有保障，因此，很多消费者在购买金额较大的商品时，一般都倾向于京东。但因为京东逐渐引进了合作商家，商品质量也可能存在一定风险，消费者可以根据"京东自营"的标志来进行选择。例如，在京东上搜索"手机"的结果，可以看到几乎都带有"京东自营"的标志，如图 2-12 所示。

图 2-12　京东自营商品

此外，京东的仓储物流服务一直备受业内好评，提供"限时达、次日达、夜间配"等多种模式的配送服务，可以让消费者按照自身需要选择合适的服务，且保证商品能够准时送到客户手中。例如，消费者在京东购买商品后的物流信息记录如图 2-13 所示，从图中可以看到，消费者在前一天下午 15:22 提交订单，第二天上午 10:46 已确认收货。

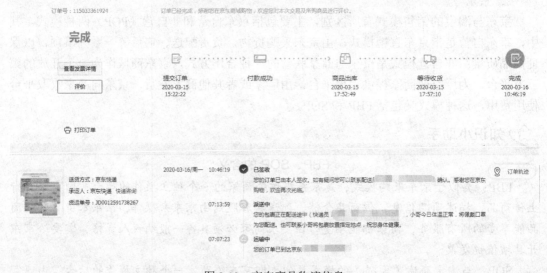

图 2-13　京东商品物流信息

（三）目标人群购买心理分析

在对目标人群进行分析时，对其心理的分析必不可少。跨境电子商务文案的写作从本质上来说是为了销售。不管是什么类型的文案，其最终目的都是增加产品的销量。因此，在文案写作中，确认了目标人群后，就需要对他们的心理进行分析，了解他们是出于怎样的心理购买产品的，并据此展现商品或品牌与购买心理契合的部分，打造出针对性强的文案。

1．好奇心理

好奇是人们普遍都会有的一种心理，但不同的人的好奇程度不同，会产生不同的购买行为。对于那些好奇心旺盛的消费者来说，市面上出现的新奇、时髦的产品对他们的吸引力比较大，所以这类人是各种潮流商品的常客。这一类型的客户通常是青年消费者，他们不在乎商品是否经济实惠，比较看重商品能否满足自己的好奇心。

例如，树叶变色温度计是一款比较有创意的产品，能充分勾起人们的好奇心理，它的外观虽然是一片叶子的形状，但不仅可以作为温度计来测量环境温度，还能作为装饰品点缀房间或用作书签，既美观又特别，很受青年消费者欢迎，如图 2-14 所示。

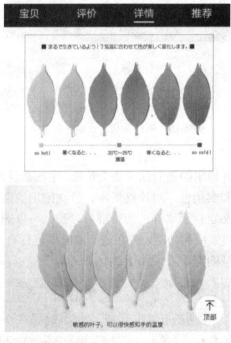

图 2-14　树叶变色温度计

2．从众心理

通常人们所说的"随大流"就是从众心理，它是指个体在社会群体或周围环境的影响下，不知不觉或不由自主地与多数人保持一致的社会心理现象。特别是在当下，很多消费者都希望与自己所在的圈子保持同一步调，不愿落伍于他人。因此，有这种消费心理的消费者也很多。对于这一类型的消费者，商家可以通过宣传商品、增加商品热度的方法来打动消费者。例如，在文案中表明该产品是当年的流行款或颜色是当年的流行色，该产品销量特别大或很多地方已经卖断货,等等。国产品牌佳雪的"神鲜水"精华液之前一直默默无闻,但一炮而红之后,不少客户趋之若鹜,纷纷前来购买,一度卖到全网断货,只能先发赠品给消费者使用,单品在之后延迟发出。但这也恰好证明其销量惊人,引来了更多的消费者,如图2-15所示。

图2-15 抓住受众从众心理的文案

3. 实惠心理

有求实惠心理的消费者追求的是商品的物美价廉,也就是说商品功能实用且价格便宜。他们一般看重商品的功能和实用性,对价格低廉、经久耐用的商品很感兴趣,且他们的购买能力十分惊人。如果商品定位于这样的消费群体,那么可以通过对商品高性价比的介绍来吸引他们,如展示商品的效用和功能,或在适当的时候进行有奖销售或赠送赠品,等等,这样可以吸引更多这一类型的消费者,如图2-16所示。

图2-16 实惠商品文案

4. 炫耀心理

炫耀心理是指消费者向他人炫耀和展示自己的财力、社会地位、声望等的心理超过了他们追求商品实用性的心理。有炫耀心理的消费者经常购买名贵或时髦的商品，而且这类消费者也更追求品牌效应，喜欢购买大牌产品，认为越贵越大牌的产品越能彰显自己的身份地位。所以在面对这类消费者时，一定要注意打响品牌名声，如图2-17所示。

5. 攀比心理

与炫耀心理相比，有攀比心理的消费者更在乎自己是否也有某种商品，特别是对于别人购买了的商品，他们会出于"你有我也要有"的心理来购买商品。商家可以通过与这种消费者参照群体的对比来吸引他们。例如，在售卖某款针对职业女性的高跟鞋时，可以设置如"每个职场女性都拥有这样一双高跟鞋"或"这些女孩穿上这双鞋后变得干练又时髦"这样的文案，激起这类消费者的攀比心理与购买欲望。

6. 习惯心理

很多消费者在购物的过程中会养成一定的购物习惯，形成一定的购买倾向，如偏向于购买某个品牌的商品、只购买价格不超过某个范围的商品、购买曾消费过的店铺的商品等。这一类型的消费者比较念旧且不愿有太大的改变，一般会在自己心中设定一个"心理预期"。只有当原品牌商品的实际价格或功能不能满足其要求或超过其预期时，消费者才会选择其他品牌商品。若是抓住了这类消费者，商家就相当于找到了一个长期的客户。

7. 名人心理

与"名人心理"相对应的是"名人效应"。名人效应是因为某位名人而产生的引人注意或强化事物、扩大影响的效应，或通过模仿名人的某些行为或习惯而获得满足的现象。因此，可以将拥有名人心理的消费行为看作消费者对名人效应的推崇。因此，邀请明星、行业权威人士或拥有广大粉丝群体的人进行商品的宣传是针对有名人心理的消费者比较有效的方法。在淘宝等电子商务平台中，就有很多专门卖名人同款商品、名人推荐商品的商家，如图2-18所示。

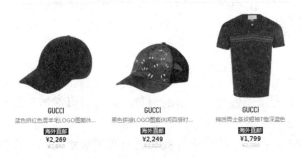

图2-17　名牌商品文案

图2-18　李佳琦推荐口红文案

三、竞争对手分析

对市场进行调研后,跨境电子商务文案的写作分为两种情况,一种是没有直接的竞争对手(在现在市场饱和度较高的情况下,没有竞争对手的情况很少),这时的文案为新产品服务,若文案详细介绍商品特征,全方位展示产品,体现其独特性与"新"的特点就足以吸引受众;另一种则是有竞争对手的情况,这也是最常见的情况,这时就需要对竞争对手进行详细分析,查看对方的情况,反思自己的情况,看看对方做了怎样的文案,有什么特点,而自己又该如何回应、策划才能让做出的文案平分秋色,甚至能更胜一筹。

在有竞争对手的情况下,文案写作人员应对对手的文案持一种持续观察与了解的心态,分析其每一次推出的文案的创意点、市场影响力、受众接受度,列出价值点,找到其价值链中的空白,再结合自身文案的优势与劣势,将优势继续保持,将劣势进一步修改优化,并尽量将对方的劣势转为自己的优势,扩大自身的竞争力。

视野拓展:SWOT分析

对于跨境电子商务商家来说,在同一市场细分行业下,与你抢夺相同核心资源的对手就是你的竞争对手,如从商品、价格、销量等直观的角度来进行分析,可以快速定位竞争对手,明确文案写作的方向。

(一)根据商品进行定位

以商品作为定位竞争对手的条件,需要明确自身商品与竞争对手的商品间的异同,通过个体化差异来突出自身的优势。即通过商品的具体属性来对竞争对手进行筛选,然后从筛选结果中找到与自身商品差异化最明确的竞争者。以女装为例进行分析,在淘宝中直接搜索女装商品可以发现该商品数量非常多,此时,如果加入商品属性和特点作为筛选条件,如款式、风格、品牌、材质、购买热点等,就会相对精确地筛选出具有相同商品属性的竞争对手。例如,在淘宝网中以关键词"女装裙夏装"搜索的结果有一百多页,而添加了"尺码:L""服装款式细节:系带""风格:通勤""裙长:中长款""裙型:不规则裙""腰型:松紧腰"等筛选条件后,最终结果只有1页,如图2-19所示。

(二)根据价格进行定位

价格是决定商品销量的一大因素,卖家在进行商品定价时要根据全网商品的价格进行分析,并结合自身情况进行定价。确定价格后就要在该价格可承受范围内选择合适的竞争对手,一般来说,建议价格浮动范围不超过20%。

(三)根据销量进行定位

在商品和价格的基础上,综合考虑销量并进行定位,根据自身店铺商品的平均销量选择几家和自己店铺客单价和销量相近的卖家作为竞争分析的对象。此时可以把销量作为最终的筛选条件,通过自身店铺所在的排名来圈定与之接近的竞争对手。

下面以"蜜蜡"为关键词进行搜索,在搜索结果中寻找与自身店铺风格相同、价位类似的高销量商品,将其定位为自己的竞争商品。这里将搜索结果中排名第三的手链商品作为自己的竞争商品进行分析，如图 2-20 所示。

图 2-19　通过商品属性来筛选并定位竞争对手

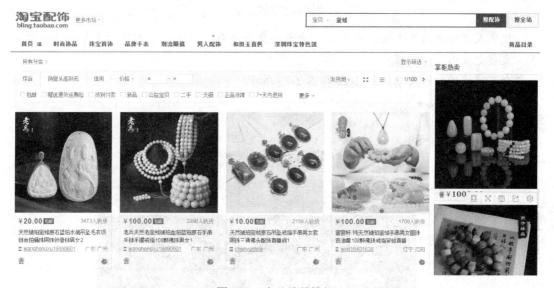

图 2-20　商品销量排行

单击该商品进入详情页面，可以看到该商品的详细信息，如图 2-21 所示。

我们对它的数据进行分析，发现它在 30 天内售出 12 347 件，交易成功 9273 件，目前累计交易 67 741 件，可以看出该商品的销量呈上升趋势。再对其他信息进行分析，如商品的适用对象、购买的用户类型、商品风格、买家评论等，进而更加彻底地研究竞争对手的信息。然后将得到的结果与自己的店铺对比，得到文案写作与优化的方向，最终提高自己商品的销量和转化率。

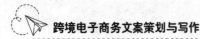

| 宝贝详情 | 累计评论 67741 | 专享服务 | | 手机购买 |

 商品资质 权威机构鉴定　　鉴 机构认证

品牌: 老兵　　　　　　售后服务: 店铺保修 其他　　　琥珀分类: 其他
戒指手寸: 蜜蜡链接【非对应产品】　货号: 4　　　　　镶嵌材质: 未镶嵌
款式: 其他　　　　　　鉴定标识: 国内鉴定　　　　　鉴定类别: 中国地质大学珠宝检测中心
认证标识: CAL、CMA和CNAS/CNAL

图 2-21　商品信息

 案例 2-2

看见文字的力量

现代人工作生活节奏快，在生活压力大、竞争激烈、薪资永远不及付出等一系列痛点下，文案更扎心。

劲牌商城的扎心文案如图 2-22 和图 2-23 所示。

 劲牌商城 V
2018-1-23 15:47 来自 微博推荐
#有劲才有可能#生活在繁华的都市中，每个人都行色匆匆，日子越久越没有人理解你的难处，面对困境，退缩还是积极应对？当你没有勇气正视困境时，希望别人的故事能给你带来一些力量。转发此微博带话题#有劲才有可能#并@3位好友，劲牌将送出10份有劲礼品给充满正能量的你！

↑ 收起　　查看大图　　向左旋转　　向右旋转

图 2-22　劲牌商城官方微博一

第二章 跨境电子商务文案写作前期准备

图 2-23　劲牌商城官方微博二

资料来源：看见文字的力量[EB/OL]. https://www.maigoo.com/best/17117.html?fromapp=wx.

第三节　跨境电子商务商品卖点提炼

商品卖点就是商品具有的别出心裁或与众不同的特点。卖点既可以是商品与生俱来的特点，也可以是通过创意与想象力创造出来的。同时，卖点如果能够与消费者的痛点（消费需求）结合起来，就能创造出最佳的消费理由，快速引起消费者强烈的购物欲望。那么，怎样提炼商品卖点，并将其与消费者痛点关联起来，就是我们重点要进行学习的方面。

一、使用 FAB 法则分析商品卖点

FAB 法则，即属性（feature）、作用（advantage）和益处（benefit）法则，它是一种说服性的销售技巧，在商品卖点提炼中也十分常用。

 知识小助手

FAB 法则的具体含义

F：代表商品的特征、特点，是商品最基本的功能，主要从商品的属性、功能等角度来进行潜力挖掘，如超薄、体积小、防水等。

A：代表商品的特征发挥的优点及作用，需要从客户的角度来考虑，思考客户关心什么，客户心中有什么问题，然后针对问题从商品特色和优点角度来进行提炼，如方便携带

吗？电池耐用吗？

B：代表商品的优点、特性带给客户的好处、益处。应该以买家利益为中心，强调买家能够得到的利益，以激发买家的购物欲望，如视听享受、价格便宜等。

其实，也可以简单地将FAB理解如下。

F：商品有什么特点，特色是什么？

A：商品的特点、特色所呈现出来的作用是什么？

B：具体能给买家带来什么利益？

一般来说，从商品的属性来挖掘买家所关注的卖点是最常用的方法。每个商品都能够很容易地发现F，每一个F都可以对应到一个A和一个B。需要注意的是，买家最关注的往往是商品的作用和直接的收益。

以一款不锈钢炒锅为例，该炒锅由具有良好耐热性、耐蚀性的304不锈钢生产而成，钢体结构有7层，包括最底层的菱形纹蜂窝不粘层和纳米钛黑生物膜，可以让这款不粘锅的不粘无烟效果达到全新的高度。这是因为在蜂窝保护层的分隔作用下，减少了食物与锅面的接触面积，从而形成了气体悬浮，达到真正的自离式不粘锅。通过FAB法则进行分析后，可得到的信息为：F——材料优质、工艺先进；A——不粘锅、少油烟；B——易清洗、健康节能。

二、使用九宫格思考法分析商品卖点

九宫格思考法是一种帮助扩散思维的思考策略，利用一幅像九宫格的图，将主题写在图的中央，然后把由主题所引发的各种想法或联想写在其余的格子中，让思维向剩余的8个方向去扩散，产生8种不同的创见，如图2-24所示。

视野拓展：九宫格思考法的操作步骤

优点	优点	优点
优点	商品	优点
优点	优点	优点

图2-24　九宫格思考法

（一）九宫格思考法的原则

使用九宫格思考法进行文案策划时，应注意以下8项原则。

1. 想到就写

只要是围绕核心主题产生的联想都可以填写到主题以外的其他8个格子中。

2. 用词简明

为了使九宫格能尽量表达清楚且易懂，文案策划人员应该使用简明的文字或关键字进行描述。

3. 尽量填满

九宫格是文案策划人员围绕核心主题进行发散思考的一种解决问题的方法，为了给核心主题提供更多的想法和解决思路，应该尽量将每个格子都填满，提供尽可能多的思维方式。

4. 重新整理

第一次填写的九宫格可能会存在逻辑不正确、点子不适合等问题，此时可以重新思考整理以建立更好的九宫格模型。

5. 使用颜色

使用不同的颜色来分类，不同类型或不同效果的点子颜色不同，可以让思路更加清晰。

6. 经常检讨

当掌握了九宫格的使用技巧后，使用者也能联想到更多的想法，因此经常修正九宫格的答案，对使用者的实际行动更有帮助。

7. 放慢思考

九宫格中的每个格子都可以让使用者在某个核心概念下收敛与过滤重要概念，因此使用者可以适当放慢思考的速度，以获得更符合实际需求的答案。

8. 实际行动

九宫格的最终目标是提供一个有效的行动指引工具，因此要求能够体现实际的核心主题，并具有采取实际行动的效果。

（二）九宫格的填写方式

九宫格图有助于人的思维扩散，跨境电子商务文案人员在写作前可以先准备一张白纸，然后用笔将整张纸分割成九宫格，用九宫格思考法创作跨境电子商务文案，把商品名写在正中间的格子内，再把由主题所引发的各种想法或联想写在其余 8 个方格内，这样跨境电子商务文案人员可以找到帮助该商品销售的众多优点。

卖点是非常重要的，在同质化严重的市场环境中，你的商品可能与竞争对手的商品相同，也可能有差异，那么你的商品卖点有哪些？与竞争对手有哪些差异？这些就是文案人员要向买家解释清楚的内容，这样买家才会知道你的商品与别人的区别究竟在哪里。当买家知道了为什么你的商品比竞争对手更胜一筹，即使你的商品价格比竞争对手的价格更高一些，买家也会认为，你能提供的价值更多，你的商品更值得购买，这是因为你拥有竞争对手所缺乏的独特卖点，而这些独特卖点正好是决定买家是否购买的关键。

对于跨境电子商务文案创作，可以采取下面两种填写法。

（1）按顺时针方向填写：按照顺时针方向把自己所想到的要点填进方格，循序渐进、由浅入深地对商品进行挖掘。

（2）从四面八方填写：将自己所想到的要点填进任意一格，不用刻意思考这些点之间有什么关系。

（三）填写九宫格的注意事项

如果 8 个方格填不满，可以尝试从不同角度进行联想。如果 8 个方格不够填，可以继续绘制九宫格图，进行补充填写。

在填完九宫格后，可以对所填内容进行整理，分析每个要点的主次，并做出取舍。对于不明确的要点，也可以重新修改。这就是九宫格思考法的好处，它可以让文案创作者尽情进行发散性思考，对每一项要点进行思考、细分和扩展，达到一步步完善文案内容的目的。

对于跨境电子商务文案来说，很多时候并不能直接把商品的所有优点都表达出来，通常情况下，需要对其进行多重包装和强化。如果某一商品的优点太多，最好的方法就是强化其中一个或几个突出的功能，这就更容易让消费者记住文案。

另外，对消费者记忆点的使用要因地制宜。例如，文案如果用在海报或者推广图上，其记忆点最多不要超过 3 个，但如果文案在详情页上使用，则要尽可能地展示出推广商品的重点优势。

案例 2-3

为一款迷你空气净化器创作文案

通常，空气净化器越大，其净化能力就越强。不过迷你空气净化器的特点就是体积小，与 iPad 差不多，其空气的净化能力与一台普通外式空调大小的空气净化器相当，除此以外，该空气净化器配有两套防尘系统，还有语音功能、LED 显示屏，售价是普通空气净化器的一半。可见，这款空气净化器无论是功能、配置，还是价格，都是同类型商品中的佼佼者。另外，这款空气净化器还摒弃了千篇一律的海量流水线制造规则，采用"定制"方式。该款空气净化器的特点如下。

- 主机后侧面积仅比 iPad 略大，单手即可托起。
- 两套最新空气过滤器，吸力永不衰减，终身无须更换耗材。
- 无级调速划钮，根据空气质量好坏，自动调节功率。
- 一键除尘，滤网和尘桶可直接用清水冲洗。
- 5 英寸大屏幕 LED 显示屏，直接触控，也可遥控，使用方便。
- 瑞士可水洗医疗级除螨过滤装置，并具备空气加湿功能。

了解了空气净化器的上述特点后，使用九宫格思考法提取卖点的效果可参照图 2-25。

体积小	定制	一键水洗
噪声低	空气净化器	除螨加湿
技术先进	两套系统	自动智能

图 2-25　九宫格思考法的运用

资料来源：创作一款迷你空气净化器文案[EB/OL]．http://www.ibodao.com/Task/detail/task_id/223364.html．

⭐ 知识小助手

通过九宫格思考法将这款空气净化器的优点列举出来之后,文案创作者需要打开思路,对这些优点一一进行分析,再将其与市场上的同类商品文案进行比较,创作出一个有吸引力且与众不同的文案。

三、使用型录要点延伸法分析商品卖点

型录要点延伸法是将商品特点以单点排列开来,再针对单点展开叙述的方法,它能丰富文案的素材、观点,为文案提供资料来源。它和九宫格思考法有一定联系,如果说九宫格思考法引发的是对商品卖点的思考,那么型录要点延伸法更像是对那些卖点的展开和内容扩充,它可以使文案内容更加详细、细致。

在使用要点延伸法时,也可通过图形将其表述出来,这样有助于观点的梳理。

型录要点延伸法常被使用在详情页文案的创作过程中,这里以 Oral-B 的一款电动牙刷为例进行型录要点延伸法分析。已知该款牙刷是德国进口商品,可以通过蓝牙连接手机 App,以同步反映牙齿区域的清洁情况、每次的刷牙记录,预设刷牙偏好,特殊牙齿区域特殊处理等;牙刷采取小圆头设计,转速 48 800 次/分,采用 3D 声波洁齿科技,能 360°清洁牙齿;牙刷有日常清洁模式、牙龈按摩模式、敏感护理模式、亮白模式,用户可以根据自己的需求自由选择。其要点延伸如图 2-26 所示。

图 2-26 电动牙刷的型录要点延伸

通过这样的延伸,可以看出该商品的卖点变得更加清晰。文案人员可以深入考虑,毕竟在电动牙刷市场,还有很多同类竞争对手。这时就需要结合竞争对手的文案,在全面展示商品卖点的同时找出其最有竞争力的那个点,让它变成最佳的创意点去吸引消费者的注意。

⭐ 知识小助手

电子商务文案的竞争非常激烈,特别是商品详情页文案,很多品牌商品在详情页面中都会列出他们商品的诸多优点,所以熟练运用型录要点延伸法细分商品优点、找出最佳点对增强商品竞争力十分重要。

四、商品卖点的展现角度

不同的文案写作人员在介绍同一种商品时,由于方法不同其侧重点也不同,因此会使

商品转化效果也不相同。通过分析可知，能够吸引消费者购买商品的文案往往能够准确表达商品独特的卖点，这种文案能从商品的众多特点中提炼出商品最关键的卖点，激发消费者对商品的好感，从而产生购买行为。

商品卖点是传递给消费者的最重要的商品信息，它可以向消费者传递某种主张或某种承诺，告诉消费者购买该商品后会得到什么样的好处，并且这种好处是消费者能够接受和认可的。在进行商品卖点剖析时，要注意其卖点不能太多，2~3个即可。因为太多卖点可能导致消费者质疑商品品质，反而适得其反。

（一）卓越的商品品质

商品品质是消费者决定是否选购商品的主要因素之一。只有保证商品品质，才能让消费者对商品更有信心。例如，一款扫地机器人产品的文案关于商品品质的描述如图2-27所示，它通过商品细节的展现来表现其质量。

（二）显著的商品功效

不同的商品拥有不同的功效，消费者购买商品实际上是购买商品所具有的功能和商品的使用性能。例如，汽车可以代步，冰箱能够保持食物新鲜，空调可以调节室内温度。如果商品的功效与消费者的需求相符合，且超出了消费者的预期，就会给他们留下商品质量良好的印象，从而得到他们的认可。例如，一款防晒霜针对其抗蓝光功效进行的商品卖点展示如图2-28所示，通过这一卖点很好地将其与其他商品区分开来，让它在众多同类防晒商品中独树一帜。

图2-27　商品品质展现

图2-28　防晒霜商品的美白功效

（三）知名的商品品牌

品牌不仅能够保障商品的质量，还能给消费者带来更多附加价值，使他们产生一种心理上的满足感，特别是名牌商品更能激起消费者的购买欲望。如果你的商品具有有利的品牌形象和市场占有率，那么在进行商品卖点展示时，就可以将商品品牌作为主要卖点。

（四）高性价比

性价比就是商品的性能价格比。商品的性价比越高，消费者越趋于购买。因为这代表消费者可以花费较少的钱来购买较好的商品，不管出于什么角度都是一个很好的卖点。

小米手机就是性价比较高的商品，可以说，它的出现引领了国内智能手机的潮流，且一直以高性价比著称。例如红米 Note8 在手机配置上采用了 6.3 英寸 FHD+全高清护眼屏、高通骁龙 665 处理器、双卡双待、4000 mAh 大容量电池、4800 万四摄像机等高配置硬件，但售价仅 999 元，是性价比非常高的一款机型，如图 2-29 所示。

图 2-29　高性价比手机——红米 Note8

（五）商品的特殊利益

特殊利益是指商品在满足消费者本身需求的情况下所具有的某些特殊性能，如"好学生"针对青少年学生设计的渐进多焦点镜片是为了减缓他们的视觉疲劳，控制其近视发展速度，对于重视保护孩子视力的家长有很大的吸引力。

（六）完善的售后服务

售后服务就是在商品出售以后所提供的各种服务。随着人们消费观念的不断成熟，消费者也将售后服务作为一个判断商品是否值得购买的前提条件。售后服务完善的商品更能吸引消费者购买，甚至会直接影响消费者的购买行为。

其实，售后服务也是促销手段的一种，商家通过售后服务可以提高商品的用户体验和企业的信誉。商家具备了一定的市场占有率后，就可以很好地推动商品的销售，提高企业收益。

知识小助手

常见的售后服务

（1）为消费者安装和调试商品。
（2）根据消费者的要求，进行有关使用等方面的技术指导。
（3）保证维修零配件的供应。
（4）负责维修服务，并定期维护、保养。
（5）定期电话回访或上门回访。
（6）对商品实行"三包"，即包修、包换、包退。
（7）处理消费者来信来访以及电话投诉意见，解答消费者的咨询。同时用各种方式征集消费者对商品质量的意见，并根据情况及时改进。

五、关联消费者痛点

消费者对商品或服务的期望没有得到满足，因此而产生心理落差或不满，这种没有被满足而又被渴望的需求，就是痛点。其最终使消费者产生痛苦、烦恼等负面情绪，为了解决消费者的这种"痛"，就需要出现能解决这些痛点的商品或服务。文案人员要通过文字描述展现出消费者痛点的解决方法，将其与商品卖点联系在一起，这样就可以快速打动消费者，使其产生不购买商品就会后悔或不满等心理，进而更快速地刺激消费者产生购买行为。

由于痛点是基于消费者需求而产生的，因此必须了解消费者对于商品或服务的不满或急需解决的问题，带着这些问题找到解决的办法，并将重点放在如何告知消费者：生产方或服务方正在为他们解决这些问题，这样才能打动消费者，让他们产生迫不及待的购物欲望。如对于购买婴儿纸尿裤的消费者来说，半夜总起来换纸尿裤是一件很痛苦的事情，因此，在写文案时可重点针对这一痛点，使用"超薄瞬吸整晚精致睡眠""绵柔贴合安眠一整晚"等针对睡眠的文案就能表达出解决消费者痛点的目的；而针对一些对纸尿裤质量存在担忧的消费者，则可以使用"拒绝红屁屁""干爽不起坨"等文案打消消费者的疑虑。

痛点文案的写作需要从商品或服务本身的角度出发，将它与商品卖点关联在一起，因此，首先要在熟悉自己商品或服务卖点的基础上，结合消费者的实际需求来进行创作；其次，也可通过对比竞争对手的商品或服务，给消费者营造一种购买竞争对手的商品或服务就会后悔或不划算的感觉。如针对婴儿纸尿裤"干爽瞬吸"这个卖点，商家使用对比的手法来进行描述，可以快速引起消费者对其他商品"闷热不透气、刺激小 PP"的担忧，进而增强消费者对该商家商品质量的信心。使用对比的手法解决消费者痛点的文案如图 2-30 所示。

知识小助手

痛点需要在了解自己和竞争对手的商品或服务的基础上，结合消费者需求来进行差异化分析。这是一个长期观察和挖掘的过程，往往是一些消费者非常关心的细节问题，需要耐心，还要坚持。

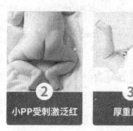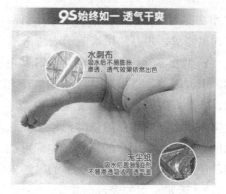

图 2-30　使用对比的手法解决消费者痛点的文案

第四节　跨境电子商务文案创意

一、文案策划中的思维活动

（一）形象思维

形象思维又称艺术思维。它是文艺创作活动在整个创作过程（从观察生活、选取题材到塑造形象）中所采取的一种思维方式。

形象思维的具体对象主要是人，或是直接的人物形象，或是自然的人物；思维的实在主体是活生生的具体生活材料、场景、状貌，并以形象的成果发挥思维的特有的最终作用。马克思早就指出，以抽象思维的方式掌握世界，与艺术的掌握，两者在方式上是不同的。

在形象思维过程中，思维主体始终伴随着强烈的情感活动，这种活动又被理性活动制约着。没有情感就不能构成形象的思维；而没有理性，文艺作品就会成为无意义的材料的堆砌，无限制的感情的宣泄，也就不能称为真正的艺术品。形象思维中的理性活动表现在，最初的思维材料是曾经被理性检验过的东西，而进入形象思维后，又有思维主体对生活事实的集中概括，最后的思维成果仍然具有理性认识的特点。

形象思维在文案创意中有以下几个作用。

1. 强化产品定位

文案中运用形象思维的作用之一就是强化企业的产品定位。例如，三只松鼠对企业产品的定位就十分清晰，即只做互联网销售，而且松鼠作为啮齿类动物，主要以坚果为食，所以企业巧妙地将松鼠作为其产品的品牌形象，让消费者听到名字就能了解到"三只松鼠"的产品定位。

2. 构思文案内容

互联网产品文案有两种：X 型文案和 Y 型文案。

X 型文案文字华丽，把本来朴实无华的表达写得更加有艺术感、对称和高级。例如，把"耳机音质好"这个简单的表达写成"声声震撼，激发梦想"。而这样写文案的人就是

X 型文案人，他们更像语言学家、修辞学家和诗人，他们的日常工作就是想创意、查词典和构思修辞，想办法用华丽的表达来描述产品。

Y 型文案往往并不华丽，有时甚至只是简单地描绘出用户心中的情景，但充满了画面感，语言简单，直指利益。同样是表达"工作辛苦，不如旅行"，X 型文案会说"乐享生活，畅意人生"，而 Y 型文案会说"你写 PPT 时，阿拉斯加的鳕鱼正跃出水面……"Y 型文案人不太擅长华丽的修辞，但却会花费大量时间去了解用户的想法，然后用最简单、直白的语言来影响用户的感受。他们可能不太懂语言学、修辞学，也不会采用押韵、双关等修辞手法，但是他们会花更多的时间去学习心理学、营销学和企业战略。

3. 确定文案的表现形式

企业策划文案常见的表现形式多种多样，同样的主题可以通过不同的表现形式将企业形象呈现于目标受众眼前，并产生不同的沟通效果。

（1）产品主角型。产品主角型表现形式是让产品本身演示，表现产品"固有的戏剧性"，把产品变成一种有趣的激动人心的东西，吸引人们观看它、记住它。

（2）示范型。示范型表现形式是将产品的特色或过人之处通过荧屏展现给观众，让人们亲眼看到该产品的功能名副其实，以化解其怀疑心理，强化宣传片内容的可信度与说服力。

（3）解决问题型。解决问题型表现形式是将解决消费者生活中的某种问题加以突出，以引起消费者的重视，然后将产品介绍出来以解决消费者的困扰。

（4）名人推介型。名人推介型表现形式是找一个能够和产品联想在一起的权威人士来推荐产品或在宣传片中担任角色，以提高消费者的注目度和偏好度。这种表现形式成功的关键在于名人的可信度及其与产品的关联性。

（5）故事型。故事型表现形式是通过精心设计把企业宣传片内容巧妙地融入故事情节里，这个情节从开始到中间、结尾，就像微型电影一样，把观众吸引进来，然后又将其领向戏剧性结尾，让观众看完故事后，对宣传片的内容留下深刻的印象。

（6）音乐型。音乐型表现形式指专为企业宣传片创作的主题歌或 MTV，并配以适当的画面。

（7）幽默型。幽默型表现形式通过饶有风趣的情节，将含有诙谐、滑稽、调侃的表情、动作、语言等进行巧妙安排，采用美与丑的强烈对比和"理性地创造错误"的方式造成一种喜剧情绪。在善意的微笑中传递企业宣传片信息，目的在于引发视听者快乐的情绪，以吸引和打动消费者。

（8）幻想型。幻想型表现形式是指企业宣传片中的产品发言人不是生活中的人，而是幻想的角色；或者宣传片所表现的情境不是现实生活中的真实反映，而是某种幻想世界。

（9）特殊效果型。特殊效果型表现形式是指运用特技营造视觉与听觉的特殊效果，使企业宣传片中的口号和品牌等信息表现得特立独行、与众不同、容易记忆。

4. 塑造企业的整体形象

若以整合营销传播的眼光来看待文案创意中的形象思维，那么我们塑造的是企业的整体形象，而不仅仅限定在个别的、具体的产品形象或人员形象要素上。现代文案广告策划强调各种形象要素之间的整体联系和整体效果。即使是对于个别的形象要素，如产品的包装形象,也要从它对企业整体形象的影响效果来考虑。脱离了总体形象的规范,视觉效果再好的个别形象也是不符合文案策划的整体要求的。不能配合整体形象塑造的个别形象投资,从文案策划的角度来看极有可能是一种浪费。因此,我们应从全局的、系统的、统一的角度来考虑文案策划中的形象问题。

(二)逻辑思维

逻辑思维是人们在认识过程中借助于概念、判断、推理来反映现实的过程。对于理性的消费者来讲,他们绝对不会无缘无故地购买自己并不需要的东西,文案策划人员必须给他们一个充足的理由才行。

文案创意应当遵循逻辑思维的规律,具体要求有以下几个。

1. 概念要明确

概念是反映客观事物本质属性的思维形式。所谓本质属性,就是决定该事物之所以成为该事物并区别于其他事物的属性。

概念在文案创意中最直接的作用是确定文案定位。清晰的文案定位往往可以运用概念来形成。运用概念获取文案成功的例子很多,图 2-31 所示的布料广告文案就是其中之一。

图 2-31 布料的广告文案

这则广告,是阴丹士林公司的布料广告。以"快乐小姐"为名,内容是:她何以充满了愉快,因为她所穿的"阴丹士林"色布的特点有:颜色最为鲜艳、炎日曝晒不褪色、经久免洗不褪色、颜色永不消减不致枉费金钱。写出了小姐的快乐源于穿了这身用阴丹士林布做的衣服,把产品的特点融于消费者对产品的诉求中,采用感性诉求和理性诉求相结合的方式更贴近消费者的消费心理。

这则布料广告给产品本身创造了一些新的属性。这块布料是带有快乐属性的,这个就是新概念。概念是独特的,是规避同质化问题的很好的解决方案。概念将产品与顺应时代的元素相结合,创造出独一无二的产品。这样的产品,才是市场的产物。

2. 判断要恰当

判断就是对事物有所断定的思维形式,判断反映的是概念与概念之间的关系。

联系到文案创意,就是要通过文案用严密的逻辑语言建立起概念之间的合乎逻辑的关系,促使消费者对企业的产品形成有利于企业的判断。例如,嘉士伯啤酒的广告文案"Probably the best poster in the world"(可能是世界上最好的啤酒)如图2-32所示。这是一个比较恰当的判断,因为没有把话说死,所以不会引起消费者的反感。

图2-32 嘉士伯啤酒广告

3. 推理要合乎逻辑

推理就是根据一个或几个已知判断推出另一个新判断的思维形式。要保证推理能获得正确的结论,必须同时具备两个条件,即:前提要真实,推理形式要合乎逻辑。

文案要能唤起用户的需求,击中痛点,但如果文案中的产品不能和用户需求产生直接关联,就会产生更大的失误,用户则会在反感的情绪中去了解产品。试想这样的文案怎么可能吸引用户?这样的文案要想达到营销目的也根本不可能。

4. 论证要有说服力

在论证的过程中,要善于运用"充足理由律",意思是任何判断必须有(充足)理由。其公式为

$$[(p \rightarrow q) \wedge p] \rightarrow q$$

式中,p代表其真实性需要加以确定的命题,称为论断;q代表用来确定p真的命题(也可以是一组命题),称为理由或根据;$\wedge$是一种逻辑符号,如$a \wedge b$读作"a且b",在a和b同时存在的条件下事件才会发生,两者都要存在。

因此,上式的意思是说:一个命题p之所以被确定为真,是因为q为真,并且由q为真可以推出p为真。在这里,q就是p的充足理由。从这样的逻辑结构中可以看出其逻辑要求主要有两方面:一是理由必须真实;二是理由与推断之间要有逻辑关系,从理由应能推出所要确证的论断。

例如，令 $p=$ 喝了娃哈哈，$q=$ 吃饭就是香，则公式所描述的情景是"如果你喝了娃哈哈，那么你吃饭就会感到美味无比"。现在我买了娃哈哈，喝了以后会怎么样呢？如果真的是"吃饭就是香"的话，我就会持续购买；反过来，如果喝了以后拉肚子，我还有什么理由去购买它呢？

事实上，对于消费者来讲，所谓"论证过程"，正是企业产品发挥其功能的过程。如果某企业产品的质量不可靠，那么该企业一定会在这个论证过程中失败，这就是市场的逻辑。

（三）情感思维

情感是指人的喜怒哀乐等心理表现。跨境电子商务文案作为一种信息传递工具，其中一项重要的功能是"传情达意"，即对人与人、人与物、人与大自然之间美好感情的表达。

文案创意中的情感思维，就是研究广告如何发现、发掘、沟通人们潜在的情感，引起人们的心理共鸣，以达到吸引注意力、促进销售的目的。

知识小助手

文案情感思维的三个要点

（1）情感诉求是当今广告创意的一个明显的趋势。
（2）广告情感导向的主要任务是"传情达意"。
（3）情感思维的策略是让消费者由"他人劝导"转向"自我卷入"。

从操作层面上来讲，在文案创意中运用情感思维的关键词有热情、激情、爱情、亲情、友情、抒情与移情。

淘宝店铺"南食召"的案例如图 2-33 所示，"南食召"网站首页写有"瓯地一隅之拙味，不导奢靡，不嗜辛辣，维余粗简，不敢调和南北之口腹，但愿温暖宾朋之心脾"，它用优雅、克制又温暖的文案开门见山，增强了读者的好感度。

图 2-33　南食召

再看他们的产品文案是如何写的。该店铺最火爆的产品"秋梨膏"的文案如图2-34和图2-35所示。图中左边文章中说到的"几乎从来不提功效的",给用户一种有诚意、放心的感觉,再通过介绍自己的亲身经历,拉近与用户的距离,最后设置场景,说自己会抹在面包片上吃,会有空就去挖一勺……这些都能激起用户的购买欲。右边文字介绍了秋梨膏的制作过程,也用了一大段话:"……用柴火慢慢熬制……"其饱满的细节让用户感受到了其真诚、走心的程度。

图 2-34　秋梨膏详情页（左）

图 2-35　秋梨膏详情页（右）

走心的文案不止一种写法,不谈感情也可以很走心。支付宝拍的一个广告片《账单日记》,如图2-36所示,在开头对生命的意义做出的诠释,使整个产品和品牌都有了深度。人生的每一笔支付、每一个阶段、每一种心情,通过这种细节场景的还原,与用户建立深层的情感链接。

图 2-36 "账单日记"的截图

案例 2-4

支付宝走心文案

"生命只是一连串孤立的片刻,靠着回忆和幻想,许多意义浮现了,然后消失,消失之后又再浮现。"

——普鲁斯特《追忆似水年华》

2004 年,毕业了,新开始。
支付宝最大支出是职业装,现在看起来真的很装。
2006 年,3 次相亲失败,3 次支付宝退款成功。
慢慢明白,恋爱跟酒量一样,都需要练习。
2009 年,12%的支出是电影票,都是两张连号。
全年水电费有人代付。
2012 年,看到 12 笔手机支付账单,就知道忘带了 26 次钱包,点了 26 次深夜加班餐。
2013 年,数学 23 分的我,终于学会理财了,谢谢啊,余额宝。
2014 年 4 月 29 日,收到一笔情感转账,是他上交的第一个月生活费。
每一份账单,都是你的日记。
十年,三亿人的账单算得清,美好的改变,算不清。
支付宝十年,值托付。

当我们回过头来看这条短片时会发现,这是支付宝十周年广告 campaign 的先导。
短片中普鲁斯特那段对记忆之于生命的意义诠释,为这个品牌无形中注入了一丝丝的哲学内涵。而这段女主的旁白文案,则透过非常具体的场景还原,将观者带入过往的时间。

资料来源:支付宝·文案[EB/OL].(2016-05-06).https://www.jianshu.com/p/fc04d7f11826.

（四）直觉思维

直觉思维是指针对感性经验和已有知识进行思考时，不受某种固定的逻辑规则约束而直接领悟事物本质的一种思维方式。

直觉思维有多种多样的表现形式，想象、幻想、猜想、联想、灵感等都属于直觉思维的形式，大体上可以分为想象式直觉和灵感式直觉。

视野拓展：直觉思维的主要特点

1．想象式直觉

想象是指人们在某些已有材料和知识的基础上，让思维自由神驰，或通过新的组合，或借助丰富的联想，或利用猜想、幻想，从而领悟事物的本质和规律的思维过程。

例如，联想，它的四种基本形态在文案创意中都是十分有用的，具体表现如下：

（1）接近律，如"香烟——白酒"；

（2）对比律，如"白天——黑夜"；

（3）类似律，如"鸟类——飞机"；

（4）因果律，如"摩擦——生热"。

案例 2-5

中秋节想象文案

每个节假日都有它独特的起源和习俗，弄清楚这些，才能更灵活地选取创作角度，更好地结合节日和品牌之间的特性。

关于中秋节的元素有月、嫦娥、团圆、月饼、家、故乡等，有很多品牌借势中秋元素，出现了很多优秀的中秋节想象文案。

借势元素：月亮

品牌：宝马

宝马汽车通过月亮的阴晴圆缺对比仪表盘的速度指针，不同的速度对应不同的月亮状态，而文案与创意本身非常贴切，将设计所要表现的概念完全表达清楚，如图2-37所示。

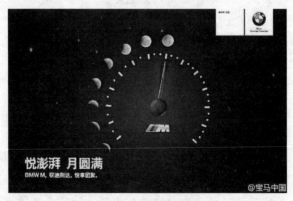

图 2-37　宝马品牌广告

借势元素：月饼

品牌：珍爱网

五仁月饼作为口味独特的月饼，不光是食客界追捧的对象，同样也是文案圈追随的热点。"五'仁'行必有一单身",改自论语"三人行必有我师焉",将平台用户最为关心的话题"单身"给抛了出来,如图 2-38 所示。

借势元素:家、故乡
品牌 1:58 同城

"月光所照,皆是故乡;双脚所踏,皆是生活",这样的文案其实是符合 58 同城这个平台的,生活信息分类平台面向的用户,更多都是在生活里辛勤的耕作者,就如同文案中提到的那样——"双脚所踏,皆是生活",如图 2-39 所示。

品牌 2:燕京啤酒

很多人身处异乡无法回家,无法参与中秋团圆相聚的时刻,燕京啤酒抓住了这一人群的心理,告诉他们:"异乡奋斗的人从不孤单,家是牵挂。"这一点也与燕京啤酒本身的热情、友谊等主题契合,如图 2-40 所示。

品牌 3:腾讯地图

"走了那么多地方,最圆的月亮,还是在家的方向"表达了异乡游子对故乡的思念,突出了中秋团聚的主旨,同时也将腾讯地图的精准导航定位功能有所体现。

图 2-38 珍爱网品牌广告

图 2-39 58 同城品牌广告

图 2-40 燕京啤酒品牌广告

资料来源:中秋借势营销,这 16 个品牌文案真的太棒了![EB/OL].(2018-09-20).https://www.sohu.com/a/254986048_100189833.

2. 灵感式直觉

灵感是指人们在研究某个问题而百思不得其解时,由于受到某种偶然因素的激发而顿悟,使问题迎刃而解。这好似"山重水复疑无路,柳暗花明又一村"。因此,在做文案内容时,要从内到外,将最真实的主题内容展现出来,往往越是一气呵成的内容或文案越容易成为特别好的文案。有时候瞬间的写作灵感要比策划过的内容强得多。

二、文案创意策略与方法

（一）文案创意策略

1. 立于真实

文案必须真实，真实是文案的生命。从文案创意这个角度来看，必须坚持"诚实的文案才是最好的文案"的信念。

在表达文案真实性的广告创意中，实证文案便是重要的一种方法，具体做法如下。

（1）直观表演。通过现场演示，即试用、试穿、试饮，让消费者亲身感受以建立起信任感。

（2）现身说法。通过消费者的亲身经历来证实产品的质量。

（3）真凭实据。是银奖不能说成金奖；是省优不能说成部优；是内销产品不能说成出口产品；只出口到一个国家不能说成畅销全球；是对于某种疾病有效，不能说成包治百病……都得拿出真凭实据来。

许多文案都是现实生活中的文案，给用户的感觉是真实、有趣，如图2-41和图2-42所示。

图2-41　立足现实的文案一

图2-42　立足现实的文案二

2. 突出个性

文案创意要解决的问题很多，核心问题只有两个，即"我是谁"和"谁是我"。企业识别战略的一个关键词是identity，其核心含义就是识别。

如何为一个产品写文案呢？首先，我们必须清楚该产品的最大优点是什么，这一优点同其他同类产品相比较，独特的优势在哪里？一句话，要让自己与众不同，让消费者从众多的同类产品中把自己识别出来。

例如，几家公司的个性招聘文案。其中，小米的招聘文案比较具有挑衅性，如图2-43所示；《第一财经周刊》的招聘文案给人以梦想，如图2-44所示；而太初国际的招聘文案则博人眼球，如图2-45所示。这三个文案各有特点，都让人印象深刻。

图2-43　小米招聘文案

图 2-44 《第一财经周刊》招聘文案

图 2-45 太初国际招聘文案

3. 以小见大

所谓以小见大,就是在文案创意过程中,捕捉一些关于事件、事实或情景描述的细节,通过针对这些细节的"特写",突显企业产品的优势与独到之处。通常我们所说的"一滴水可以见太阳"讲的就是这个道理。

 案例 2-6

支付宝"全心全意,只因懂你"

支付宝文案以小见大。大策略:传递用户至上的品牌理念;小文案:用一个个用户的小故事,传递出品牌的大情怀。把策略当作文案,"全心全意,只因懂你"这是大策略;而系列文案中的每一则文案则是这个大策略下的小文案,具体如下。

(1) 今年的账单上,90%的付款记录是为了我。爱别人前,我想先学会爱自己(见图 2-46)。

——为悦己支付,每一笔都是在乎

(2) 坐过 55 小时的火车,睡过 68 元的沙发,我要一步步丈量这个世界(见图 2-47)。

——为梦想付出,每一笔都是在乎

(3) 我曾与很多姑娘说过情话,但让我习惯为她买早餐的人只有你(见图 2-48)。

——为真爱付出,每一笔都是在乎

(4) 千里之外每月为爸妈按下水电费的"支付"键,仿佛我从未走远(见图 2-49)。

——为牵挂付出,每一笔都是在乎

图 2-46　支付宝系列文案一

图 2-47　支付宝系列文案二

图 2-48　支付宝系列文案三

图 2-49　支付宝系列文案四

资料来源：花钱的时候很心痛，支付宝文案暖心凑[EB/OL]．（2018-06-07）．https://zhuanlan.zhihu.com/p/37792884．

4．删繁就简

文案用语贵在精练，言简意赅，意尽言止，不说废话。这正如郑板桥的诗中所写："删繁就简三秋树，领异标新二月花。"美国广告专家马克斯·萨克姆也说："广告文稿要简洁，要尽可能使你的句子缩短，千万不要用长句或复杂的句子。"

简洁文案的效果比啰唆文案的效果要好。例如，Nike 的"伟大的反义词不是失败，而是不去拼"，如图 2-50 所示；知乎的"认真你就赢了"，如图 2-51 所示；Jeep 的"大众都走的路，再认真也成不了风格"，如图 2-52 所示。这些简洁明了的文案，都能让人印象深刻，过目不忘。

图 2-50　耐克简洁文案

图 2-51　知乎简洁文案

图 2-52　Jeep 简洁文案

5．注重文采

写文章要有文采，写文案更要有文采。没有文采的文案是枯燥乏味的广告。枯燥乏味的广告吸引不了人，也就达不到文案传播的目的。例如，网上流行的有文采的快递小哥写的文案，如图 2-53 所示。

图 2-53　有文采的快递小哥写的文案

6. 以情动人

文案创意必须强调有情有义。只有"情如春雨细如丝",才能使人在潜移默化中受到美的感染。

正如我们在前面"情感思维"中所提出的那样,要充分用好关键词——热情、激情、爱情、亲情、友情、抒情与移情等,使文案创意能够以情动人。

7. 意在言外

意在言外是指语意含蓄,文案创意的功力不仅在文字的表面。高明的文案创意不是明言直说,而是旁敲侧击,剑走偏锋:或是寄寓想象,或是借助形象……往往是欲擒故纵、避实就虚,一句话——贵在含蓄。

此策略在实际创作中常常是"言犹尽而意无穷",不要把什么都说"白"了,而是留下一个"灰色地带",把没有说出来的话借助特定的意境让消费者自己去领会。例如,戴比尔斯钻石的文案"钻石恒久远,一颗永流传",如图2-54所示。该文案紧扣钻石纯洁、珍贵和永久的特征,引申出情侣所拥有的如钻石一样纯洁、完美、永恒的爱情境界,钻石在此变身为爱情和幸福的结晶。这种"以情动人"的手法不仅可以弱化文案的商业味道,还可以拨动人们心中敏感的琴弦,引起无限遐想。

图 2-54　戴比尔斯钻石文案

8. 出奇制胜

文案创意是一种创造性的劳动。它以标新立异、推陈出新作为自己的特点。有时候出奇、爆冷的广告文案可以引起消费者的注意,给他们留下深刻的印象。

文案创意时常会针对人们普遍存在的逆反心理与好奇心理,刻意求新,不落俗套。当别人的文案说"做女人挺好"时,你千万不能学说"做男人也挺好",因为"嚼别人吃过的馍——不香"。在实际操作中,广告文案人员常常运用对比、夸张、悬念、悖理、意外、反向、变异等手法达到出奇制胜的效果。

(二)文案创意方法

1. 垂直思考法

垂直思考法,又称直接思考法或逻辑思考法。这是一种十分理性的思考方法,它是按照一定的方向和路线,运用逻辑思维的方式,在一个固定的范围内面向纵深(垂直方向)进行的一种思考方法。这种思考方法就是传统的深思熟虑,至今仍然是我们进行文案创意时最经常使用的、最基本的思考方法。垂直思考法的重点是思考的深度而不是广度,它要求思考问题的人目标集中，用心专一。

（1）垂直思考法之科学逻辑。用垂直思考法来写富有科学逻辑的文案，可以参考锤子科技的文案："我们看到太阳发出的光需要 8 分钟；看到海王星反射出的光需要 4 小时；看到银河系边缘的光至少需要 2.4 万年；而我们看到宇宙中离我们最远的那颗星星发出的光需要 139 亿年。所有的光芒都需要时间才能被看到。"

（2）垂直思考法之顺理成章。老舍在《黑白李》中写道："黑李并不黑，只是在左眉上有个大黑痣，因此他是'黑李'；弟弟没有那么个记号，所以是'白李'。这在给他们送外号的中学生们看，是很合逻辑的。"

用垂直思考法来写的文案不一定科学，但具有说服力，典型的如《国家地理》文案，曾获得了国际电视宣传与营销联合会和电视设计者联合会颁发的最佳文案奖。另外，第一次世界大战期间美国陆军的征兵文案（译文）采用的也是这种写法。

视野拓展：《国家地理》宣传文案

视野拓展：美国陆军的征兵文案

2．水平思考法

与垂直思考法具有高度思维惯性的方法不同，利用水平思考法写文案则基于水平思维。

水平思维不是我们每个人的思维定式。什么是水平思维？水平思维不是向上或向下的逻辑思维，而是与某一事物相关联的其他事物进行分析比较（这些"其他事物"甚至与你毫无关系），另辟蹊径，寻找突破口，是一种多方向、多出口的思维。

例如，广州太古汇（一个大型的城市商业娱乐中心）的文案、俄罗斯的《消息报》的征订文案及诚品书店（一家源自台湾的挺有格调的书店）的文案都是用水平思考法写的。

案例 2-7

水平思考法文案

文案一：广州太古汇文案

我希望你在面对美食时才花心。——美食店

我希望始终如一的你，有一天野一点。——KTV

我希望被电影感动时，身边只有你。——电影院

我希望你只是从身边溜过，而非错过。——溜冰场

我希望吸引万人视线的你，眼中只有我。——摄影店

我希望陪你走过漫漫人生路，一对鞋怎够？——鞋店

我希望你的魅力不仅来自内在，更有外在。——服装店

我希望你的众多时尚新宠中，最爱仍然是我。——数码店

我希望不论我变成什么样，你一样爱我。——形象美容店

我希望酒让我们陶醉而非迷醉。——公益广告《请勿酒后驾驶》

我希望广州的天空像我们的衣服一样蓝。——公益广告《请保持空气清新》

再多希望，太古汇也能为您一一实现。

文案二：关于"征订"的文案

亲爱的读者：

从9月1日（去年）起开始收订《消息报》。遗憾的是1991年的订户将不得不增加负担，全年订费为22卢布56戈比。

订费是涨了，在纸张涨价、销售劳务费提高的新形势下我们的报纸将生存下去，我们别无出路。而你们有办法，你们完全有权拒绝订阅《消息报》，将22卢布56戈比的订费用在急需的地方。

《消息报》一年的订费可以用来：

在莫斯科的市场上购买924克猪肉，

或在列宁格勒买1102克牛肉，

或在车里亚宾斯克购买1500克蜂蜜，

或在各地购买一包美国香烟，

或购买一瓶好的白兰地酒。

这样的"或者"还可以写上许多，但任何一种"或者"只有一次享用，而您选择《消息报》——将全年享用。

事情就是这样，亲爱的读者。

文案三：诚品书店文案

系列1：《关于搬家》

卡缪搬家了，马奎斯搬家了，卡尔维诺搬家了，莫内搬家了，林布阑搬家了，毕卡索搬家了，瑞典KOSTA BODA彩色玻璃搬家了，英国WEDGWOOD骨瓷搬家了，法国HEDIARD咖啡搬家了。

金耳扣大大小小的娃娃也要跟着人一起搬家了。

一九九五年十月一日诚品敦南店搬家。

系列2：《诚品南京店开幕——发现南京东路的新况味》

离开会议发现安静的快乐，离开策略发现创意的快乐；

离开同事发现和平的快乐，离开权利发现安全的快乐；

离开网络发现无知的快乐，离开键盘发现书写的快乐；

离开饭局发现美食的快乐，离开办公室发现新况味的快乐。

美食·咖啡·彩妆·饰品·书店……发现南京东路的新况味。

十月十二日，诚品南京店全面开幕。

资料来源：用这2个小方法写"文案"，我惊艳了[EB/OL].（2018-01-15）. http://www.woshipm.com/copy/912125.html.

运用水平思考法写文案需要注意以下几点。

（1）要敢于挑战占主导地位的观点，避免盲从、盲目抢热点。

（2）多方位思考，对问题从不同角度给出解释。
（3）摆脱垂直思维定式。
（4）务必注意偶发的机遇，别害怕你的小心思、新构思。

3. 混合法

垂直思考法和水平思考法是文案创作中两大基础的、效果显著的方法。近几年，SK2、陌陌，还有一些旅游公司的文案，特别喜欢混合使用垂直法和水平法，这就是我们所说的混合法。例如，菲律宾国家旅游公司的一则文案（译文）就是利用混合法撰写的。

案例 2-8

菲律宾国家旅游公司文案

来菲旅游的"十大危险"：
一是小心买太多东西，因为这里物价便宜。
二是小心吃太饱，因为一切食物都质美价廉。
三是小心被晒黑，因为这里阳光很好。
四是小心潜在海底太久，要上来换气，因为海底美景使人流连忘返。
五是小心胶卷不够用，因为名胜古迹数不清。
六是小心上下山，因为这里山光云影常使人顾不得脚下。
七是小心爱上友善、好客的菲律宾人。
八是小心坠入爱河，因为菲律宾姑娘热情好客。
九是小心被亚洲最好的酒店和餐厅宠坏了胃口。
十是小心对菲律宾着了迷而忘记回家。

复习与思考

1. 简述跨境电子商务商品认知的内涵。
2. 目标人群分析可以从哪几个方面进行？
3. 什么是 FAB 法则？
4. 简述九宫格思考法的原则。
5. 简述跨境电子商务文案的创意策略。
6. 简述跨境电子商务文案的创意方法。

提炼商品卖点

实训要求

（1）掌握提炼商品卖点的方法。
（2）学会将商品卖点以文字的方式表述出来。

实训准备

现在有一款折叠床，其定价为198元，包装体积为70 cm×190 cm×30 cm，支撑架构材质为钢，床面材质为双层加韧斜纹耐磨牛津布，商品展示如图 2-55 和图 2-56 所示。该商品属于功能型商品，比较适合使用型录要点延伸法来进行卖点提炼，通过详细展示商品的主要卖点来吸引消费者。

商品卖点的提炼需要遵循"人无我有，人有我优，人优我专"的原则。也就是说，商品的卖点要与竞争对手具有明显的区别，并且能够让消费者一眼看出其中的区别，做到始终领先于竞争对手。为此，我们在提炼商品卖点的过程中可以在确定消费者需求的前提下，找准竞争商品，并分析自身商品与竞争商品之间的区别，找到自己的独特卖点才能更加具有竞争优势。如从商品功能、外观、技术和竞争对手等角度进行分析，总结出自身商品的优点，并体现出与竞争商品的差异性，才能让消费者感受到你的商品更有价值，也更容易打动消费者使其产生购买欲望。

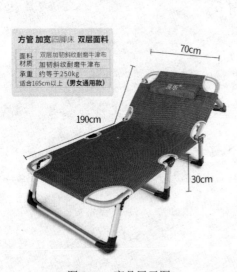

图 2-55　商品展示图一

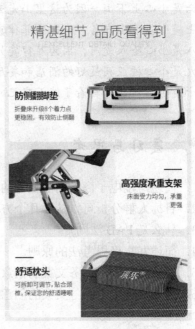

图 2-56　商品展示图二

实训步骤

1. 分析消费者的痛点

由于大部分上班族午休时不能躺在床上舒适入睡，而趴在桌子上睡觉又会对颈椎、腰椎等带来比较大的压力,不仅不能缓解上班的疲劳,还会带来其他负面影响,因此,可以在办公室中躺着睡觉是很多上班族的需求。而午休折叠床这一商品就是专门为了解决消费者这一问题而产生的。针对消费者这一痛点,我们在写作痛点文案时就要描述清楚消费者对这些问题的忧虑,并给出正确的解决办法,如图2-57所示。

图 2-57　分析消费者痛点并写作痛点文案

2．寻找竞争商品

在淘宝网搜索框中输入关键字"午休折叠床"进行搜索,在搜索结果中设置筛选条件为"选购热点:可折叠""金属材质:钢""材质:牛津面料""价格:150-210",然后在筛选后的结果中查看竞争商品的详细信息,如图2-58所示。

图 2-58　寻找竞争商品

3．分析竞争商品

单击商品主图进入商品详情页中查看其详情描述,总结并得到"午休折叠床"商品的主要特点，如可折叠、易安装、承重力强、稳固不变形等。同时，还要查看商品的评价，查看消费者对商品的反馈，得到商品被肯定和未被满足的信息，如"质量一般""如果床垫更软一点就好了"等，如图2-59所示。

图2-59 消费者对商品的评价

4．分析自身商品

对自己的商品信息进行分析，概括出自己商品的基本特点，如折叠免安装、两用床面、强力稳固支撑等。

5．加工卖点

综合以上所有信息，可以得到所有能够作为商品卖点的信息，对这些信息进行文字加工，使其能够吸引消费者。

例如，以下为提炼的商品卖点，还有根据卖点展开的相应描述信息，可作为商品卖点的详细说明出现在商品性能介绍中。

卖点一：舒缓脊椎、舒适睡眠

采用压缩板设计，给身体足够的支撑力，缓解趴睡对脊椎和腰椎造成的压力，快速释放身体，缓解疲劳。

卖点二：加强方管、稳固不塌

加宽加厚管材，承载力强；加固双层防下塌，同时还有侧收纳袋，给你贴心的服务。

卖点三：静音舒适、畅享惬意

双重防噪声处理，还你一个安静的午休环境。

卖点四：不占体积、无须安装

快速折叠收纳，无须安装，也不占用多余空间，携带方便，使用简单。

练习：请尝试自行选择一款产品，按照以上步骤进行商品卖点提炼。

第三章　跨境电子商务文案撰写

 知识目标

- 熟悉跨境电子商务文案的写作流程。
- 学会拟写跨境电子商务文案的标题、开头、正文和结尾。

学习重点、难点

重点

- 常见跨境电子商务文案标题、开头、正文和结尾的写作类型。
- 跨境电子商务文案标题、开头、正文和结尾写作技巧。

难点

- 运用跨境电子商务文案撰写的相关知识分析问题、解决问题。

 本章思维导图

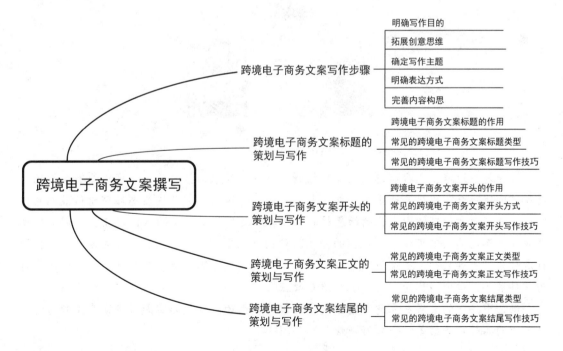

案例导入

文案新贵——洪金甲的野性文案

文字具有特别的杀伤力,一个好的品牌背后都有文案人孜孜不倦的创造,一个好的文案给品牌带来的传播和经济价值不言而喻。

作为文案新贵的洪金甲沙棘汁,已经在深圳、成都、苏州、无锡、南宁、义乌等多个城市铺展开来。而这个品牌不一样的地方就是很好地运用了互联网环境下新的一个时代人群的消费习惯和行为主张,依靠年轻化的品牌打法和互联网传播方法在塑造和占领市场。

新品牌崛起最大的利器是什么?是文案。文案在跨境电子商务领域创造了很多奇迹,好的文案一定是紧紧围绕产品和品牌本身去展开的,这样才能给产品和品牌赋予能量。

洪金甲是沙棘汁品牌,吃过西贝的同学们应该都非常熟悉,全国各地应该也有不少人在西贝餐厅里面见过沙棘汁。沙棘耐旱、抗风沙,可以在盐碱化土地上生存,因此被广泛用于水土保持。中国西北部大量种植沙棘,用于沙漠绿化。沙棘果实中维生素C含量高,素有"维生素C之王"的美称。沙棘为药食同源植物,沙棘果实入药具有止咳化痰、健胃消食、活血散瘀之功效。现代医学研究发现,沙棘可降低胆固醇,缓解心绞痛发作,还有防治冠状动脉粥样硬化性心脏病的功效,如图3-1所示。

图3-1 洪金甲沙棘汁

沙棘是:地球上生存超过两亿年的植物;沙漠和高寒山区的恶劣环境中能够生存的植物;"地球癌症"砒砂岩地区唯一能生长的植物;我国西部大开发生态环保价值最高的植物;完全在无污染环境中生长的绿色植物;世界植物群体中公认的VC之王;一种被中医药典和世界药典认定可以广泛入药的植物;被国家卫生部确认为药食同源的植物。沙棘被日本称为"长寿果",被俄罗斯称为"第二人参",被美国称为"生命能源",被印度称为"神果",被中国称为"圣果""维C之王"。

洪金甲品牌的文案和立意紧紧围绕沙棘本身,因为沙棘是非常彪悍且富有生命力的。洪金甲的品牌广告语是"一罐好沙棘",如图3-2所示。

洪金甲的创始人艾森曾经操盘多个红极一时的品牌，在品牌策划和文案上也是功力过硬，但是洪金甲这个品牌的确又上升了一个高度。

而在品牌的定位和文案的表达方面，艾森选择了一个"野"字，洪金甲团队称这种文案手法为"一字断魂刀"，以一个字立起一个品牌，如图3-3所示。

图3-2　洪金甲沙棘汁口号

图3-3　洪金甲沙棘汁Logo

下面大家感受一下洪金甲"野"性十足的文案吧，如图3-4和图3-5所示。

图3-4　洪金甲沙棘汁野性文案一

图3-5　洪金甲沙棘汁野性文案二

洪金甲的这个品牌非常巧妙地选取了沙棘本身特性里面的一个"野"字。汉字富有意境，一个字会有多重意思，而"野"字刚好是一个很有劲、很有力量感的字。

洪金甲围绕"野"字，非常狠地抓住了很多野性的表达。使品牌超越产品本身是一件非常难的事，但是如果跨境电子商务文案匹配到了一个非常好的理念，就事半功倍了。洪金甲显然做到了。

资料来源：洪金甲的野性扎心文案，服！[EB/OL]．（2018-07-30）．https://baijiaha.baid.com/s?id=1591392067715528262&wfr=spider&for=pc.

▶ **辩证思考**：分析以上案例，讨论并思考文案如何撰写能够引起受众的阅读兴趣，刺激购买欲望。

关键词提示：创意思维、带入场景、引发好奇、寻找差异、设置悬念等。

视野拓展：洪金甲沙棘汁野性广告文案

跨境电子商务文案策划与写作

第一节　跨境电子商务文案写作步骤

作为目前最炙手可热的文案类型，跨境电子商务文案在写作方面精雕细琢，以赚取点击、销量和人气，获得了不错的效果。早在多年前，中国电子商务的个性之战已经打响，在淘宝、天猫、京东等的线上商圈中，文案作者不断涌现，有些文案作者是通过雇佣关系而负责文案创作的，而有些文案作者就是店主自己，他们自主完成文案创作。有很多文案写作新人在接到写作任务时多多少少会有点儿无所适从，一般情况下会根据所有材料直接下笔，或者自己随机或漫无目地地进行资料搜集，这样写作效果总是事倍功半，也很难打动受众。跨境电子商务文案的写作并不是简单的字词组合，而是要用创造性的思维思考，如：文案的目的；欲达到的效果；如何才能让受众毫无芥蒂，甚至心甘情愿地接受文章所要传达的信息；等等。

一篇优秀的文案需要下不小的功夫，有时准备一篇文案所消耗的时间和精力会多于写作所耗费的。总体来说，成功发表一则跨境电子商务文案需要经历明确写作目的、拓展创意思维、明确写作主题、明确表达方式，以及完善内容构思五个阶段。

一、明确写作目的

在写电子商务文案时，最先应该做的一件事就是明确该篇文案的写作目的，这也是判断电子商务文案人员是否专业的标准。也就是说，在写作文案之前，文案人员必须先明确：文案是为了促进商品的销售，还是为了宣传品牌；是要与消费者互动，还是单纯的活动推广。目的不同，文案中所运用的写作思路和方法也就不同。

如果文案的目的在于促进商品的销售，那么就要思考如何让商品更具竞争优势、怎样让消费者觉得你的商品使用价值高于其他竞争对手的商品；如果文案的目的在于宣传品牌或公司，则创作时需要思考如何在文案中体现所要宣传的对象并且不引起消费者的反感，文案的内容怎样才能更贴近品牌或企业的整体风格与形象；如果文案的目的是为了与消费者互动，就要充分激起消费者的兴趣，调动他们的互动积极性；如果文案的目的是为了进行活动推广，那么文案需要思考的则是如何让人觉得这个活动有吸引力，值得参与。

案例 3-1

圣诞节电子商务文案大盘点

圣诞节，服装店里，奶茶店里，都贴上了彩色气球，摆上了圣诞树，店员们头戴可爱的小红帽，充满了圣诞节的气氛。在这个浪漫冬日的温馨日子里，很多品牌借助节假日进行品牌宣传，既符合节日气氛，又让受众觉得有趣。大多品牌设计的文案都配合节日选择了圣诞卡通形象，或略带温馨的风格（见图3-6～图3-14）。

这些圣诞文案令人暖到心里。只有抓住热点才能够更好地实现营销的目的，在一些热点之间，节日是一个永恒的话题。对跨境电子商务营销者来说，如何利用文案吸引用户是一门必修课。

图 3-6 饿了么

图 3-7 洽洽

图 3-8 荣耀

图 3-9 宝马

图 3-10 江小白

图 3-11　九阳

图 3-12　魅族

图 3-13　房地产

图 3-14　京东

资料来源：圣诞节文案大盘点，各大品牌借势海报看这里！[EB/OL].（2018-12-28）. http://www.sohu.com/a/285259691_120032492.

二、拓展创意思维

电子商务文案写作中常需要创意性的思考方法，包括发散思维与聚合思维、横向思维与逆向思维等创意思维拓展方式。通过这些方法，文案人员可以拓展创意生产能力，写出条理清晰、融入性更好的创意性文案，以吸引更多消费者的目光，从而获得更大的收益。

（一）发散思维与聚合思维

创意的思考方式常表现为两种，一种是发散思维，另一种是聚合思维，这是进行创意、思考的常见技能，也是评定创造力的主要标志。

1. 发散思维

发散思维亦称扩散思维、辐射思维，是指在创造和解决问题的思考过程中，从已有的信息出发,尽可能地向各个方向扩展,不受已知或现存的方式、方法、规则和范畴的约束,并且从这种扩散、辐射和求异式的思考中,求得多种不同的解决办法,衍生出各种不同的新的设想、答案或方法的思维方式。

进行发散思维需要充足的想象力。以曲别针为例展开想象,一般从它的作用出发,会想到装订书页,当别针用来别衣服,运用发散思维展开联想,它还可以用来当手机支架、钥匙扣、临时鱼钩、别在两个拉链之间防裂开、挂日历、挂窗帘、晾衣绳、扭成心形做装饰品等;也可从其材质展开想象,加工可制成弹簧,加硫酸可制成氢气,等等。运用这种思考方法可以丰富商品本身的文化内涵,给文案人员更多选择的空间,使文案内容更加丰富并充满吸引力。

 思考与练习

发散思维训练:试联想灯的功能有哪些。
可参考答案:照明、发热、取暖、烘烤、印相、发信号等。

2. 聚合思维

聚合思维又称求同思维、集中思维、辐合思维和收敛思维,是指从已知信息中产生逻辑结论,从现有资料中寻求正确答案的一种有方向、有条理的思维方式。它与发散思维正好相反,是一种异中求同、由外向内的思维方式。

视野拓展:聚合思维的方法

聚合思维就是在众多信息中找出关键点,然后对症下药,也可以说是对核心卖点的把握。以洗发露为例,洗发露有针对头屑头痒提出去屑止痒的,有针对干枯发质提出顺洁水润的,有针对易油腻发质提出清爽去油的。但并不是说具有止痒功能的就不具备滋润养护、净化发丝的作用,它只是从众多功效中选择了最合适、最具针对性的功能,这就是聚合思维的体现,即从信息中挑选最关键有效的信息,以达到一击即中的目的。例如,飘柔针对油性发质推出的洗发露文案,文案内容为"净爽不油腻、无硅不干涩",虽然广告内容涉及洗发露的香气,但也只是一笔带过,能看出它的卖点重心在治疗油腻的"净爽"上,如图3-15所示。

图3-15 飘柔洗发水

思考与练习

聚合思维训练：请展开联想，根据"格林威治、史蒂芬·霍金、金子、公元"这组词，猜两个字的词，这个词与前述系列词有某个共同点，这个词应该是____

可参考答案：时间。

（二）横向思维与逆向思维

创意思维的表现形式还体现在横向思维与逆向思维。

1. 横向思维

横向思维是一种打破逻辑局限，将思维向更宽广领域拓展的前进式思考模式，它是不限制任何范畴，以偶然性概念来逃离逻辑思维，从而创造出更多天马行空的新想法、新观点、新事物的一种创造性思维方式。其最大的特点是打乱原来明显的思维顺序，从另一个角度寻求新的解决办法。

如果使用横向思维去思考一个关于节能的问题，很多人都会给出很直接的答案，例如让人们随手关灯，从行为上减少用电量。但是当返回这个问题的本源时会发现，节能的目的是什么？就是节约电力。要节约电力，除随手关灯外难道没有更有效的办法吗？有的，如循环使用，这就给出了新的解决方法而并非原来的途径了。如售卖一款耳机，可以思考消费者心目中最希望它是怎样的，怎样才会大受欢迎，这就是问题的终点；再进行市场调研，充分了解消费者需求，找出该商品的创意点，如耳机的音质或独特的外形，这就是从终点返回起点式的横向思维。

换位思考也是横向思维的一种表现形式。一个人就是一个角色，他有自己的思考角度，但通过换位思考，他就成了另一个人，角度自然也就不同了，新鲜的视角比较容易突破约定俗成的规矩，从另一条路出发，推陈出新。

视野拓展：横向思维五步训练法

 思考与练习

横向思维训练：在某一个城市里，地铁里的灯泡经常被偷。窃贼常常拧下灯泡，这会导致安全问题。接手此事的工程师不能改变灯泡的位置，也没多少预算供他使用，但他提出了一个非常好的横向解决方案。

可参考方案：这位工程师把电灯泡的螺纹改为左手方向或逆时针方向，而不再用传统的右手方向或顺时针方向。这意味着小偷试图拧下电灯泡时，实际上他们反而是在拧紧它们。

2. 逆向思维

逆向思维也称求异思维，它是对人们几乎已有定论的或已有某种思考习惯的事物或观点进行反向思考的一种思维方式。它敢于"反其道而思

视野拓展：逆向思维法三大类型

之"，让思维向对立的方向发展，从问题的相反面进行摸索，找出新创意与新想法。

如"泰宁诺"止痛药上市时，在止痛药界阿司匹林止痛药一家独大，如果直接以宣传商品功效的方法进行竞争，肯定效果不佳，吸引不到消费者，于是"泰宁诺"利用逆向思维使出了一个妙招，就是自认第二，将商品定位于"非阿司匹林的止痛药"，显示药物成分与其他的同类商品有明显区别，从而让它在止痛药商品中独树一帜，取得了成功。

逆向思维的运用还体现在电子商务文案的标题上，不少文章的标题都是"千万不要……"反而激起了受众的逆反心理和阅读欲望。如"千万别喝茶了，喝了以后，你会开始嫌弃其他饮料，因为茶是没有添加剂的饮料，它健康！"在阅读了这样的文案标题后，会发现这样的表现手法更有说服力，受众印象也更加深刻，效果更好。这就是逆向思维的作用。

通过以上方法进行思维的拓展后，在匹配消费者需求的基础上，找到合理的切入点，才可进行文案策划与写作的下一步流程，确定文案主题，写出具有诉求的文案内容，使文案标新立异、出奇制胜，在消费者心中留下深刻印象，从而打动他们。

思考与练习

逆向思维训练：请大家利用逆向思维，每人思考并写出不少于十组倒读词。

可参考答案：子女—女子、刷牙—牙刷、爱心—心爱、累积—积累、喜欢—欢喜等。

三、明确写作主题

明确文案写作目的并进行创意思维的拓展后，很多文案人员就开始直接提笔进行写作了，然而这样做的效果并不理想。文案写作目的只是文案写作的一个方向，用于帮助文案人员进行文案写作的构思，但如果没有一个明确的文案写作主题，随意按照自己的喜好和思路来写作文案内容，就会使文案变成一堆散沙，没有突出的重点，也就无法吸引消费者。这容易使文案变成自娱自乐类型的文案，既不能达到好的营销效果，也不利于文案人员写作水平的提高。

文案人员在写作文案前需要明确的一点是，写作主题要始终贯彻整个文案创作过程，统筹文案策划和创作的方向。主题对文案的最终呈现效果有很大的影响，对内，能影响文案的撰写、传播渠道的选择和投放；对外，主题还担当着传播者的角色，消费者通过文案透露出的主题能够知晓宣传推广的重点信息，从而激起消费者参与的欲望。可以说，文案写作的目的就是传达出商品、服务或品牌的某种信息，这种信息就是文案所要表达的主题，如商品卖点、促销优惠、企业精神、品牌理念等。

例如，肯德基汉堡的推广文案，文案以"霸气 UP"为主题展开创作，通过号召消费者一起萌发活力而引起他们的行动欲望，同时搭配上明星推广解说视频，增加文案内容的说服力和吸引力，如图 3-16 所示。

春已暖，花已开！一口香辣鸡枞菌菌菇鸡腿双层堡萌发活力，朝气UP！霸气UP！元气UP！这个春日，我在@肯德基 为你们加油打气，一起#元气萌发 一路UP#！

□ 肯德基的微博视频

图3-16　肯德基汉堡文案

四、明确表达方式

确定了文案写作的目的和主题后，即可根据文案的创作方向选择一种合适的表达方式进行文案创作。文案的目的是通过信息的传递创造商品或品牌价值，因此文案最终呈现的效果应该能够让消费者对文案主题产生新的认知，这要求文案人员不仅必须具备写作的基本能力，还要掌握文案的具体表达方式。表达方式主要包括动机型、暗示型、实力型和理想型等。

（一）动机型表达方式

动机型表达方式是将商品的价值融入文案写作的具体场景中，通过文案描述的场景给消费者一个具象化的理由，使消费者在众多的竞争商品中更加倾向于你的商品，从而给自己带来更多的竞争优势。这种写作方式的重点是站在消费者的角度来思考什么样的文案能够影响他们的感知，例如，小米体重秤的文案，在描述其精准、细微的差别特点时，使用"精准感知每一天的身体变化"很好地给消费者塑造了一个生活化的场景，让消费者能快速联想并感知到商品的性能，如图3-17所示。

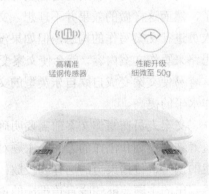

图3-17　动机型写作方式

（二）暗示型表达方式

暗示型表达方式是指不直接说明自己的主题思想，而通过暗示的方式让消费者意会文案的真实意图。这种写作方式比较适合以创意为主的文案内容，不建议应用于商品上新、活动推广之类的文案写作，可以作为企业理念、品牌精神等文案的创作思路，以加强消费者对文案内容的认同。

（三）实力型表达方式

实力型表达方式是指直接以商品或服务的过硬功能、性能、质量等为主要表达重点，给消费者树立一个"人无我有，人有我精"的印象，注重通过商品或服务的核心竞争力来体现竞争优势。如格力空调的"格力，掌握核心科技"中"核心科技"四个字就直观地体现出了商品的分量。

（四）理想型表达方式

理想型表达方式是指通过塑造远大、愿景类的目标，激发消费者与文案在价值层面的共鸣。这种写作方式比较适合具有一定品牌知名度的企业，主要从精神层面来体现与竞争对手的差距。如现代途胜的广告文案"去征服，所有不服"，就很好地体现了其目标消费群体的征服欲与野心，引发了消费者内心的共鸣。

思考与练习

文案的表达方式多种多样，这里只是选取了几种比较具有代表性的表达方式进行介绍，文案人员在进行文案策划的过程中可多方结合，通过多种表达方式与写作手法来增强文案内容对消费者的吸引力，如加入热点、使用修辞手法等，你能想一想文案还有哪些表达方式吗？

五、完善内容构思

在确定了写作的具体方式后，文案人员就可以开始进行文案的具体写作了，写作主要包括标题写作和正文写作两部分内容。标题是消费者对文案的第一印象，能够快速吸引消费者对宣传推广的内容产生兴趣，进而继续阅读其他内容；正文是对标题的补充和说明，是消费者全面了解推广信息的主要途径，二者相辅相成，构成消费者对商品或服务的最终印象。文案人员在下笔写作时，不管是写作前、写作中还是写作完成后，都需要按照一定的逻辑来进行文案内容的构思，以完善文案内容，使文案表达效果更加出众。一般来说，可以从内容、结构、风格、配合和写作技巧几个方面进行考虑。

内容：文案写作具体内容的逻辑关系要清楚明了，突出文案写作目的和主题。

结构：文案标题与正文之间的联系要紧密，正文的结构要合理，广告内容要以消费者能够接受的方式进行体现。

风格：文案的行文风格要符合消费者的阅读习惯，用词要贴合核心主题。

配合：文案内容要符合最终发布平台的要求，文章、视频、图片等不同的表现形式具有不同的特点，要根据具体情况进行分析。

写作技巧：文案中可以使用一定的写作技巧来增加文案的可读性，但切记不要频繁使用，以免因为强调写作技巧反而忽略了文案需要传达的信息。

跨境电子商务文案策划与写作

从以上角度进行考虑，对写作的文案内容进行修改完善，不仅能提高文案人员的写作水平，还能加强文案对消费者的吸引力。

第二节 跨境电子商务文案标题策划与写作

在互联网时代，用户的手中掌握着信息的浏览主动权，在面临大量的信息推送时，他们通常只会选择自己感兴趣的话题阅读。一篇文案，相同的正文、不同的标题所达到的效果会相差好几倍。所以，跨境电子商务文案拥有一个能吸引受众注意力的标题十分重要。

一、跨境电子商务文案标题的作用

一般情况下，标题不仅凭借一些写作手法、文字技巧赢得受众的注意，同时，它还具备其他功用，如"制作出醇香松软的蛋糕有哪些诀窍？"它说明本文案提供了制作蛋糕的秘诀，可以吸引蛋糕制作爱好者的阅读兴趣。能提供有效信息的好标题自然能吸引受众的阅读。由此可知，在跨境电子商务文案的标题写作中，文案写作人员应注意标题的以下六个功能。

（一）吸引注意力

无论哪种文案形式，人们看到标题的第一眼就会在心里迅速分析这与自己有无关联、它提供了什么信息、带来了哪些好处，好的标题要凭借这份第一印象来赢得受众的注意力。正如跨境电子商务文案，消费者在购买跨境电子商务的商品之前，其最大的期许和疑惑是想要知道这个商品能带给自己什么样的好处和结果，因此跨境电子商务只有通过文案，特别是文案的标题，把消费者所期许的结果提前告诉他，才能真正打开购买的第一道门。明确消费者想要的结果也可以这样理解：成交的不是商品，而是消费者要买的结果，只要跨境电子商务销售的是消费者想要的结果，就能吸引消费者的关注。

例如销售美白面膜，消费者买这种面膜的目的是为了让自己的面部皮肤变得更白，"美白"就是消费者想要的结果，美白面膜只是帮助消费者实现这个结果的桥梁。同样地，消费者不是在买口香糖，是为了获得"健康清新的口气"这个结果，但这个结果需要通过购买口香糖来实现。消费者不是在买单反相机，是为了"清晰的画面，美好的景象，快乐的时光和对回忆的珍藏"这个结果，但他们需要单反相机来实现这一点。

一款商品，如果消费者没有意愿购买，那么首要原因可能是该商品的商家只是站在自己的角度介绍商品，而没有告诉消费者，使用该商品之后，能给他们带来什么好处和结果。因此，商品如果要实现销售，必须先站在消费者的角度思考，了解消费者最想要的好处是什么，再明确地告诉消费者，该商品能帮助他实现这个好处和结果。

对于跨境电子商务文案来说，最有效的标题写作方式就是直接向消费者承诺购买商品的利益，或者直接说明某商品或服务的好处，介绍如何解决某种问题，等等。

（二）筛选受众

在给跨境电子商务文案起标题时，要时刻注意文案的受众，针对受众来设置标题。就像之前的那则蛋糕文案一样，它针对的是蛋糕制作爱好者，受众明晰，感兴趣的人自然会点开，其不仅能帮助受众节约时间，还能筛选出文案合适的受众。例如，一款老花眼镜产品做电子商务营销，标题设置为"戴上它，还你清晰视界"，从标题虽然可以看出它是眼镜产品，但其针对的受众不明晰，只会让受众以为它是普通的近视眼镜，受众点进去之后会大失所望，若将标题改为"老眼昏花？你的父母因你的选择而改变！"就能让人明显知道这是针对老年人的老花眼镜产品了。

（三）突出卖点

对于跨境电子商务来说，标题是搜索的关键，如果标题设置不当，受众就不易找到该商品。而卖点就相当于亮点，也就是商品特色，能够使人产生深刻的第一印象，这也是要重点强调标题"卖点"的原因。

很多商品通常都是靠一个核心卖点成为热销品的，甚至一个卖点足以成就一个品牌。因此，在跨境电子商务文案中能否寻找到恰当的卖点，是能否使商品畅销、建立品牌的重要因素。而作为受众最先接触的标题，在其中加入卖点就会产生更好的效果。

（四）传达完整信息

传达完整信息是指标题内容要符合正文主题。有些受众只喜欢看标题，或没有时间阅读正文，这时，如标题涵盖了正文内容，做出一个完整的表述，就能起到标题推销的作用，如一款冷暖气机的标题文案"为您省下一半的冷气与暖气费"。

（五）创意新颖

在讲究创造的时代，跨境电子商务文案的标题撰写也要抓住这一趋势，表达出独特的创意，要想别人所不能想的，或是想不到的，这样才能在一瞬间抓住受众的眼球。同时，标题只是具有创意还不够，还应该把文案的信息鲜明地表达出来，这样才能打消受众的疑虑，让他们选择点击阅读。当然，对跨境电子商务文案作者来说，只要做到这些，你的跨境电子商务文案就已经成功了一大半。

（六）引导阅读正文

标题的一大作用是勾起受众阅读正文的兴趣。引导受众阅读文案正文十分重要，要激发受众的好奇心，可以利用幽默、吊胃口、提问或挑衅的语言，也可以承诺提供给受众奖赏、新消息或有用的信息。例如，一款面霜产品的标题"只要花 5 美元就能享受美容手术的效果"，让受众对文案描述的是什么商品感到好奇，同时对文案描述的这种美容效果持怀疑态度，这反而会激起受众的求知欲。再如，某丝袜产品的文案标题"你见过能装菠萝的丝袜吗？"就让受众对这种不勾丝、不破散的丝袜产生了了解的兴趣，从而增加了文案的点击率和浏览率。

视野拓展：结果型标题写作公式

二、常见的跨境电子商务文案标题类型

无论文案正文多优秀，或者其介绍的商品多杰出，如果文案标题无法吸引消费者的注意力，推广就无法成功。能够吸引注意力的标题才是跨境电子商务营销成功的关键要素。

（一）直言式标题

直言式标题就是不玩文字游戏，直接点明商品宣传意图的标题。这种标题开门见山，直接告诉受众他会获得哪些利益或服务，让受众一看标题就知道该文案的主题是什么。某些折扣促销活动文案、产品上新文案等就常用这种标题。

例如：麦德龙冬季进口葡萄酒节，好礼相送！

（二）提问式标题

提问式标题旨在用提问的方式引起受众的注意，使他们思考问题，加深他们对文案的印象，让他们想要读完全文一探究竟。但值得注意的是，在考虑提问的问题时，应从受众关心的利益点出发，这样才能引起他们的兴趣，否则很可能会让他们产生"关我什么事""与我无关"的想法。提问式标题可以是反问、设问，也可以是疑问，有时甚至可以用明知故问的方式来表述文案的主题。

例如：穿裙子，怎么穿才可以不冷还时尚？

既然每天都要喝水，为什么不用哈磁杯？

（三）诱导式标题

诱导式标题就是不直接言明，而是先勾起受众的好奇心再用文案内文为感到好奇的受众进行解惑，让受众恍然大悟，加深其记忆。

例如：谁说大衣只能配高跟鞋？这才是今年的时尚！

想想今天和昨天的洗发感觉有何不同？

（四）标语式标题

标语式标题简短有力，主要由广告的标语或品牌名称构成。这种标题大都将产品与其知名度很高的品牌或系列名称挂钩，有助于产品的销售。

例如：喝孔府宴酒，做天下文章。

（五）推新式标题

推新式标题重在体现新消息，较为直白地给受众传递新的产品信息，可以用于新商品的问世、旧商品的改良、旧商品的新应用等。

例如：倒计时！距离掌阅全新 iReader 阅读器发布还有 5 天。

苹果 Air 创、新、薄（世界上最薄的笔记本电脑）。

（六）命令式标题

命令式标题的第一个词都是明确的动词。命令式标题有祈使的意味，以让受众感觉到这件事的重要性和必要性。

例如：收藏并关注店铺，你会获得×××一个月的使用权。
快领！京东购书优惠券明天过期。

（七）证明式标题

证明式标题以见证人的身份阐释商品或品牌的好处，增强受众的信任感，既可是自证，也可是他证。该类型标题常使用口述的形式传递信息，语言自然通俗。

例如：小魔盒创始人曾辉口述：我把一款专业的传统美容产品做到三千万的秘密。
超过1万8千份体验礼盒试用反馈报告证明，我们的商品至今没有产生过敏刺激等不良反应！

（八）导向式标题

一些文案的正文常用明确清晰的思路直列产品特点，这种写作方法简单又有效，这时就可通过展示明确的目标来写标题，可运用"为什么""原因""理由"等字眼来突出产品的重要性。

例如：学会这3个步骤，从此不再为上班穿搭而烦恼！
一定要买羽绒服的六大理由。

（九）数字式标题

数字式标题就是将正文的重要数据或本篇文章的思路架构整合到标题。数字式标题一方面可以利用吸引眼球的数据引起受众注意，另一方面可以有效提升阅读标题的效率。

例如：10个容易被忽略的Excel小技巧，挺实用！
4个微信小技巧，职场人一定要学好。

（十）恐惧式标题

受众会关注与自己相关的话题，尤其是可能触及自己利益的话题。如果正文内容关于受众健康、财物等，可以尝试设计恐惧式标题，从而激发人们的猎奇心理，同时产生危机感。

例如：一上班就没状态？这是病，得治！
如果你不在乎钙和维他命，请继续喝这种豆浆！

思考与练习

标题拟写训练（一）：

假如你是学校跨境电子商务协会负责人，今天校园跨境电子商务创业大赛圆满结束，参赛的18支队伍中有5支获得投资，3支将代表学校参加国家级别的跨境电子商务创业大赛。

现在需要推送一篇对本次创业大赛进行报道的宣传文案，请用我们介绍的十种方法拟出标题，并和同学分析哪种方法效果好。

三、常见的跨境电子商务文案标题写作技巧

无论是网站内页文案标题、网络推广文案标题，还是营销软文文案标题，这些为跨境

电子商务服务的文案标题都是至关重要的,都是影响转化率的首要因素。因此,要想写出诱人的跨境电子商务文案标题,还应该掌握以下标题写作的技巧。

(一)善用符号、数字

标题中的符号可以定义为两部分,一部分是真正意义上的符号——感叹号或疑问号,另一部分就是"最"这样的字眼。符号能给人强烈的感官刺激,激发受众点击的欲望。当然在使用符号时一定要避免夸大其词,不然很可能被认为是标题党,从而影响口碑。

视野拓展:符号化标题小技巧

例如:口碑炸裂!中国观众给这部电影打了史上最高分!

我如何把网络课程卖出 1000 万元?

另外,受众不会真的去调查数字是否准确,但会本能地理解和信任其带来的精准感,这也满足了很多受众"自我提升"的需求。互联网信息繁冗,受众需要迅速查找干货,让自己快捷地接收到信息。善用数字能够激发受众打开文章获取信息的欲望,而且这样的文章很容易给人一种信息全面且权威的感觉。对数字的灵活使用也是跨境电子商务创意营销的一种技巧。

例如,一则文案旨在通过对一些技巧的讲解来吸引文案写作新手关注自己的微信,故将标题设为"好文案与差文案的区别"或"优秀文案文员与一般文案写作人员的区别"。虽然这样的标题具有对比性,值得一看,但若将其改为"月薪 3000 与月薪 30 000 的文案写作人员写的文案的区别",这时,数字显露出来的效果就更为明显了。再如标题"鞋子有三百四十二个洞为什么还能防水?"将其中的数字用阿拉伯数字的形式表现出来,"鞋子有 342 个洞为什么还能防水?"就会发现数字的运用会使标题更有震撼效果,相比文字更容易让人一眼看到并记住。

(二)类比

所谓类比,就是由两个对象的某些相同或相似的性质,推断它们在其他性质上也可能相同或相似的一种推理形式。它是一种主观的不充分的似真推理。类比这种方法非常神奇,运用得好能让人快速明白你想说什么,而且还能对你的标题和文案产生熟悉感和阅读兴趣。例如,中华豆腐的文案标题"慈母心,豆腐心"和松下电器店的"静得让你耳根清净",可见有时候将产品类比到某些情怀上时还能达到触及受众心灵的效果。

(三)对比

有对比,才能突出。对比法通过两种产品之间的对比差异来刺激人的感受,引起人的重视。对比法不只是常见的创意手法,也是文案标题的常用技法,它能增强标题的表现力,引起受众的阅读好奇心。

例如:历经无数的奢华,最为珍贵的还是那碗艇仔粥。

吃过这枚凤梨酥,其他的都是将就。

看过世界更爱中国。

（四）讲故事

很多文案写作人员都是讲故事的高手。一则文案标题本身就是文案故事的浓缩版，故事情节的转折可以勾起人的好奇心和阅读欲望。有时文案写作人员也常用故事性标题，暗示一个引人入胜的故事即将开始。

例如：三毫米的旅程，一颗好葡萄要走十年。——长城葡萄酒经典文案

（五）借助热点

人们对热点有种本能的追逐心态，借助热点是写作跨境电子商务文案标题时的常用技巧，文案写作人员可通过对热点节目、人物、事件的利用达到吸引人阅读的目的。

例如：维密秀上最应该成为热点的不是摔跤，而是这套青花瓷。

借助热点还有一层含义就是通过热点事物与文案主体建立联系，形成一种自然而然、合而为一的观感。但我们在写作时一定要注意端正态度，不能因一味追求热点而成为"标题党"。

（六）接地气

所谓"接地气"就是与受众紧密联系，使用受众熟悉的、有新意的语言写作，让受众从直觉到内心都接受、认可文案及产品。总结起来就是标题要通俗易懂，让大多数人看得懂，简洁明白，不要太专业，以免受众因觉得与他们的联系不大而丧失阅读兴趣。例如，一则锂电池的文案——"全气候电池革命性突破锂电池在低温下性能的局限"，使用接地气技巧进行修改后则为"我们发明了'不怕冷'的锂电池"，后一则标题将锂电池人格化，更加容易理解，展现了新锂电池的特点——"不怕冷"，让受众一下就明白了该文章想要表达的内容，相比前一则标题更能提起受众的兴趣。所以标题要遵循这种将复杂描述简单化、通俗化的"接地气"原则。

（七）勤加练习

无论哪一种文案写作，都需要写作人员勤加练习，特别是文案新手缺乏经验的积累，更应该专心磨炼。文案标题的设计是有技巧的，可按上文所讲的方法，从不同角度进行写作，或进行多角度的整合，如"数字+对比""名人/热点+符号"组合，也可以是"归纳+数字+符号"等，尽量多写一些标题，然后从中挑出好的、符合要求的标题。大部分人只要经常练习，就能掌握这些技巧，写出夺人眼球的好标题。

 思考与练习

标题拟写训练（二）：

假如你是一家连锁母婴用品企业的文案编辑，公司下周在电子商务平台推出婴幼儿玩具新品。现在需要你撰写一篇文案，介绍新品。

请为这篇文章拟出至少三个标题。

第三节　跨境电子商务文案开头的策划与写作

跨境电子商务文案开头具有承上启下的作用。一方面,开头要与标题相呼应,否则会给受众"文不对题"的印象;另一方面,开头需要引导受众阅读后文,好的开头是成功的一半。

一、跨境电子商务文案开头的作用

(一)引发好奇

引发好奇,即利用图片、文字等内容吊足受众的胃口,使受众产生继续阅读的兴趣。当受众点击标题进入文章后,如果开头索然无味,受众会直接关闭页面。所以,开头写不好,会浪费精心设计的标题。

(二)引入场景

不同的文案有不同的场景设计,因此需要在开头就把受众引入场景。通过故事、提问等方式,让受众了解本文要表达的情感、环境、背景等。

二、常见的跨境电子商务文案开头方式

(一)故事型

没人爱听大道理,最好讲个小故事。从受众的角度考虑,读故事是最没有阅读压力的。故事型开头,直接把与正文内容最相关的要素融入故事,让受众有兴趣读下去。例如:

标题:十分的家

开头:

初识时,他给她的第一份礼物是价值不菲的 LV 包;

热恋时,他给她的礼物是一栋豪华奢侈的别墅;

订婚时,他生意失败一贫如洗,给不起任何礼物。摸着手中屈指可数的一角硬币,他说:对不起!我给不了你幸福了。她摇摇头,轻轻掰开他的大手:虽然只有一角,可这是"十分"哦。

"十分的爱"陪着我一路走来,今天给你一个"十分的家"!

(二)图片型

正文以一张图片开始,可以吸引眼球,并增加文章的表现力,使用一张好的图片,可以极大地增加受众目光的停留时间,并提升受众的阅读欲望。图片的存在给了文案更好的表现形式,如图 3-18 所示。

图 3-18 图片型开头

(三) 简洁型

如果你的标题已经写得很明白,那么开头可以一笔带过,一句话点题即可。例如:

案例 1

标题:中国哪所大学校区是 5A 级景区?

开头:广西师范大学王城校区是 5A 级景区。

案例 2

标题:我今晚在斗鱼直播,你约吗?

开头:晚上 9 点,我又要进行斗鱼真人直播了!

(四) 思考型

思考型开头通常会以问句的形式。通过向受众提问,引导受众带着问题阅读后文。例如:

标题:为什么只有 5%的人可以用个人品牌赚钱?

开头:

网红时代,究竟什么样的草根适合在网上打造个人品牌?

没有基础的人工作之余在网上赚钱,需要哪些特质?

都在谈"互联网+",企业网络营销的方法能否被个人所用?

有人说:"成功的方法有很多,而失败的原因却很相似。"最近勾老师和一些曾经信誓旦旦打算做个人品牌的同学进行了深度沟通,发现导致大家无法进行下去的原因,总结起来无非以下五个。

(五) 金句型

发人深思、一针见血的句子,称之为"金句"。在文章开头放入金句,可以直击人心,最能抓住人。例如:

标题:你迷茫个鬼啊,还不如去学 PPT。

开头:

年轻人经常把一个词挂在嘴边:迷茫。

我不喜欢自己的专业，我好迷茫啊！

我不是名校背景，我好迷茫啊……

没有迷茫过的青春不是正常现象，唯有通过迷茫的挣扎才能找到真实的自我。

问题是有些同学以迷茫为借口，拒绝回到现实。

我的建议：这个时候，不妨去学点什么。

学点东西，心里就踏实一点儿，就像在攒钱似的。万一哪天真的被命运踢到深渊里，谁一定会救你？不知道。只有脑子里的知识，也许可以让你编成绳索带你脱身。

道理是懂了，可我该怎么确定自己"该学点什么"呢？

送给你五个原则，简称"两点两线一个面"。

案例 3-2

爆款文案必有金句

能打动人心的文案，必然拥有金句。

爆款的文章，一定会有几个金句。好看的文案，一定有一个金句。脱颖而出的人，会想方设法造金句。

例如 NB（新百伦）的广告，特别会造金句。NB & 李宗盛"人生没有白走的路，每一步都算数"，如图 3-19 所示。NB & Papi 酱"不要为了天亮去跑，跑下去天自己会亮"。

图 3-19 NB 金句型文案

《奇葩说》个个辩手都是金句制造机。马薇薇的"没有逻辑的正能量就是负能量"。姜思达的"你可以一天整成一个范冰冰，但你不能一天读成一个林徽因"。

资料来源：爆款文案必有金句：打造文案金句的 6 个技巧[EB/OL].（2017-04-13）. http://www.woshipm.com/operate/634771.html.

三、常见的跨境电子商务文案开头写作技巧

被标题吸引进来却发现开头平平无奇时，就会产生一种受到欺骗的感觉，从而退出当

前页面。那么，怎样才能写出一个精彩的开头，从而留住受众呢？

（一）开门见山

所谓开门见山就是直截了当，直奔主题，不拖泥带水，直接说明文案主题。若是产品文案，则开头直接表述某产品或服务的好处，介绍如何解决某种问题，等等。这种写作方法常以标题为立足点直接阐释，避免受众产生落差和跳脱感，若标题为疑问句，则开头可以直接回答标题的问题。例如：

标题："双十一"到啦，猜猜今晚的直播有什么活动？

开头：今晚 7:00，淘宝直播准时开场，不同体型模特现场试穿，高额无门槛优惠券不限量发送，你还在等什么？

（二）内心独白

视野拓展：内心独白型文案注意事项

内心独白即把内心的真实想法表露出来。移动互联网时代人与人之间的交流是隔着网络的有距离的交流，有时候对着独白的文字反而能拉近人与人之间的距离，打动人心。要在文案中写出内心独白，就需要将文案写成对白或作者的陈述，向受众道出自己内心的活动。一般来说，人物独白会给受众一种正在亲身经历此种感受或故事的感觉，比较亲切。内心独白被认为是内心活动的真实反映，不虚伪，不矫情，极易给受众以情真意切、直击肺腑的印象，以引起受众的共鸣，获得受众的信任。

（三）以新闻热点引入

热点的运用不仅适用于标题，在文案开头使用也不失为一个吸引受众注意的好办法。例如，在推荐衣服时，从最近的红毯活动、电影节入手，分析明星穿搭，再引入自己的推荐单品；在推荐书本时，从最近的诺贝尔文学奖引入；在品牌推广时，借助节日、新闻热点等撰写宣传文案，等等。通常，这样的文章阅读量都很高，也很受受众欢迎，所以文案写作人员在写作过程中可以适当地借助热点。一般来说，微博热搜是获取热点信息比较快的渠道，文案写作人员也可酌情考虑从今日头条、百度风云榜、天涯社区、搜狗热搜榜、360 热榜、豆瓣、知乎等获取信息。

（四）利用故事

文案开头可以使用故事导入。使用富有哲理的小故事或与要表达的中心思想相关的小故事作为开头，一句话揭示道理；还可以直接写故事，然后在其中进行商业植入。例如，腾讯视频的软文推广开头：

他微信说

"我们分手吧"

"嗯，好"，我回

放下手机，我又埋头做事

心里有些空荡荡，却也如释重负

"并没有特别难受啊,外面天气真好,出去玩吧"

失恋的痛苦并非排山倒海一样猛烈来袭,更像南方冬天的雨

一滴一滴,慢慢寒到彻骨

这篇文案以男女分手作为开头,采用叙事风格,不仅能让人放松,还能让喜欢阅读故事的受众觉得这就是小说的情节。虽然通篇看下来发现是一篇植入腾讯视频的文案,但胜在新奇,跨境电子商务文案写作人员也应掌握这种写作方法。

案例 3-3

腾讯视频为北京电影学院开学季制作的故事型文案

"追光的人,自己也会身披万丈光芒。"

故事就从这句文案展开了,腾讯视频在北京电影学院上演了一场感人肺腑的六幕青春艺术展。

文案如下:

眼睛不要眨/

78 级张艺谋/ 93 级徐静蕾/

05 级杨幂/忘了从什么时候开始/好像每部古装戏里都有杨同学的身影/从那时起直到今天的《扶摇》/她的名字已无须注明

17 级王俊凯/2017 年/表演系入学了一位同学/他明白要做一个好演员/先要做一个好学生

18 级吴磊/走过每一个区间/就能看到一个个演员或导员的人生历程/而当你走到另一个区间时/后面的人/则在仰视前一个人的身影

说好的六幕呢/不要急/当新生来到第六幕时/他们将看到自己在大屏幕上/没错/第六幕的主角就是你自己

当你感叹别人强大时/千万不要忘记自己也被别人所仰望/在追逐的路上/可能看不见自带的万丈光芒/你可以停下来/而那时你的光芒将无法掩藏/正如这句"追光的人/自己也会身披万丈光芒"

资料来源:腾讯视频的这篇文案太耀眼[EB/OL]. (2018-09-07). https://www.sohu.com/a/252602610_295353.

(五)借用权威

借用权威的方法主要包括使用名人名言、谚语、诗词等,或者某个行业的调查数据、分析报告、趋势研究等权威资料,借此引领文案的内容,将其与文案主题相融合,凸显文案的主旨及情感。这种写作方法既能吸引受众,又能提高文案的可读性。

一些软文文案就常用名言名句开头,运用得当不仅能紧扣主题,还会让受众觉得撰写者很有文采,文案充满吸引力。运用这种方法切记不能强拉关系,一定要顺而言之。

例,推荐书籍的文案开头:

王小波说:"人在年轻的时候,最头痛的一件事就是决定自己的一生要做什么。"

然后顺理成章,自然而然地列出正文,引出职业规划的主题,这就是名人名言的妙用。

还有些文案借用数据,人们总是更相信数据的权威性和精确性。

例,美团外卖文案开头:

"50万合作商家,1000+知名连锁品牌入驻。"

(六) 设置悬念

设置悬念是一种使用较多的技巧,这种方法与利用故事所创造的效果有点类似,也比较重视故事的作用。但悬念常与刺激恐惧联系在一起,这种以悬念故事开头的文案,通常都把吸引消费者放在了第一位。例如:

一对夫妻穷尽一生积蓄买了一套房,住进去之后却怪异事件频发,皮肤瘙痒、掉头发、失眠、气色越来越差……尝试了各种治疗的方法,都无济于事。

受众读到后面才得知是甲醛超标,从而引出文案的主题——一款新上市的空气净化器。这样写作能吊起受众的胃口,是引起受众注意的好方法。

(七) 直接下结论

直接在文案开头得出结论,再通过正文推出论据,证明开头的结论。这种开头的好处是文案中心清晰、观点鲜明,受众一下就能知道文案表达的意思。例如,一篇鼓励阅读的长文案。

标题:我害怕阅读的人

开头:

不知从何时开始,我害怕阅读的人。就像我们不知道冬天从哪天开始,只会感觉黑夜越来越漫长。

然后正文中再对此结论进行论证,达到引导和总结的目的,使文案结构严密,更具说服力。

(八) 运用修辞手法

修辞手法有很多,包括排比、比喻、夸张、比拟、反问、设问等。修辞手法的运用,可以让文案开头更加生动,例如:

芝华士的父亲节文案开头:

因为我已经认识了你一生

因为一辆红色的 RUDGE 自行车曾经使我成为街上最幸福的男孩

因为你允许我在草坪上玩蟋蟀

因为你的支票本在我的支持下总是很忙碌……

不同的文案有不同的开头场景设计,文案写作人员可灵活运用以上开头写作方法,写出充满吸引力的跨境电子商务文案开头。

第四节　跨境电子商务文案正文的策划与写作

在对跨境电子商务文案的其他部分进行设计后，正文写作就可以不用太复杂，写作时，用最容易理解的方式来传达文案的思路，注意写作的逻辑性，最重要的是要让受众都能看懂。

一、常见的跨境电子商务文案正文类型

（一）直接式

直接式就是直接叙述的方式，不拐弯抹角，不故弄玄虚，一般直接展示商品特点或能给消费者带来的好处。例如，农夫山泉的一句话文案"农夫山泉'有点甜'"，非常直接，让人一目了然，成功帮助农夫山泉跃进全国纯净水市场前三名，如图 3-20 所示。

图 3-20　农夫山泉文案

直言不讳的简短文案也是一种有力的正文写作形式，脑白金那句耳熟能详的文案可以说是经典的示例了——"今年过节不收礼，收礼只收脑白金"，简单粗暴，提高脑白金的知名度，让不少人在过年过节时会优先考虑选择脑白金作为礼品。

这种直接还体现在对现状的诚实描述上，美国艾维斯汽车租赁公司的文案"艾维斯在租车市场上只排第二，但为什么要选择我们？"就直接道出他们"只排第二"，当然，这也是事实，不仅如此，当排行第一的大众汽车说自己用户众多时，它继续延续这种套路，在文案中表示"我们这里人少，来租车不用排队"，结果这样的文案反倒取得了成功，使选择艾维斯的人越来越多。

视野拓展：直接式写法注意事项

除此之外，这种直接还有言简意丰的效果。例如，鸿星尔克"To be No.1"、特步"飞一般的感觉"、联想"人类失去联想，世界将会怎样"，精短直接还一语双关，用简单的文字表达丰富的内涵。

（二）递进式

递进式即正文中材料与材料间的关系是层层推进、纵深发展的，后面材料的表述只有建立在前一个材料的基础上才显出深意。通常故事体、对话体的表述方法采用的就是这种结构形式。例如：

丈夫："把你的××（自己的产品）换掉吧。"
妻子："你又不是不知道我生气时爱摔东西。"
丈夫："所以才要换啊，摔不烂，怎么泄愤？"

此则文案就是用对话体来层层渐进，突出产品的某种特质，前两句淡淡讲述，只是为了最后一句做铺垫，引出该产品结实耐摔的特点。

一般递进式的写法的中心都在文案后半段。这种写法也运用在软文文案的写作中，表现在观点或事件的论证和讲述上，如联想"中国历史上最悲催的职业"这篇文案就是采用递进式的写法，从与人们的生活密切相关的职业这个话题谈起，提出历史上悲催的职业——刺客，再从刺客谈到皇帝，引起受众的兴趣与好奇。文案层层深入，分析皇帝悲催的原因——被"太后坑"。接着顺势转折，巧用"太后"与"太厚"的谐音，提出在现代你能"比皇帝过得好"，将受众对"比皇帝过得好的方法"的好奇嫁接到软文营销的产品上，引出联想的超薄笔记本，堪称一篇"神文案"。

（三）并列式

并列式即材料与材料间的关系是并行的，前一段材料与后一段材料位置互换，并不会影响文案主题的表现。并列式文案的正文结构就是"特点1+特点2+特点 3……"分不同段落写不同特点。这种并列式的正文结构能把广告产品的特点清晰、准确地表达出来。

产品文案常用并列式分别列出产品的参数、属性、特点等。例如，佳雪神鲜水文案，如图 3-21 所示。

图 3-21　佳雪神鲜水文案

此文案使用并列结构细数该产品的功能。四大主打功能"丰沛补水，肌肤光滑水嫩""调节疲惫肌，肌肤紧致弹润""赶走干燥粗糙，肌肤纯净透亮""深入肌底修护锁水，赋活幼滑肌"之间就是并列关系，这种写作方法明确列出产品亮点，简洁清晰，能有效避免文案出现结构混乱、层次不清的现象。

（四）三段式

三段式写法比较适合软文型文案的写作，顾名思义其结构分为三段，第一段是用列举的方法或一段话来浓缩全文的销售话术，如产品信息、产品优点等销售语言；第二段则是解释销售语言中的卖点或者将销售语言延伸开来，展开描述，这时可运用要点衍生法；第三段是最后一段，主要任务是让受众马上行动，一般强化产品的某些独特优势，点明前面阐述的销售话语或者要点能给消费者带来什么直观的效果。

在三段式写作中，最后一段最为重要，在这一段中要把消费者使用产品之后的场景、效果直接表达出来，让消费者产生购买欲望。例如，雅诗兰黛小棕瓶文案，如图 3-22～图 3-24 所示。

图 3-22 雅诗兰黛小棕瓶功能介绍

图 3-23 雅诗兰黛小棕瓶功能展开叙述

图 3-24 雅诗兰黛小棕瓶功能展示

此文案分为三段展现产品内容。第一段总列产品几大特点"有效抗氧化""淡黑眼圈""持久保湿"等。第二段再分别展开叙述，如"放大自我修护力""轻盈凝霜质地"等具体功效阐述。最后一段则给受众展示观感，如淡黑眼圈、抗氧化、持久保湿等，还通过其他达人的感受等来促使受众购买，达到了不错的营销效果。在其他软文文案、长文章中用这样的写作思路也能达到非常不错的营销效果。

（五）对比式

在跨境电子商务文案中常使用对比的方法将不同事物的相似方面进行比较，或者将同一事物前后的不同进行比较，突出该事物的特点和作用。

对比式常用在广告文案中。竞争广告一直是知名品牌商家较爱的广告方式，虽然面上争得"你死我活",但实质上却拓宽了市场。值得注意的是,在运用对比手法撰写文案时,一定要把握适度原则,不能恶意诋毁竞争对手。

有些软文为了推荐某款产品且不引起受众的反感,有时会以一种亲身经历来进行对比论述。例如,推荐祛痘产品的文案开头就描述自己长痘时皮肤差,自卑,用再多化妆品遮掩也没有用,反而让痘痘更加严重。然后用夸张的方式提出皮肤白嫩的女生则好很多,通过对比,让读者感到"妒忌"。"妒忌"这种情绪是负面的,但受众的负面情绪会引发其更多的关注。有这种困扰的受众就会越发重视自己痘痘的问题,从而更加有兴趣阅读文案。

(六)瀑布式

瀑布式架构,分为瀑布式故事与瀑布式观点。

瀑布式故事架构先点明故事核心要素,接着按照顺序,把故事的起因、经过、结果等环节分别讲明白。瀑布式观点架构先提出观点,指出某观点"是什么",接下来分析"为什么"和"怎么办",逐层推进,说明问题。瀑布式架构,可以采用数字化、体验化或历程化标题,突出观点。

例如,文案"学好PPT,还能给你带来什么?"这篇文章,作者在开头提出一个带疑问的观点"学PPT能赚到钱吗?"随后开始分析。第一步描述自己的背景,第二步谈为什么教别人PPT,第三步聊PPT赚钱的定制、模板、写书、培训。全文围绕开头的观点,带着读者去一步一步解析。

二、常见的跨境电子商务文案正文写作技巧

跨境电子商务文案的写作目的是要用"最容易理解的方式"来传达商品的好处,在通过了标题和开头的吸引和引导后,文案的正文需要对商品进行详细的描述。当然,描述的方式有很多种,技巧也各有不同。

(一)简单直接

跨境电子商务文案的目的是提高页面传达效果,提升用户体验,传递关键信息给消费者,所以文案的内容应该直击消费者内心。

跨境电子商务文案大部分是与商品详情相结合的。调查显示,消费者浏览商品页面的耐心不超过2秒,如果文案表达不清晰,就容易在2秒内丢失潜在消费者,因此"快""准""狠"的传达极为重要。消费者需要靠文案去了解商品,所以文案对商品的描述越简单有力,消费者对商品越容易产生深刻印象。

视野拓展:文案正文写作的重要法则——简单直接

案例 3-4

一个字告诉你农夫山泉广告成功的秘诀

矿泉水品牌诸多,你记得有多少,张口就能说出来的又有哪些呢?营销学上讲,消费者一般对于同类产品也就记得7个品牌,所以要想占领市场,就要进入消费者的记忆。

接下来说说水市场的后起之秀——农夫山泉，其广告语是"我们不生产水，我们是大自然的搬运工，农夫山泉有点甜"。简简单单的几个文字，组成了一句广告语，就把它的独特的销售主张（USP）体现出来——"甜"，如图3-25所示。

图3-25 农夫山泉营销文案

"甜"是一个形容词，通常都和甜蜜、幸福、美好这些词联系在一起。也可以说它是美好、幸福的代名词。这就是农夫山泉的高明之处——把水赋予这样一种美好的象征意义。人生来追求美好和幸福，所以当你有需求、消费的时候，自然要追求这种美的价值体现。当一种产品有美的内涵和美的外延——优质的产品质量（甜蜜、纯净）、唯美的设计和包装、物美价廉、服务周到的时候，就会让消费者对这个产品和品牌有好的印象和认识。而当消费者在电视上、网络上、户外等一切可以接触到广告的地方，都在说它甜的时候，这种重复性的灌输，更加深了消费者对它的认识，思想深处会认定它就是甜的、美好的东西。当消费者真正把这两者联系在一起之后，农夫山泉公司的这种理念植入也就成功了。人们在超市、便利店看到农夫山泉，经常会不自觉地念出"农夫山泉有点甜"这句广告语。

农夫山泉尤其深得女性消费者的喜爱，女性一般都是感性思维，也比较喜欢甜的东西，因此深受喜爱。当初农夫山泉刚打入市场，市场占有率就因为这句朴素的广告语而大大提升，之后的这么多年从未改变这个主题，进而加深了消费者对其品牌的认知，更有利于品牌的知名度、美誉度以及和谐度。

"我们不生产水，我们只是大自然的搬运工"，一方面体现了水产品的纯净澄澈，另一方面以搬运工的形象自居，更让消费者信赖，这就更进一步佐证了农夫山泉就是甜的这一点，这广告语，堪称完美。

品牌营销的成功准确塑造了产品USP，提高了品牌知名度，促进了产品销售，进而加速了企业的发展。

资料来源：一个字告诉你农夫山泉广告成功秘诀[EB/OL].（2017-08-25）. https://zhuanlan.zhihu.com/p/28795071.

农夫山泉的营销文案比较出名，包括"有点甜""我们不生产水，我们只是大自然的搬运工"等，文案简洁地描述了商品及其特点，能让人第一时间知晓商品优势：商品为山泉，味道甜甜的，是自然的产物。其广告简单易懂，并能提升消费者对于商品的信任感，引起他们的共鸣，增加他们的购买欲望。

（二）制造悬念

悬念式的营销可以借助悬念引爆关注，使市场利益达到最大化。对于跨境电子商务文案来说，制造悬念就是要提炼 1~2 个核心卖点，并按一定进度慢慢展现卖点。简单来说，悬念即从设疑到推疑再到解疑的策略构思过程，制造悬念要学会"卖关子"。

跨境电子商务文案的悬念设置主要分为以下三个步骤。

1. 设疑

设置疑点，吸引消费者关注，切记不要过早点明结局。所谓设置悬念，就是要让一些神秘的东西悬而未决，否则，一旦神秘的面纱被揭开，那就起不到吸引人的作用了。

2. 推疑

充分重视消费者的感受，并根据消费者的期待发展情节，旨在充分发挥消费者的主观能动性，从而提高消费者对商品的关注度。

3. 解疑

不断深化冲突，在将故事情节的悬念推向高潮时揭示真相。制造悬念难，能够不断深化冲突更难。但也只有做到这一点，悬念文案的营销才算成功。

例如，韩后曾在《南方都市报》上刊登了轰动一时的"张太"广告，广告利用社会热门话题"小三"制造舆论热点，在微博、微信平台获得大范围讨论，传播效果惊人。其文案内容为："前任张太：你放手吧！输赢已定。好男人只属于懂得搞好自己的女人，祝你早日醒悟，搞好自己。愿天下无三！"当网友纷纷猜测这个广告的蹊跷之处时，微博上有人证实此广告为"韩后"的品牌广告，其理念是"搞好自己"，而从《南方都市报》刊登的后续广告来看，该广告最终的解释是：前任张太和张太实为一人，张太立志改变，搞好自己，要和以前"黄脸婆"的自己说再见。

仅从文案营销效果的角度来看，韩后的"天下无三"属于悬念文案的典型案例，其从设疑到推疑再到解疑的过程，将一个完整的悬念故事做了巧妙的推演，直到情节的高潮时再揭开真相，赚足了消费者的眼球。在开展悬念营销的过程中，还可采用整合传播的方式，进一步加大传播的力度。

（三）礼品促销

如今线上店铺的常用做法莫过于送消费者各种"礼"——以最大的促销让利刺激消费者在最短的时间内下单，从而提高店铺的整体销量，每年的"双十一"购物节就是最好的例子。撰写这类文案直接在文案正文中注明促销的内容即可。

例如，"双十一"购物狂欢节，可以说是目前影响最大、范围最广、销量最高的电子商务促销活动，最早源于淘宝商城（天猫）2009 年 11 月 11 日举办的促销活动，当时参与的商家数量和促销力度有限，但营业额远超预期，于是 11 月 11 日成为天猫举办大规模促销活动的固定日期，并逐渐发展成全民购物狂欢节，2019 年的天猫"双十一"全天交易额超 2684 亿元。

（四）情感动人

"言有尽而意无穷"是古诗跨境词的语言描述能达到的最高境界，对于跨境电子商务文案来说也一样，跨境电子商务文案要尽可能使用精练的语言，满足消费者的内心需要，从而达到最好的营销效果。所以，创作跨境电子商务文案的正文，最重要的就是用心，只要用心,即使是简单的词句,也能深入人心,打动消费者,如味千拉面(见图3-26)。

图3-26 味千拉面营销文案

这是味千拉面在父亲节推出的情感文案,通过一个父亲与女儿的故事,引出"这一碗,让心里好满"的文案,把该拉面"幸福味道"的品牌理念生动地展现在观众面前。此后,"爸爸做的一碗拉面"就像"妈妈做的菜一样",被消费者所熟知并认同。

用心的文案有以下三个写作原则。

1. 每一个词语都蕴含情感,每一个词语都能讲述一个故事

在打动消费者这点上,有时逻辑反而不太有用。例如,文案:如果你并不十分满意,那么就在30天内退还商品,你会得到迅速的、周到的退款。

退款周到?这个逻辑不通,但这段话传达给消费者的信息就是这是一家非常尊重客户、服务周到、退款迅速的公司。

一般来说,一个词组、句子或段落即使在逻辑上未必完全正确,但只要它能富有感染力地传递信息,它的作用就能体现出来,而且它会比注重理性诉求的信息更容易让人接受。

2. 好的文案都是词语的情感流露

很多词语都能给人以直观的情感信息。例如,农民——给大家的印象就是勤劳、淳朴;学者——给大家的印象就是知识渊博、素质高。使用这些词语时,就要想一下它们能创造出怎样的富有感染力的信息,可以给人们留下什么样的印象。掌握了词语的情感要素,就掌握了文案写作中一项重要的技能。

3. 以情感来销售商品,以理性来诠释购买行为

人们往往因情感而购买商品,又因逻辑而使购买行为显得合理化。因此,文案负责打动人,而优质商品可使用户的购买行为合理化。

(五)剑走偏锋

商品多种多样,有些文案的写作方式可以适用所有的商品类型,但一些特殊类型的商品则可能需要特别的文案写作方式。如何进行特殊商品文案的创作,这就需要剑走偏锋,从另一个角度来进行解读。对于这一类商品,经常可通过讲故事来进行文案创作,也可以使用各种手段来包装这个故事,在讲故事时可以诙谐一点、幽默一点,达到吸引消费者的目的。"大米买得好,老公回家早!"这句广告文案用诙谐的语言从侧面描述了商品的美味。例如,MINI汽车文案如图3-27和图3-28所示。

图 3-27　MINI 文案一

图 3-28　MINI 文案二

这是 MINI 汽车的宣传文案，卖汽车本来是一件很正经的事，MINI 却在突出个性这条道路上"一路狂奔"，MINI 的文案总是向消费者展示它的与众不同，尽管 MINI 的文案是这样一副不正经的模样，但它依然值得消费者回味。就像很多歌手用各个地方的方言来唱 Rap 一样，歌词任性不羁，却很容易给听者留下深刻印象。

轻松、段子、愉悦、押韵、对仗、双关、拟人、比喻等，都是这类文案的常用表现方式，只要角度新颖、立意明确，就很容易吸引消费者的注意。

（六）层层递进

跨境电子商务文案之于商品，就像餐厅里的招牌菜，举足轻重。想要让自己的商品在众多竞争者中脱颖而出，文案的描写就必须与众不同，要有感染力。文案和商品描述之间，是血与肉的关系。因此，文案的描写必须逻辑清晰、层层递进、环环相扣，从小招到大招一步步地实行，每一层都有吸引消费者的实质内容，这样才能激起消费者的购买欲。

有时候，品牌会运用系列文案，层层递进地强调某种情绪，如南京山河水别墅文案。南京山河水别墅的系列推广文案就有着极为丰富的艺术特征，它充分运用了汉语文学上的艺术手法，调动了受众的情绪，具体文案如下。

第一阶段：我看得见世界，世界看不见我。

第二阶段：山河水，不在南京。

第三阶段：曾经风云，如今笑谈风云。

第一阶段描写的"我"，站在一定的高度上，历经沧桑而洞明世事，并"隐居"在了某处，所以世界会"看不见"。简单两句，别墅的形象跃然而出。第二阶段初看令人费解，但细细琢磨之后才明白过来更深的意思：山河水虽然就在南京浦口，但它的高度已经超越了一个城市的范畴。因此，山河水在中国，在世界，而不仅仅在南京。这一阶段继续拔高了山河水的高度，言语上仍旧平淡，却有了高昂的姿态。第三阶段用这样一句看似云淡风轻，实则"大权在握"的文案，营造秘而不宣的情绪，塑造了一个低调尊贵的上流人士形象。文案层层递进，调动了消费者的情绪，吸引了消费者的注意力。

（七）诙谐幽默

幽默的文案能够留住消费者，让目标客户变成消费客户。在这个人人都面临各种压力的社会中，幽默是缓解压力最好的方式之一。例如，一个消费者在某个淘宝店铺使用信用卡被拒绝了，遇到这种情况，这个消费者很有可能就不会再在该店铺中购买商品了，但如果设计这样一条自动回复："往好处想想吧，至少不是你的护照被拒了。"用幽默的方式安抚和缓解消费者的情绪，可能就会达到挽回消费者的目的。一个著名的电子商务文案曾经说过："你可以缠着消费者推销，也可以通过幽默的方式卖东西给他们，我选择后者——特别是通过幽默感，因为它简洁明快，效果无可比拟。"

例如，哈罗单车"屁股保卫联盟"文案，这则文案语意双关，很多人都会会心一笑。不管出于任何原因，如果一段文案能让人们笑出来，消费者自然会想："你真懂我。"这不仅拉近了商家与消费者的距离，也对消费者的消费行为起到了促进作用，如图 3-29 和图 3-30 所示。

图 3-29　哈罗单车文案一

图 3-30　哈罗单车文案二

又例如，小茗同学饮料的海报文案。统一企业推出的品牌"小茗同学"冷泡茶锁定的是"95后"消费族群，品牌命名和传播结合"小茗同学"的话题，创造了"认真搞笑，低调冷泡"的品牌形象，其文案内容提倡年轻人要有颗进取的心，对待挫折要学会诙谐、幽默和自嘲，会用冷幽默调剂疲惫的生活，商品一上市就获得了大量的关注和热捧，如图 3-31 所示。

图 3-31 "小茗同学"文案

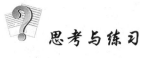

文案正文训练：站在文案创作人员的角度，以教师节为主题，创作一系列产品宣传文案。

第五节 跨境电子商务文案结尾的策划与写作

跨境电子商务文案都是有营销目的的，让受众有兴趣阅读完一篇文案固然好，但真正的目标在于通过文案刺激受众，让他们阅读后做出商家所期待的反应。有的人遇到写得有趣的文章会欣然推广，从而达到二次传播的目的；有的人对产品的描述很心动，就会选择下单购买；有的人被品牌故事和文化所打动就会成为该品牌的粉丝；但有的人阅读后觉得不过如此，没什么感觉。产生这一系列不同结果的原因在很大程度上是受到了结尾导向的影响。因此，文案结尾是相当重要的。

一、常见的跨境电子商务文案结尾类型

（一）点题式

点题式结尾就是在文末总结全文，点明中心。有的文章在开头和中间只对有关问题进行阐述和分析，叙述过程，到结尾时，才将意图摆到明面上来。例如，之前腾讯视频软文文案"姑娘，你需要的不是一个男朋友"就是以故事的形式将"腾讯视频"植入其中，阅读时受众并不明确其是为了进行推广还是为了销售某种产品，文案在结尾才点明主题，原来是为了销售腾讯视频的 VIP 年卡。其文案结尾如下：

我的故事讲完了，希望能对你有所启发。

这失恋之后的三十三天，是腾讯视频陪我度过的。

和我一样，姑娘啊，很多时候你缺的并不是一个男朋友，而仅仅是一个腾讯视频。

男朋友会惹你生气，它只会为你疗伤。

男朋友会制造麻烦，它只会解决问题。

男朋友会因为一言不合把你丢在陌生的街头，它只会耐心地送你疗伤电影。

腾讯视频这么好，那为什么不马上拥有它，就现在？

就现在！腾讯视频VIP年卡只要88元，而且三人拼团只要68元！

点击阅读原文立刻拥有！

（二）互动式

在结尾设置话题（一般是提问的方式），吸引受众参与，引发他们的思考及参与欲望。微博、微信、微淘等在注重评论的社交平台的文案中就常设置话题，当然，话题最好是一些受众可能感兴趣的。例如：

大家都来谈谈男朋友送过什么让你印象深刻的礼物。

通宵读书是怎样的体验？

（三）名言警句式

用名言警句或其他金句结尾的文案可以帮助受众更深地领悟文案思想，引起受众共鸣，提升他们对文案的认同感。且名言警句一般都富含哲理性，借助这些语言的警醒和启发作用，还能提高该文案的转发率，可谓一举多得。例如，PPT网课推广文案的结尾为鼓励受众购买课程，就用上了巴菲特的名言，非常成功，可以说是起到了画龙点睛的作用。其原文如下：

每一个让你感觉到舒服的选择，都不会让你的人生获得太大的成长。而每一个让你感觉不舒服的选择，也并不一定让你获得大家所谓的幸福，但却会让你有机会开启与众不同的体检，寻觅到更多的可能性。

从一个"PPT制作者"成为一个"PPT设计者"，难吗？不轻松。但正在学习阶段的你，连个PPT都征服不了，谈什么征服世界？

做你没做过的事，叫成长；

做你不愿做的事，叫改变；

做你不敢做的事，叫突破；

做你不相信的事情，叫逆袭。

（四）神转折式

神转折式的结尾就是用出其不意的逻辑思维，使展示的内容和结局形成一个转折关系，得到出人意料的效果的写作方式。它能将正文塑造的气氛转变得干净利落，让人哭笑不得，但这种写作方式常有奇效，借助这种氛围落差在受众心里引起震撼效果，让受众惊叹于写作人员的思路，从而引起受众的讨论，在其心中留下深刻的记忆。由于神转折有一种强烈的反差感，受众读起来有趣，自然也利于网络传播。例如：

案例一：

正文梗概：喜马拉雅 FM 曾出过这样一个文案，正文讲述男孩女孩是初、高中同学，因为想着要好好学习考同一所大学，非常要好却一直没有明确彼此的关系，可是她考上了，他却名落孙山，彼此再无联系。直到她的婚礼两人才又见面，他交给她一个手机后就转身离开了。

文案结尾：她打开手机，手机上的软件正在播放节目，她细细听、细细查看时发现，每一条收藏的声音都是他们学生时代曾反复收听的电台节目，每一首歌都是记忆的引子。

她泪流不止，突然意识到……

这个软件就是喜马拉雅 FM。喜马拉雅 FM 是国内最大的音频分享平台，其手机客户端于 2013 年 3 月上线，在其创立的这几年时间内，喜马拉雅 FM 已有超过 1.5 亿的用户，每日有近百万用户在持续新增，平均每位用户平均每天收听 90 分钟……

案例二：

正文梗概：女主角手机通讯录存着已故前男友的号码，老公知道却装作不知道。有一次女主角出了车祸，在翻倒的车里她下意识地拨出了那个号码，但话筒里却传来老公的声音。老公告诉她："是我替换了号码，我知道我无法取代他，但我可以替他来保护你。"

文案结尾：不到 5 分钟，老公赶来，开着挖掘机把压在女主角上方的汽车挪开，女主角获救了。老公是××挖掘机培训学校 2000 年毕业的学生，这个学校今年的招生计划是……

（五）引导行动式

这种方法也可以称为动之以情式，就是从感情上打动对方，让这款产品有温度、有情绪。特别是当受众感受到背后文案写作人员的用心与认真时，就能用感情打动那些还在犹豫的消费者；也可以通过利益和好处对消费者进行诱导，推广文案运用这种诱之以利的结尾方式还称将利益最大化，引导受众行动。例如：

案例一：

我们的目的不是赚钱，只是为了让大家用到好东西，看到很多人用了我们的产品，生活变得更好，那我们就开心了。

案例二：

黑五到，大利好！Kindle 黑五狂欢购。在活动期间购买任意一款设备，即送 70 元 Kindle 电子书券。Kindle Paperwhite X 故宫文化新年限量款礼盒也在活动中哦，买即送 70 元 Kindle 电子书券！珍藏限量 2018 套，来自岁月的祝福好礼！

二、常见的跨境电子商务文案结尾写作技巧

（一）场景

结尾融入场景，更容易打动人心。在结尾设计场景，最重要的就是截取合适的场景——最好是受众生活中的画面。育儿的文案，可以描述妈

视野拓展：跨境电子商务文案首尾呼应式结尾注意事项

妈和孩子在一起的场景；办公软件的文案，可以描述职场小白加班做 PPT 的场景；等等。例如：

以上 PPT 技巧，千万不要只是看过，而不去练习。否则，原本 3 个快捷键就能解决的问题，你需要加班去完成。凌晨一两点，大家都在呼呼大睡，而你却一个人在空荡荡的办公室做 PPT，何必呢？

（二）金句

转发率高的文章通常会在结尾埋下金句，画龙点睛。由于金句可以帮助受众悟出文章核心，并引起受众共鸣，因而结尾带有金句的文章，读者转发的可能性会更高。常用的金句分为名人名言、原创经验两种。例如：

居里夫人说过："在捷径道路上得到的东西绝不会惊人。当你在经验和诀窍中碰得头破血流的时候，你就会知道：在成名的道路上，流的不是汗水而是鲜血；他们的名字不是用笔而是用生命写成的。"

（三）提问

在结尾进行提问，一方面提问力度比正面陈述大，可以带着受众思考；另一方面可以在末尾提问后，发起互动，提升受众参与感。例如：

来，今天的留言区，说说你过去做了或者经历哪些事，让你不再那么玻璃心？

思考与练习

文案结尾训练：请大家尝试从网络中收集一些电子商务文案结尾的写作技巧。

在撰写跨境电子商务文案时，一定要注重写作结构及技巧，结合开头、正文、结尾的各种写法，思考其都用了怎样的写作技巧，不断总结有利于我们写出优秀的跨境电子商务文案的方法。

复习与思考

1. 简述跨境电子商务文案的写作流程。
2. 简述跨境电子商务文案标题的作用。
3. 简述常见的跨境电子商务文案开头方式。
4. 简述常见的跨境电子商务文案正文写作技巧。
5. 简述常见的跨境电子商务文案结尾类型。
6. 思考一下，看看除了书中所讲的跨境电子商务文案正文的写作技巧外，还有没有其他技巧。

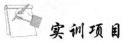

实训题目

撰写文案标题

实训要求

（1）掌握直言式标题的写作方法。
（2）掌握提问式标题的写作方法。
（3）掌握推新式标题的写作方法。
（4）综合运用文案标题的写作技巧。

实训准备

标题是消费者第一眼看到的文案信息，其内容的好坏直接决定了消费者是否会对文案内容产生兴趣，并产生点击行为。在写作标题前，文案创作人员一定要站在消费者的角度来思考，保证标题符合真实、有趣、有痛点等原则。

标题要真实——真实是标题的第一原则，让消费者明白你要真实准确地表达什么样的信息是与消费者建立稳定关系的唯一前提。为了吸引消费者，靠说谎来获取流量是最不可取的行为。例如，某品牌发布了一篇名为"年终大促销，点击就有奖品"的推广文案，打开一看却是一张购买玛莎拉蒂减15元的优惠券，瞬间就让消费者觉得自己受到欺骗，进而取消关注。

标题要有趣——什么样的标题会让人想读？首要的一点是有趣。为什么现在的人长时间流连在各大网络社交平台上，就是因为在这里，他们能看到更多有趣的内容。面对标题，消费者也是一样的态度。有趣的标题对他们来说更有阅读的欲望。例如，"这款手机采用优质感光元件，夜拍能力超强"对消费者来说就非常平白，远没有"哇哦！这款手机可以拍星星"这样的标题来得生动有趣。

标题要有痛点——很多时候，喜欢一个人、事物或者服务都是因为被其中的某个点所打动，因此在标题中，文案创作人员要找准那个关键点，用它去触动消费者。这个点可以是与消费者切身相关的利益，也可以是文案正文的关键信息，重点是要让消费者觉得标题很有信息量。例如，"我为什么让三岁儿子学英语？"就比"孩子越早学英语越好"这样的标题更能打动父母。

标题要通俗易懂——标题语言要去书面化，避免语焉不详，要尽量使用通俗易懂的语言。现在的手机阅读主要是碎片化的阅读，所以电子商务文案的标题要注意节约消费者的时间，降低消费者的阅读难度，不要用太多长句和艰涩的专业语言，否则消费者会产生不好理解或不耐烦的心理，从而放弃继续阅读。

总之在标题的设计中，要尽量将最新的、最重要的、最吸引人的、最精彩的、消费者最关心的信息点放在标题中，这样才会让消费者愿意看、喜欢看甚至是迫切想看。但同时要注意与内容相结合，不要文不对题，让消费者失望。

实训步骤

母亲节将至，一家销售女士服装的××品牌商家要在微信公众号中推广自己的商品，并以199元推广原价699元的一款套装新品，且该套装商品由人气明星××代言。为了调动消费者的参与积极性，商家决定母亲节当天店铺所有商品半价出售，现要求文案人员写作一篇推广文案，标题要直接体现出推广的主题并吸引消费者点击查看内容，参与活动进行互动。

1. 写作直言式标题

根据商家的要求可从不同的角度来写作直言式标题，而要刺激消费者参与互动可从销售信息或优惠信息入手，以下为几则示例。

- 惊爆！199元全套带回家。
- 199元即购超值套装新品。
- 母亲节，全店5折等你来抢。
- 天啊！母亲节5折大放送啦！
- ××同款只要199元。

2. 写作提问式标题

提问式标题的重点在于问题是否能够吸引消费者的注意，可从消费者关心的利益点角度进行写作，以下为几则示例。

- 怎么用199元买到699元的套装？
- 只要199元就能买到699元的套装？
- 买套装怎么少花500元？
- 为什么母亲节要打5折？
- 母亲节5折，店家还是你更划算？

3. 写作推新式标题

推新式标题的重点在于"新"，可从时间紧迫感、新品上架等角度来进行写作，以下为几则示例。

- 倒计时距离母亲节大促还有2天！
- 母亲节战役即将开始！全店福利大盘点。
- 新品上架只要199元带回家。
- 199元秋季新品限时24小时！
- 仅此一天，全店商品5折优惠！

4. 综合写作技巧写作标题

在写作标题时常常会结合多种写作方法提升标题的吸引力，以下为几则示例。

- 新品套装首发，GET××同款只要199元！
- ××母亲节大促，明星商品5折大抢购。
- 只要199元，就能和××一起做这件事！
- 说个感人的故事：母亲节就！要！来！了！

练习：请尝试参考以上示例，拟写直言式标题、提问式标题、推新式标题以及综合写作技巧写作标题各一则。

第四章　跨境电子商务网站内页文案策划与写作

知识目标

- ❑ 掌握商品标题的拟定方法。
- ❑ 掌握商品详情页文案的写作方法。
- ❑ 学会塑造商品品牌故事。

学习重点、难点

重点

- ❑ 掌握商品标题的拟定方法。
- ❑ 掌握商品详情页文案的写作方法。
- ❑ 学会塑造商品品牌故事。

难点

- ❑ 运用跨境电子商务网站内页文案策划与写作的相关知识分析问题、解决问题。

本章思维导图

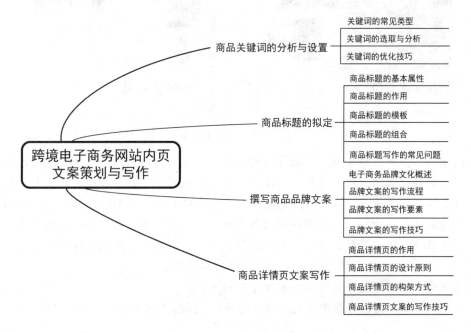

案例导入

浅说品牌记忆点之优衣库和 ZARA 的详情页

大家在逛网店过程中，很容易发现虽然同是一种类型的商品，但它们的详情页却差别不小。本着"万事背后都有道理"的原则，我们来分析一下电子商务详情页不同背后的"道理"。

首先，在服装品类，销量靠前的两个品牌：ZARA&优衣库。提起 ZARA，你脑海中会闪现出哪些关键词呢？

同样地，提起优衣库，你会想到哪些关键词？如图 4-1 所示。

图 4-1　优衣库和 ZARA 的详情页对比

从这张对比图中可以发现，优衣库店的详情页，三分之一的面积让给了服装的细节展示，在男款的详情页上，连模特展示都没有，全是衣服的细节图。在模特展示上，优衣库多是日常居家的场景展示，带有强烈的生活气息。反观右面的 ZARA，四分之三的面积都让给了时尚潮范儿的模特，只留下一两张关于细节的展示，甚至在一些女款服装中，都没有在详情页展示服饰本身的细节图。它们当然也有一个共同点，那就是详情页图片控制在 6~8 张。

为什么它们在详情页的设计上会有这些不同呢？

定位不同：正如文章开头中请大家思考的问题，提起优衣库，对应的是"基本款""品

第四章 跨境电子商务网站内页文案策划与写作

质好""价格适中"。如果只能在这三个点里选一个概括,那大概就是品质了。因此,优衣库的详情页设计师把三分之二的展示面积用在了展示商品细节方面。他非常了解消费者关注优衣库的也是它这个品牌的品质细节。或者说,它的品牌定位决定了他在详情页上的设计。

而提起 ZARA,对应的是"设计时尚""款式多""上新快"。作为快消品的 ZARA,在详情页有限的篇幅里,大量展示衣服穿在模特身上的潮流感、时尚感(其中部分商品的详情页甚至抛弃了对材料的图片阐述)。来逛 ZARA 的消费者,基本都是对款式的需求更大(至于质量,反正不会很差就对了,毕竟大牌)。最终传递一种"买 ZARA,就是在买款式"的印象。

两个大牌的详情页看似不同,背后的商业逻辑却殊途同归,都是为了加强自己的品牌形象。

优衣库:品质的基本款。

ZARA:时尚大牌感。

而在详情页展示的图片数量上,两个品牌的详情页展示图片数量都在 7±2 这样一个区间,其实是运用了设计心理学中,人在浏览一个商品的详情页时,在看到 6~9 张数量的图片信息时,最有购买欲,更容易下单。而图片和讲解一旦过多,消费者浏览的时间越来越长的时候,注意力和决策力会越来越弱。逛到后面,有可能都忘了自己最初的购买计划了。所以,虽然电子商务详情页做长,淘宝不会收费,但也要节制,避免太啰嗦。

对于一线大牌,人们已经有了基本的认知,而如果是一个新的品牌,且没有像 ZARA 和优衣库这么多的线下店,仅仅靠详情页展示产品的质量,不妨在图片数量上酌情再+2。

而 ZARA 和优衣库的实体店里,两个品牌的陈列也会存在区别,ZARA 的一个陈列架上,会同时挂外套、上衣、短裤,底架上还有对应风格的鞋子,呈现一种搭配感。对于没有明确购买目标的女性消费者,很容易想搭配一身穿回去。另外一个感觉就是 ZARA 的衣服比较挑人,所以它针对的消费群属于"窄而深",即身材相对较好的"衣架子"女性。

而优衣库的 T 恤、裤子、衬衣则分门别类地放在店铺的不同位置,且非常好找。对于购买目的明确的消费者来说,相当节省购物时间。和 ZARA 相比,优衣库的服装就随和得多,属于"宽而浅",从老至幼,高矮胖瘦,都可以挑一两件基础款穿一穿。

资料来源:浅说品牌记忆点之优衣库和 ZARA 的详情页[EB/OL].(2018-06-21). https://www.jianshu.com/p/ 78a70c52cffd.

↳ **辩证思考**:分析以上文案内容,讨论并思考作为文案工作者需要传递给消费者什么样的关键词呢?为了传递这个关键词(印象),该展示产品的哪些人格特征呢?

分析提示:优衣库与 ZARA 的模式没有优劣之分,只有符合自己品牌定位和战略方向的运营手段的区别。他们的思路或许对我们的生活会有一些指导性意义。例如,如果未来我们作为文案工作者要做一个品牌,首先要做的一定是针对自己要做的消费品类,做卖点分析,像 ZARA 抓住了服装的时尚卖点,亦或者像优衣库抓住服装的品质舒适卖点。进而形成自己的品牌记忆点,以此为指导进行视觉、品牌、包装、广告的设计工作。

第一节　商品关键词的分析与设置

一篇文章是否能够被搜索引擎搜索到且被读者点击浏览，很大程度上取决于文章标题中所包含的关键词。关键词对文案起到了引导作用，是文章中不可缺少的一部分。

一、关键词的常见类型

关键词是针对搜索引擎而言的，就是用户在搜索输入框中输入的一个或几个词语。通过关键词，搜索引擎可搜索到用户想要的结果。

随着互联网的快速发展，越来越多的网民喜欢通过网络来搜索自己感兴趣的内容。在这种情况下，关键词的作用就显得非常重要，因为它的排名直接决定了用户是否能查看到你的网站，这对网站的成交量也有一定的促进作用。例如，在淘宝中搜索关键词"女装"的结果如图 4-2 所示。

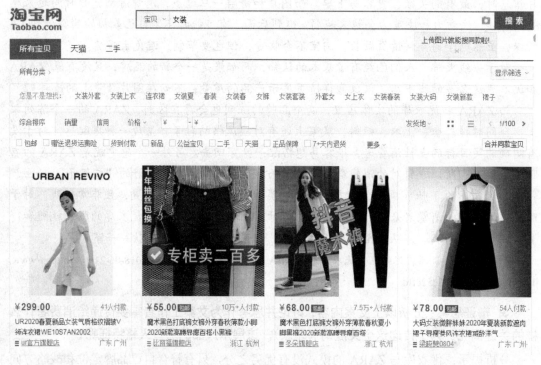

图 4-2　在淘宝中搜索关键词"女装"的结果

关键词的内容十分丰富，如产品名、网站、服务、品牌或人名等，既可以是中文、英文、数字或字母的组合，也可以是一个字、一个词组或一个短语。常用的关键词主要有以下几种类型。

(一)泛关键词

泛关键词是指经常被大量搜索的词语,通常代表一个行业或一个事物,如房地产、服装、计算机、保健品、家具、手机、汽车等。

泛关键词一般用来进行网络营销或广告投放,特别是那些通过流量来赚取广告的网站,但泛关键词的搜索涵盖范围太大,排名竞争也相当激烈,一些主流泛关键词的搜索结构几乎都以千万来计算。例如,"卫衣"在百度搜索引擎中的搜索结果约有 68 200 000 个,"手机"在百度搜索引擎中的搜索结果约有 100 000 000 个,如图 4-3 和图 4-4 所示。

图 4-3 泛关键词"卫衣"在百度中的搜索结果

图 4-4 泛关键词"手机"在百度中的搜索结果

(二)核心关键词

核心关键词是指经过关键词分析,可以描述网站核心内容的主打关键词,就是网站产品或服务的目标客户群体第一反应搜索的关键词。

核心关键词是网站的中心,一般是网站主题体现得最简单的词语,主要以行业、产品或服务的名称为主,也可以是这个名称的一些属性或特色词。

1. 核心关键词的特征

一般情况下,核心关键词具有以下特征。

(1)一般作为网站首页的标题。

(2)一般是由 4~6 个字构成的一个词或词组,核心关键词大多情况下有多个。

(3)定位精准,搜索引擎每天都有一定数目的稳定搜索量。

(4)搜索目标关键词的用户往往对网站产品或服务有相关要求,或者对网站的内容感兴趣。

(5)网站的主要内容围绕核心关键词展开。

2. 核心关键词的选择

核心关键词可以说是网站的灵魂,对网站的重要性不言而喻,如果选择了错误的核心关键词,网站将无法获得理想的排名,那么,该怎样来选择核心关键词呢?我们可以从以下几个方面着手。

（1）内容相关性。核心关键词和网站的内容息息相关，要告诉搜索引擎你的网站是做什么的、可以为用户提供什么产品或服务、能够给用户解决什么问题。例如，你的网站是做手机销售的，但核心关键词设置为"耳机销售"，这个关键词可能令目标客户找不到你的网站。

（2）百度指数。百度指数是以百度搜索引擎的数据为基础进行数据统计与分析的平台，能够告诉用户某个关键词在百度中的搜索规模、一段时间内的涨跌态势及相关的新闻舆论变化，以及关注这些词的网民是什么样的、分布在哪里、同时还搜索了哪些相关的词。百度指数可以反映某个关键词的热门程度，帮助企业决定是否选择该词作为核心关键词。例如，在百度指数中输入关键词"电脑"，其结果如图 4-5~图 4-7 所示。

图 4-5　关键词"电脑"的百度指数分析之搜索指数

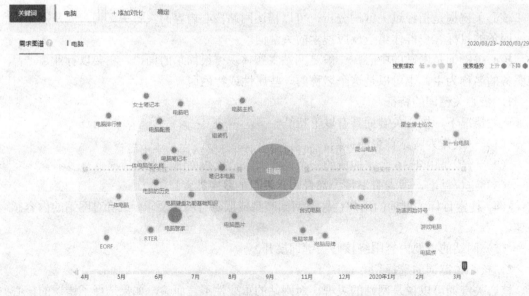

图 4-6　关键词"电脑"的百度指数分析之需求图谱

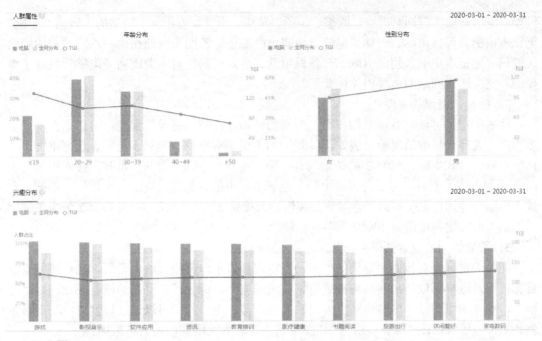

图 4-7 关键词"电脑"的百度指数分析之人群属性

当根据百度指数的数据来选择核心关键词时,关键词的指数越高,说明关键词被搜索的次数越多,流量越大,关键词越热门,这样的词就越有价值,但关键词的竞争也越激烈。

(3)定位精准。核心关键词不能像泛关键词一样宽泛,否则不仅不能体现出网站的信息,还加大了关键词的竞争力,不利于用户找到你的网站。例如,一家母婴用品销售网站如果把关键词设置为"母婴用品",则太过于宽泛,不利于用户搜索,正确的关键词设置应该是"地区性+品牌性+扩展性"。例如,"长春艾米母婴用品进出口贸易公司"就能很好地体现出店铺的地址、店铺的名称和店铺的类型等信息,搜索这样的关键词得到的结果比搜索"母婴用品"更加准确。

(4)商业价值。核心关键词的主要目的是优化搜索引擎(Search Engine Optimization,SEO),让客户搜索到网站,促成交易。因此,核心关键词的设置要能体现一定的商业价值。例如,将网站的核心关键词设置为"电脑的工作原理"就没有意义,因为搜索这类关键词的用户是为了研究产品的工作原理,而不是为了购买。如果将关键词改为"哪个牌子的电脑好"或者"电脑的价格"等,则会刺激到客户的需求,达到交易的目的。

视野拓展:搜索引擎优化的含义

(三)相关关键词

相关关键词又称辅助关键词或扩展关键词,是指有一定热度,与核心关键词比较接近或相关的关键词。辅助关键词主要用来对核心关键词进行相应的解释,是对核心关键词的一种补充。相关关键词可以有效地突出网站的主题,增加网站的流量,其作用具体体现在以下三个方面。

1. 补充说明核心关键词

相关关键词就是对核心关键词的一个重要补充和说明,可以让网站的主题更加明确。

例如，甲网站的关键词有电脑、联想、华硕、苹果、惠普、方正，乙网站的关键词有电脑、笔记本电脑、超薄电脑、一体机电脑、台式电脑。甲、乙两个网站相比，乙网站中的辅助关键词"笔记本电脑、超薄电脑、一体机电脑、台式电脑"对主关键词"电脑"进行了重要的补充，比甲网站的页面相关性要高。

2. 控制关键词的密度

相关关键词可以有效地增加核心关键词的词频，控制关键词的密度，防止因关键词过多而产生关键词堆砌的现象。例如，页面 1 的关键词有电脑、笔记本电脑、超薄电脑、一体机电脑、台式电脑，页面 2 的关键词有电脑、电脑、电脑、电脑、电脑。搜索引擎对页面 1 中的内容检索后，可以得到"电脑、笔记本、电脑、超薄、电脑、一体机、电脑、台式、电脑"等词，主关键词"电脑"的关键词密度是 5/9，词频是 5；而页面 2 的主关键词"电脑"的关键词密度是 100%，词频是 5。

3. 增加页面被检索的概率

相关关键词是对核心关键词的扩展，当用户搜索了与其相关的词语后，也可能搜索到目标页面，这样可以增加网页被搜索引擎收录的概率。例如，某页面的核心关键词是"电脑"，相关关键词是"电脑价格""电脑品牌"等，用户除了可以通过搜索"电脑"搜索到该页面，还可以在"电脑价格""电脑品牌"等相关关键词的搜索结果中找到该页面。

（四）长尾关键词

长尾关键词是对相关关键词的扩展，它不是目标关键词但可以为网站带来搜索流量，如"如何买电脑""买哪种电脑好点"等。长尾关键词一般存在于内容页面，比如标题和内容中。长尾关键词一般较长，往往由 2～3 个词语组成，甚至是短语，如图 4-8 所示。

视野拓展：长尾关键词的含义

图 4-8 长尾关键词"电脑购买"的搜索结果

1. 相关搜索

选择几个泛关键词，在百度、搜狐或 360 等主要搜索引擎中进行搜索，在搜索结果页面下方会出现"相关搜索"，它显示的是与搜索的泛关键词相关的搜索词，如图 4-9 所示。这些词语是用户搜索较多的，结合这些词语就可以很好地组织自己的长尾关键词。

图 4-9　与泛关键词"电脑"相关的搜索词

2. 站长工具

站长工具（http://tool.chinaz.com/）是一款 SEO 综合查询工具，可以查找到该网站各大搜索引擎的信息，包括收录、外链和关键词排名等。通过其首页底部的"关键词优化分析"，即可打开页面，如图 4-10 所示，在搜索框中输入关键词即可获得与关键词有关的长尾关键词数据。同理，其他的类似网站或软件也可以进行关键词的分析，如站长帮手、商务通等。

图 4-10　"关键词优化分析"链接

3. 百度下拉框

百度搜索引擎的搜索下拉框中会根据用户输入的关键词提示一些长尾关键词,这些词在很大程度上可以让用户直接搜索,具有一定的访问量和转化效果,如图4-11所示。但搜索下拉框中提示的词语一般是单体词,不适用于大批量的长尾关键词扩展。

图4-11 关键词"电脑"的搜索下拉框

4. 竞争对手分析

查看同类型竞争对手的网站,将对方网站中的长尾关键词记录下来,然后去重、筛选后保存到自己的关键词库中,再进行重新组合与分析,使其变为自己的关键词。

5. 社区问答平台

在各种综合型的社区论坛或问答平台中有许多关于各行各业的问答,这其中不乏大量真实、有效的用户需求问答,仔细对这些问答进行分析有可能发现我们意想不到的长尾关键词。在百度的"知道"中搜索目标关键词(如"电脑")后,会出现许多与这个关键词相关的问答,而针对该关键词,还有许多相关话题或问题,可以使长尾关键词的资源更加丰富(也可在搜狗的"知乎"中搜索),如图4-12所示。

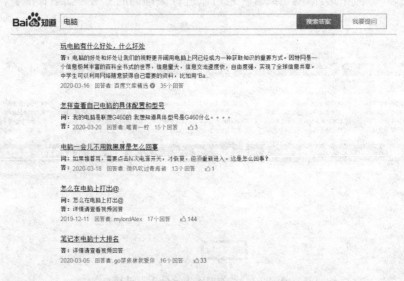

图4-12 搜索目标关键词"电脑"后出现的相关问题

6. 搜索引擎工具

搜狗搜索引擎和百度搜索引擎的后台工具都有关键词查询和扩展的功能，其搜索次数和扩展词量都相对真实可靠。但就国内而言，仍以百度搜索引擎的数据为主。百度的竞价投放需要靠长尾关键词来进行排名，它不仅要与网站的业务紧密结合，还要尽量达到吸引用户点击的目的。

知识小助手

淘宝首页搜索框中的热搜词和类目热搜词都可作为选取关键词的参考词语，文案人员要尽可能多地收集一些与商品相关的关键词，建立好关键词词库才能进行下一步的关键词有效性分析。

二、关键词的选取与分析

淘宝网是目前最为流行的电子商务平台，要想在淘宝网中成功经营一家店铺并获得盈利，客户流量是不可或缺的，这就要求店家做好站内优化，选择合适的关键词来提高宝贝在淘宝搜索中的排名。下面以淘宝平台为例介绍几种获得关键词的方法。

（一）搜索输入框

与百度搜索引擎类似，在淘宝平台的搜索输入框中输入产品所在类目的关键词，在弹出的搜索下拉列表框中会提示与该类目相关的搜索热度较高的关键词，如图 4-13 所示。

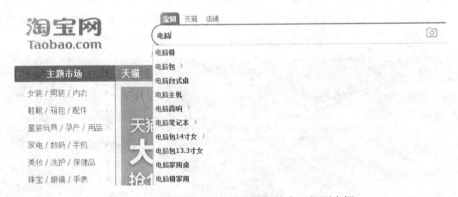

图 4-13　关键词"电脑"的淘宝搜索下拉列表框

在搜索输入框的下方还展示了淘宝网当前搜索量最多、产品热度最高的一些关键词，如图 4-14 所示。这些关键词也有一定的参考价值，商家可查看与这些关键词相关的其他产品的关键词的写作方式，然后结合自己店铺的产品特点来进行关键词的确定。

图 4-14　淘宝网高热度关键词

（二）热门搜索词

在商家"卖家中心"页面的"卖家服务"模块中显示了当前店铺的交易数据，单击"我的服务"页面，按照提示订购"生意参谋"服务后即可查看店铺所在行业的相关信息，如图 4-15 所示。

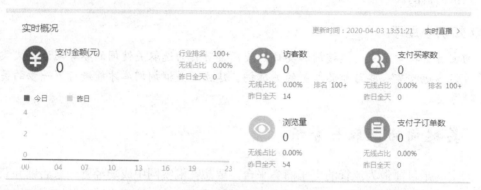

图 4-15　生意参谋页面

某店铺的类目为"服饰/流行首饰/时尚饰品新"，现以该店铺为例介绍热门关键词的分析方法。

1. 市场行情

在商家"卖家中心"页面的"卖家服务"模块中，单击"我的服务"页面，按照提示订购"市场洞察"（见图 4-16）服务后即可查看店铺所在行业的市场行情。"市场行情"页面中会分析最近 7 天的"行业流量店铺 TOP5""行业热销商品 TOP5""行业热门搜索词 TOP10"数据，可以单击每个选项后的"查看更多"链接，查看详细的数据。

图 4-16　订购"市场洞察"功能

2. 行业相关搜索词

单击"行业热门搜索词 TOP10"后的"查看更多"链接，打开"行业相关搜索词"页面，在其中可以查看更多热门搜索词。不仅如此，每个热门搜索词的右边还有关于该关键词的相关信息分析。

（三）阿里指数

阿里指数是了解电子商务平台市场动向的数据分析平台。2012年11月26日，阿里指数正式上线。阿里指数是根据阿里巴巴网站每日运营的基本数据（包括每天网站浏览量、每天浏览的人次，每天新增供求产品数、新增公司数和产品数）统计计算得出的。进入阿里指数后有热门关键词的指导，企业可以查看其所对应的行业是否有与之相关的热门关键词，如图4-17所示。

图4-17　阿里指数首页

阿里指数包括以下四个数据分析。

1. 行业大盘

行业大盘以某个行业为视角进行分析，我们以"连衣裙"为例来说明，如图4-18所示。通过行业大盘，我们不仅可以分析热门行业关键词，还可以分析潜力行业关键词。

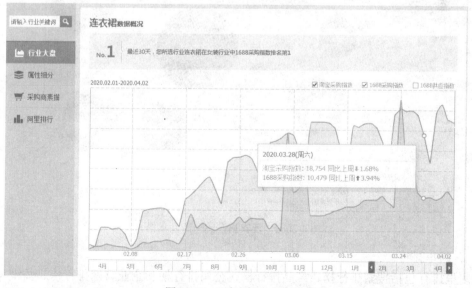

图4-18　"连衣裙"的行业大盘

2. 属性细分

以"连衣裙"为例进行属性细分,如图4-19所示。我们可以从"属性细分"页面中的流行元素、图案、服装风格、工艺和风格等方面来设置关键词。

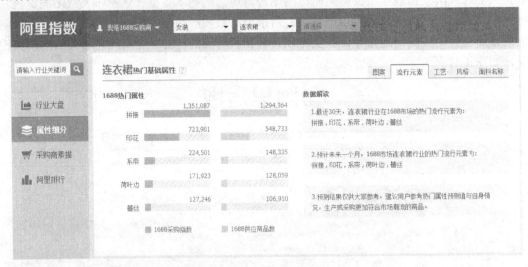

图4-19 "连衣裙"的属性细分

3. 采购商素描

我们可以根据采购关联行业来设置关键词,如图4-20所示。

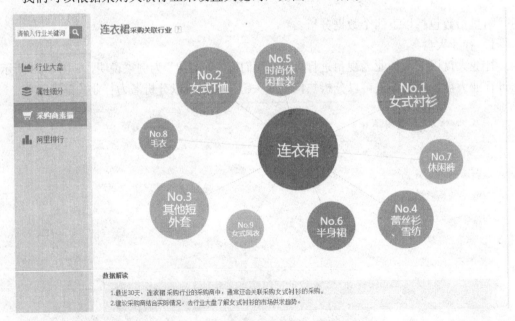

图4-20 "连衣裙"的采购商素描

4. 阿里排行

阿里排行包括搜索排行榜、产品排行榜、公司排行榜和企业官网排行榜。关键词的设置主要参考搜索排行榜,其中有上升榜、热搜榜、转化率榜和新词榜,如图4-21所示。

图 4-21 "连衣裙"的搜索排行榜

知识小助手

每个电子商务平台都有自己的数据分析工具,如京东的数据罗盘。

三、关键词的优化技巧

(一)善用关键词设置规则

商品的展示和竞争平台不同,其关键词的设置与展示效果也不同,可以根据企业的综合实力来考虑。在进行商品关键词的设置时,主要涉及淘宝、百度和直通车三个渠道,熟练掌握这些渠道的关键词设置规则,对商品的推广和营销具有参考作用。

1. 淘宝关键词设置规则

淘宝的默认搜索结果是按照商品的人气进行排序的。一般来说,影响商品排名的因素主要包括成交量、收藏数量、卖家信誉度、浏览量、好评率等。

(1)成交量。宝贝的成交量一定要是实际的成交量,不能通过刷单或修改宝贝价格来增加成交量,并且要保证每周或每月都有一定的成交记录。在同等交易量的情况下,交易金额多的宝贝排名高于交易金额少的宝贝排名。例如,卖家 A 和卖家 B 每周都有 50 单交易,卖家 A 每单的成交价格为 50 元,卖家 B 每单的成交价格为 100 元,则卖家 B 的排名要高于卖家 A。

(2)收藏数量。买家收藏卖家店铺的数量也会对宝贝搜索的排名产生一定影响,一般来说,被收藏的数量越多排名越靠前。

(3)卖家信誉度。信誉一直是评价商品质量与服务的一个标准,无论是从买家的角度考虑,还是从卖家商品排名的角度考虑,信誉度越高的卖家越容易得到买家的信赖。

（4）浏览量。商品页面被买家浏览的次数越多，说明商品的流量越大，越容易被其他买家关注。卖家可以通过直通车、微博、论坛或网站等渠道进行推广，让更多的买家知道并点击自己的商品。

（5）好评率。良好的商品评价是长期经营店铺的基础，好的评价不仅可以增加买家对商品的好感，更能提升商品的搜索排名。

（6）空格。使用空格或标点将不同的关键词分隔开，可以提高关键词的排名权重，但不能添加太多，一般一个标题中有一个空格即可。

（7）新品。不存在同款且第一次上架的商品叫作新品。新品会有 21 天的扶持期，在此期间，该商品的排名会靠前。

（8）公益宝贝。如果卖家的商品被设置为公益宝贝，那么该商品的排名在同类商品的搜索结果中会靠前。

（9）下架宝贝。宝贝离下架的时间越近，其搜索结果的排名越靠前。

知识小助手

搜索热度较低、点击率较高、全网商品数较少的关键词，竞争不激烈，且目标消费群体定位更准确。

2. 百度关键词设置规则

百度收录关键词主要有两种方式，即百度竞价排名和百度免费排名。

（1）百度竞价排名。百度竞价排名是一种按搜索效果付费的网络推广方式，它根据给企业带来的潜在客户的点击量计费，企业可以根据自己的需要，灵活控制推广力度和投入力度，使企业的网络推广获得最大回报。例如，输入关键词"连衣裙"后可查看到的推广效果如图 4-22 所示。

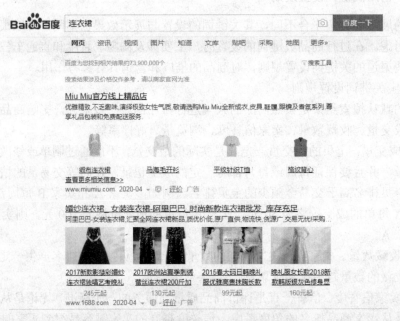

图 4-22　"连衣裙"的百度推广效果

百度竞价按效果付费，没有点击不计费。只有当潜在客户点击一次推广信息时，企业才需要支付给百度费用，费用从企业的推广账号中扣除。进行百度竞价推广的企业在首次开户时，需要缴纳基本预存推广费 6000 元，专业服务费 1000 元（服务费和基本预存推广费根据地区情况可能会有不同，具体费用由客户和服务提供商另行约定）。

开通竞价服务后，客户可自助选择关键词，设置投放计划，当用户点击客户的推广信息访问企业网站时，系统会从预存推广费中收取一次点击的费用，每次点击的价格由客户根据自己的实际推广需求自主决定，客户可以通过调整投放预算的方式自主控制推广费用。当账户中的预存推广费用完后，客户可以续费保持或加大推广力度，通过百度推广获得更多客户和生意。

百度推广的竞价公式为

$$每次点击价格 = \frac{下一名的出价 \times 下一名的质量度}{本关键词质量度} + 0.01 元$$

假如关键词排在所有推广结果的最后一名，或仅有一个可以展现的推广结果，则点击价格为关键词的最低展现价格。公式中的质量度是由多个因素决定的，主要包括点击率、相关性、创意撰写水平和账户综合表现等。

① 点击率。点击率越高，说明网民对推广的兴趣越大，关注度越高。其具体公式为

$$点击率 = \frac{点击次数}{展现次数}$$

② 相关性。相关性包含两个方面：一是关键词与创意的相关程度；二是关键词/创意与访问 URL 页面的相关程度。相关性越高，说明文章的质量越好。

③ 创意撰写水平。文章创意围绕关键词撰写得越通顺，越有吸引力。

④ 账户综合表现。账户综合表现是指账户内其他关键词的推广表现。客户不需要支付无效点击的费用。

总体来说，质量度是一种随时变化的、体现相对公平和科学的评判标准，直接反映了网民的真实需求，使推广的效果不会受价格的影响。

（2）百度免费排名。百度竞价需要大量的资金来支持，不适合一般的商家或刚起步的商家。这时可以选择百度免费排名来进行商品的推广和营销。要想让百度收录你的网站，就必须保证网站中包含内容且内容的原创性较高，保证网站的总体信誉度、访问时间和访问人数、运行速度和优化效果等。

3. 直通车关键词设置规则

直通车是淘宝网为卖家量身打造的一种按点击付费的营销工具，它通过设置宝贝关键词来进行宝贝排名，并按照点击进行扣费。

卖家为要推广的宝贝设置相应的关键词及宝贝推广标题。当买家在淘宝网中通过输入关键词搜索商品，或按照宝贝类目进行分类搜索时，在搜索结果中可以发现卖家所推广的宝贝。当买家通过这种方式看到卖家的宝贝，并在直通车推广位上点击后，淘宝系统就会根据卖家所设定的关键词或类目的出价进行扣费。

直通车一般按照综合排名的方式进行排名,其排名依据是:质量得分×出价。质量得分是根据卖家设置的关键词、关键词价格、类目和属性、买家反馈信息等因素综合评估后展现的。例如,有A、B、C、D四个卖家,他们的直通车相关信息和排名如图4-23所示。

卖家	关键词	出价/元	质量得分	排名计算	排名顺序
A	短袖连衣裙	20	6	20×6=120	2
B	短袖连衣裙	15	20	15×20=300	1
C	短袖连衣裙	10	10	10×10=100	3
D	短袖连衣裙	5	8	5×8=40	4

图4-23 四个卖家的直通车相关信息和排名

(二)合理组合关键词

通过搜索引擎或淘宝网等平台收集能够为己所用的关键词,这些关键词一般是描述产品、品牌、网站或服务的词语,并且是人们在搜索时常用的词语。然后将收集到的这些关键词组成常用的词组或短语,这是因为用户在搜索目标关键词时,一般不会使用单个词组,而是搜索两个或三个字组成的短语或词组。

1. 组合有成交量的关键词

类似于"风衣""连衣裙"等搜索量很高的关键词,每天的搜索量可能都在几十万以上。这样的词语不能直接使用,而是要先分析清楚这类关键词中哪些是能够带来转化率的,不能一味地进行热门关键词的堆砌。

知识小助手

"风衣"类目下的关键词

第一级别关键词:风衣女、风衣男、风衣外套、风衣加厚、风衣韩版。

第二级别关键词:中长款、短款、长款、学生风、英伦风、修身显瘦、学院风、商务。

第三级别关键词:外套、印花、双排扣、长袖、秋装、潮、宽松、大码。

假设这些关键词都是用户经常搜索的,其中"中长款""英伦风""修身显瘦""印花""大码"是成交量较高的关键词,那么在组合关键词时,就要在符合自己商品特点的前提下优先融入这几个关键词,再挑选或直接舍弃其他会带来更大竞争的关键词。如"风衣女中长款修身显瘦英伦风外套""风衣女双排扣英伦风外套""风衣男中长款商务""女士宽松休闲韩版风衣""韩版英文印花风衣中长款修身显瘦"等,就比"中长款衣""加厚风衣外套"等更具有识别度,也更容易获得靠前的搜索排名。

2. 选择转化率高的关键词

转化率高的关键词一定是能够直接体现买家需求的词语,也就是说要选择明显针对买家购买意向的词语进行组合。例如，搜索"韩版大码显瘦女装"的买家，其购买的意向及针对性肯定会比搜索"大码女装"的买家高很多。这是因为当买家以一个非常明确的需求关键词进行搜索并进入卖家店铺，而该款产品又正是买家想要的产品时，店铺成交的概率就会远高于其他的关键词。

3. 营销词的组合

由于网络信息具有越来越丰富的特点，用户浏览页面的速度往往是"一目十行"，而且一般重点查看句子前面的内容，因此，带有营销性质的亮点词语应尽量放在最前面，如用"低至一折""秒杀""卖疯了""2020最新款""明星同款"等字眼来尽量吸引买家的注意力。当买家将焦点放在你的页面上时，就说明他对这些信息感兴趣，你的产品就会比其他同类产品拥有更高的关注度，成交机会也会大大增加。

4. 选择匹配度高的关键词

匹配度是指用于描述产品的词语，要与产品自身的属性和特点相匹配，不能出现这样的情况：如，产品的材质是"聚酯纤维"，而组合的关键词却是"全棉"；卖家所卖的皮鞋只有头层是牛皮，而组合的关键词却是"全皮"。反映产品自身属性和特点的词有很多，包括品牌、材质、风格、功能等，选择时一定要避免使用非常冷门的词，因为这样的词基本上没有什么流量；但也不要选择非常热门的词，因为这样的词竞争十分激烈，转化率不高。例如，以"中长款蚕丝半身裙"为目标关键词进行搜索，其搜索结果如图4-24所示。

图4-24 以"中长款蚕丝半身裙"为目标关键词的搜索结果

5. 关键词的取舍

将与产品或服务相关的关键词整理好以后，就会发现这些关键词的数量较多，此时就要对这些关键词进行合理的取舍，将那些用户不经常使用的搜索量较少的词语舍弃，保留具有一定流量和热度的词语并进行重新组合。

（三）控制关键词密度

视野拓展：关键词密度的含义

关键词密度用来衡量关键词在网页上出现的总次数与其他文字的比例，一般用百分比表示。其计算公式为

$$关键词密度 = \frac{关键词长度 \times 关键词出现次数}{文章所有文字长度}$$

相对于页面总字数而言，关键词出现的频率越高，关键词密度也就越大。但并不是关键词密度越高，网页被搜索引擎检索并搜索到的概率就越大，这反而会造成关键词堆砌，使网页内容的可读性降低，造成较差的用户阅读体验。一般来说，关键词密度为 2%～8% 时较合理，5%左右最佳。

除网页内容中的关键词外，还要注意网页标题中关键词密度的控制，大部分搜索引擎都对标题的字数有限制，因此要在合理的标题字数范围内选择并组合成有吸引力的关键词，只有这样才能提升网页的搜索排名。目前，百度搜索引擎最多允许 30 个中文字符，谷歌搜索引擎最多允许 65 个英文字符（32 个中文字符），标题中多余的字符将不会在搜索输入框中显示。

（四）添加区域关键词

如果你的网站只针对某一区域进行销售，那么在对关键词进行设置时就要考虑区域或者本地 SEO 的设置，这对网页的关键词排名很重要。

1．在网站声明中添加

在网页源码的< head >标签中添加< meta >声明，如下所示。

```
<head>
< meta name="location"content="province=湖南; city=长沙">
...
</head>
```

该声明中 name 属性的值为"location"，content 属性的值为"province=湖南; city=长沙"。其中，province 为省份值，city 为城市简称。在标签中添加了省份和城市信息后，有利于小企业提升当地搜索排名。

2．在标题中添加

标题中包含的区域信息一定要准确，且不能重复、啰嗦。例如，某网站位于吉林省长春市，在命名网页标题时，最好以"吉林×××"或"长春×××"来命名，而不宜命名为"吉林省长春市×××"，因为这样不仅浪费了标题字数，还使信息冗余。例如，以"吉林美食"和"长春美食"为目标关键词进行搜索，搜索结果都精准地显示了对应区域的信息，而不会出现其他地区的网页，如图 4-25 和图 4-26 所示。

第四章 跨境电子商务网站内页文案策划与写作

图 4-25 以"吉林美食"为关键词的搜索结果

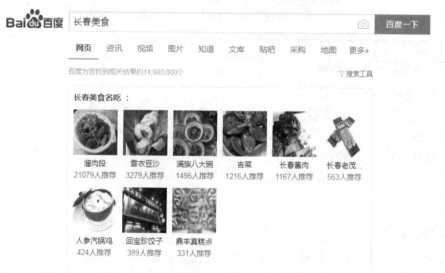

图 4-26 以"长春美食"为关键词的搜索结果

3．利用长尾关键词

只靠网站首页的关键词几乎很难获得较高的网站流量，这是因为网站首页关键词的竞争相当激烈，此时可以多扩展一些本地的长尾关键词，将其合理地分配到网站的各个栏目中，以使网站流量的稳定性更高。例如，使用"吉林美食"为关键词在百度中进行搜索，在搜索页面的底部就可以找到长尾关键词，如图 4-27 所示。

4．交换友情链接或广告

与其他网站进行友情链接或广告的交换，让浏览者通过这样的方式进入卖家的网站，通过这种良性循环的方式，让网站的访问量与日俱增。一般来说，要根据自己网站的行业特点、风格和用户群体分布情况来寻找那些同行业的相关网站，并且交换的数量不能太多，

· 137 ·

以免给浏览者留下质量参差不齐、网站不专业的感觉。

图4-27 搜索"吉林美食"得到的长尾关键词

同时，网站中的友情链接或广告绝对不能涉及不健康或非法的内容，因为这不仅会降低网站质量，还会直接损害公司的利益。

（五）常用的关键词策略

1. 产品或服务+功能特效

"产品或服务+功能特效"模式可以是对自身产品的介绍或功能描述，或是对某服务的技术或流程的描述。例如，要对一个卖皮鞋的企业网站进行关键词组合，可以从产品自身的特性来展开，包括皮鞋的质地、制作工序和样式等；也可以从不同的受众群体来展开，如女式皮鞋、男士皮鞋或儿童皮鞋等；或者从皮鞋的材质出发，如牛皮皮鞋、PU皮鞋或羊皮皮鞋等。

🌟 知识小助手

2016年9月1日正式实施的《中华人民共和国广告法》（以下简称《广告法》）对禁用词进行了规定，绝对化用语不得出现在商品列表页、商品的标题、副标题、主图、详情页，以及商品包装等位置。绝对化用语主要包括以下几种。

最：最好、最先进、最强、最极致、最棒、最新、最坚固、最完美、最高级等与"最"有关的文字。

顶：顶级、至尊等带有"顶"字意味的文字。

独：独家、独具、独有、独家×××等带有"独"字意味的文字。

首：首家、首款、首个、首类、首种、首选等带有"首"字意味的文字。

一：唯一、第一、No.1、独一无二、史无前例等带有"一"字意味的文字。

国：国际级、世界级、国家级、全网等带有"国"字意味的文字。

其他：万能、填补国内空白、免检、驰名商标、著名品牌、质量免检、质量无须检测、国家领导人推荐、国家机关推荐/专供/特供/指定等其他与绝对化相关的词语。

《广告法》还规定不能为不具备某功能的商品描述该项功能，如商品批准文号为国妆备进字，并非特妆准字，不属于特殊化妆品，但却在商品描述页面宣传特殊化妆品功效，属于虚假宣传，违反《广告法》。其中，育发、染发、烫发、脱毛、美乳、健美、除臭、祛斑、防晒、美白都属于特殊用途化妆品功能词；或是将普通食品描述为具备养肝护胃、提升免疫力、化痰止咳、促进××、改善××等功能，同属于该情况。

2. 产品或服务+搜索意图

搜索意图是指"是什么""怎么样""哪里有"等。它主要是基于对自身产品或服务所在行业的规则，对一些特有词进行组合的方法。搜索这些关键词的用户一般都是网站的潜在用户，将其转换为有效用户的概率也比较高。如"××减肥效果怎么样""××美白有效果吗"等，这类关键词一般较为口语化，较符合大部分网民的搜索习惯。

3. 产品或服务+品牌型号

通过自己的品牌与其他的品牌，甚至是竞争对手的品牌，或者是知名品牌来为自己的网站进行宣传。例如，一说到手机，人们几乎都会想到苹果手机，如果你的网站正好是一个卖手机的网站，那么完全可以通过苹果手机的品牌人气来进行自己网站的推广，将它以不同的形式融入自己的网站内容中，从而提升自己的网站在搜索引擎中的排名。

4. 产品或服务+经营模式

经营模式可以是零售、代理或加盟等类型，如果卖家希望更准确地找到潜在客户，就可以通过关键词来表达自己的想法。特别是对于想要找到下一级资源的商家来说，在网站页面中添加如"代理加盟""连衣裙代发货""绝味鸭脖连锁加盟"等关键词，可以让用户直接找到商家。

5. 产品或服务+企业信息

对于一些传统的服务性行业来说，通过关键词表达自身的企业信息也是相当重要的。特别是在目前互联网+创业的浪潮下，很多传统企业也纷纷开始了网络经营，如快餐企业、快递公司和货运公司等。

6. 产品或服务+领域区域

领域区域既可以是应用领域，又可以是地域名称。将领域名称和产品或服务关键词组合起来，可以覆盖非常广泛的用户群体，这是很多网站经常使用的一种策略。

知识小助手

关键词词库中收集的关键词众多，可能存在一些重复的关键词，要筛选出这些重复的关键词并删除。这是因为重复关键词十分影响商品标题的质量，也会对其他有效关键词的输入造成不良影响。

京东关键词十大营销案例

互联网行业营销方式的变更和升级与互联网科技紧密关联。这其中，电子商务行业的营销，除了要紧跟技术创新的步伐，更重要的是要满足消费者、用户、品牌商家等各利益相关方不断变化、不断细分的需求。

为了说明京东在电子商务营销方面的发力、创新和成就，在此盘点京东十大营销关键词和各自的案例。这十个关键词，是方法、是形式、是产品，也是功能，是对电子商务营销领域进行的年度梳理，或许可以带来一些对于电子商务营销趋势的启发。

关键词：IP跨界营销

代表项目：京东IP强聚合营销

【案例】

2018年8月，京东与LINE FRIENDS推出了超级IP日"LINE FRIENDS Day"，借势北京奥运会十周年创作了一部以京东吉祥物JOY和LINE FRIENDS为主角的"北京欢迎你"动画短片，并在线下打造了联名主题双层巴士和快闪店，其中位于北京三里屯的快闪店带动店铺销量环比增长10倍。

在与品牌的合作中，京东携手LINE FRIENDS官方旗舰店，以及松下、欧莱雅、亿滋等22个超级IP日品牌商推出了400余种LINE FRIENDS IP衍生品，包括卡西欧、大疆、海飞丝在内等十个品牌的LINE FRIENDS IP定制产品在京东首发亮相，并取得了不错的销售业绩。LINE FRIENDS官方旗舰店当天店铺粉丝增长超过50万，销售额累计达日均的217倍。

关键词：拼购

代表项目：京东拼购

【案例】

2018年"双十一"期间，京东拼购通过京东社交魔方模板化营销工具，快速为核心商家独家定制"一元众筹"等具备高裂变性的互动玩法，有效促进平台及品牌拉新和用户沉淀；在"双十一"京东拼购日当天，京东新增用户中有一半以上来自京东拼购。

相比于京东商城的整体用户分布，京东拼购的用户结构更加丰富，"双十一"期间京东拼购的用户中，近7成来自3~6线城镇。

关键词：小程序

代表项目：京东开普勒小程序平台

【案例】

作为京东无界零售的实践先锋，定位于"零售基础设施服务商"的京东开普勒，在2018年持续深耕小程序业务，为京东和非京东商家提供了社交场景下的零售电子商务工具和全运营链能力支持，受到大中型品牌商的欢迎，业务增速明显。截至2018年年底，开普勒已服务包括宝洁、沃尔玛、联合利华、3M、蒙牛、屈臣氏在内的各行业领先企业和知名品牌近1.8万家。

基于小程序自身的营销运营能力，开普勒和重点品牌商开展深度合作，通过线下扫码、视频直播、微信广告、社群裂变、内容转化等线上线下的营销推广，将品牌私域流量与全网流量进行连通，有效带动了商家触达用户数和转化成单量的增长。2019年"6·18"期间，共有超过1万个品牌商家通过开普勒小程序参与大促，GMV环比提升近5倍；"双十一"大促期间，通过开普勒小程序累计下单量超过360万笔。

关键词：大数据智能营销
代表项目：京东营销360平台
【案例】
为满足伊利在京东超级品牌日活动中的曝光、精准营销、拉新增粉等营销诉求，京东通过4A模型多维助力伊利的品牌营销投放全流程。在洞察用户特征基础上，深度挖掘潜在用户画像。对目标消费者4A生命周期不同环节，采取针对性营销策略进行触达，促进消费者资产沉淀。

广告投放在9月13日"伊利京东超级品牌日"当天整体展现达3.8亿，ROI超过15，4A人群日环比激增，带动伊利品牌广告曝光消费者资产增幅达67%。活动后根据不同人群特征，充分发挥京准通产品线的优势，重点引导"认知"和"吸引"人群的流量沉淀为品牌新客，并促进"行动"和"拥护"人群在站内外进行社交裂变行为，持续拉动新客增长及老客复购，实现品牌用户资产波浪式增长。

关键词：短视频
代表项目：京东短视频内容营销
【案例】
从2018年8月起，京东与抖音平台合作，发起共6期短视频营销挑战赛，服务碧浪、沙宣、联合利华等品牌。其中，"京晚8点"联合沙宣发起的#我是你的理想型#话题活动，以创意手势舞和前后反差动作做参考，结合抖音酷炫3D贴纸特效进行换装秀，手势触发贴纸体现互动趣味，配合魔性音乐引导海量用户跟风模仿。

在抖音平台上，该活动7日内视频观看量突破9.5亿，分享数超过72万，点赞数2824万，活动的7日整体数据中，视频观看量位列2018年同资源量级抖音品牌挑战赛第一。

关键词：全渠道
代表项目：京东数字化门店
【案例】
2018年，迪信通与京东手机完成战略合作签约，双方在品牌、营销、供应链、运营等角度全方位深入合作，并通过联合采销、供应链互补等形式，共同提升双方的运营效率。

2018年"6·18"期间，迪信通旗下上千家门店都参与了京东"数字化门店"活动。活动中，消费者可通过"京东会员码"小程序或京东商城App了解附近迪信通门店的优惠信息，领取海量优惠券后到门店消费并畅享优惠。

除了给消费者便利和优惠，京东帮助合作伙伴对门店进行改造，将商品、订单、会员信息等要素数字化，有效解决合作伙伴面临的场景完全割裂、数据无法融合等痛点，帮助门店打通线上线下数据，大大拓展用户触达范围和深度，实现以用户为中心的全时段精准营销与全渠道数字化营销。

此外，迪信通还联手京东共建品牌体验店，就无界零售模式展开探索，通过大数据和各种黑科技的运用，让消费者享受了更好的手机购买体验和全流程服务体验。

关键词：达人导购
代表项目：京东达人生态
【案例】
京东平台上，达人账号数量超过7万，商家账号达到11万，达人总数同比提升195%，佣金收益同比增长212%，京东平台上的达人生态活力有明显提升和增强。

京东内容营销的用户流量同比上升超过81%；内容频道"发现"的7日回访同比上升超过17%，用户黏性和认知更加明显，更加"爱逛"。

关键词：付费会员

代表项目：京东PLUS会员

【案例】

2018年"双十一"京东全球好物节的数据显示，大促期间京东PLUS会员的人均购买力（客单价）达到了非PLUS会员的3倍以上。

其中，11月4日"PLUS DAY"（会员专属购物日）当天，市场价10万元、PLUS专享价8.4万元的劳力士绿水鬼手表，和市场价9100元、PLUS专享价7599元的"加拿大鹅"男士羽绒服，在活动开始半小时内即被PLUS会员一抢而光；另外，100台当时新上市的戴森卷发棒和1000瓶53°/500mL飞天茅台酒等热门稀缺品，当天开放供PLUS会员享受提前抢的专属特权，上线开售1秒钟就全部售空。显示了PLUS会员作为京东的高价值、核心用户，具有极强的消费能力。

关键词：社群电子商务

代表项目：京粉计划

【案例】

"京粉计划"目前已经探索出符合社群营销场景和用户特点的定制化活动玩法（如品牌联动、品类活动等），实现有效引流。

京粉×品牌商家：定制营销活动，提升品牌美誉度及提高销售转化，通过与阿迪达斯品牌进行深度合作，"双十二"活动当天订单量环比"双十一"增长超100%，实现品牌商短时间多场景流量曝光，订单增长。

京粉×推客：推客活跃提升，通过营销工具的升级和每月一场京粉奖励活动，年度活跃推客超100万。

关键词：快闪店

代表项目：JOY SPACE京东无界零售快闪店

【案例】

"双十一"京东全球好物节期间，JOY SPACE京东无界零售快闪店同时登陆全国上百个城市，吸引超过92万人次进店体验；创造了"场景+流量"的新模式，联合了抖音、微博、B站等头部社交媒体打造线下营销的新玩法：基于快闪店与抖音、微博共有的、面向年轻用户的属性，将合作媒体的用户流量引入线下快闪店，为品牌商带来更具沉浸式属性的曝光场景，并进一步将店内流量转化为实际销售，同时在线上提高声量。

另外，此次"双十一"期间的快闪店，还把"精准扶贫"融入其中，打造了全新的"扶贫快闪店"模式，来帮助鄂尔多斯、湘潭老区等经济欠发达地区的农副产品打开新市场，为这些地区的商品提升曝光和销售额，同时响应国家扶贫政策的号召。

资料来源：2018年京东营销十大关键词案例[EB/OL].（2019-01-11）. https://baijiahao.baidu.com/s?id=1622378116188096080&wfr=spider&for=pc.

第二节　商品标题的拟定

商品标题是指商品详情页中的标题部分，它一般出现在用户搜索结果页面和商品详情页的顶部。分析关键词数据后，即可在关键词数据的基础上选择合适的关键词，将其组合成商品的标题。

一、商品标题的基本属性

商品标题的基本属性包括商品规格、名称、材质、类别和颜色等信息，信息要完整、正确和真实。例如，行车记录仪的商品属性如图 4-28 所示。

品牌名称：360

产品参数：

产品名称：360 G300	品牌: 360	型号: G300
功能: 夜视加强 夜视补光 循环录像 ...	运行内存: 无	颜色分类: 黑色 黑灰色
套餐: 官方标配 套餐一 套餐二 套餐...	屏幕尺寸: 2.0英寸	智能类型: 其他智能
安装类型: 通用	主镜头光圈: F2.2	镜头数量: 单镜头
拍照像素: 200万	摄像像素: 200万	画面视角: 140°
影像分辨率: 1080p	是否支持到店安装: 是	

图 4-28　行车记录仪的商品属性

商品的基本属性很多，在撰写商品标题时，应该将这些属性关键词融合进去，以提高店铺的流量。一个好的标题需包含的属性内容为商品名称、商品所属店铺名称或品牌名称、同一商品的别称、商品价格和商品必要的说明。例如，哈尔斯保温杯壶超长保温 1200mL、旅行户外家庭旅游必备杯、正品包邮等。

（一）商品名称

商品名称是商品标题的基本要素。

（二）商品所属店铺名称或品牌名称

使用商品所属店铺名称或品牌名称有助于宣传自己的品牌，给客户留下印象，有利于店铺品牌的建立。

（三）同一商品的别称

有时候同一个商品可能会有不同的称呼，为了能够让买家找到应该把别称加上去。

（四）商品价格

对于特卖的商品，在标题中加上商品价格能够快速吸引买家眼球。例如，“×××元！

低价让利！""0 利润，×××抢购！"等都可以让买家感觉到实惠。

（五）商品必要的说明

有些特色类型的商品需要在标题中加一些必要的说明信息，如商品的形式和数量。例如，各种 App 的会员充值等商品就需要说明商品的具体实现方式，如图 4-29 所示。

图 4-29　商品必要的说明

二、商品标题的作用

商品标题就和人的名字一样重要，是展现给他人的第一印象。当消费者在众多搜索结果中找寻所需要的商品时，标题就是吸引他的第一要素，只有消费者对标题感兴趣或标题中某个词吸引了消费者，消费者才会点击标题。商品标题的作用主要有以下两点。

（一）被消费者搜索

无论商品详情页文案有多好，商品本身有多好，商品要想让消费者看到，首先就要被搜索到，商品标题承担着使商品更容易被消费者搜索到的重任。因此跨境电子商务文案工作者要详细了解并分析消费者会搜索的关键词，提炼出搜索次数多且有效的关键词添加到标题中，让自己的商品能够被消费者搜索到。

（二）激发消费者的点击欲望

当消费者搜索到商品信息后，呈现在他们面前的是一系列符合他们搜索需求的商品，这时，商品标题就起着激发点击欲望、让商品被消费者浏览的作用。一般来说，好的宝贝标题能够吸引消费者点击，提高店铺的流量。

三、商品标题的模板

观察并分析一些销量较高的店铺，可以发现它们的商品标题有一定的规则，一般是品牌名+名称+叫卖+属性。这些词的顺序并不是一成不变的，卖家可以自由组合这些词，使标题能更加吸引买家注意。

（一）品牌名

不推荐一些新手卖家将自己的自创品牌名称放入标题，因为新手卖家的品牌几乎没有人知道，搜索的人太少。而且品牌名会占据商品标题的字数，减少其他关键词在标题中的展示机会。

（二）名称

名称的作用主要是让买家知道卖家卖的是什么。

（三）叫卖

商品标题中一般都会用特价、促销、包邮、超值或新品上市等具有叫卖属性的词语来吸引消费者的注意。

（四）属性

买家一般都是用描述商品属性的词语来搜索产品的。例如，对于女装，可以在标题中添加风格、材质、款式细节等属性；对于电子商品，可以在标题中添加型号、规格、特殊功能等属性；对于食品，可以在标题中添加产地、规格等属性。

四、商品标题的组合

确定好关键词和相关的属性词并选择好一种标题模板后，即可组合成完整的商品标题。组合标题需要先确定主要关键词再进行组合。

（一）确定主要关键词

淘宝的商品标题不能超过 30 个汉字，卖家必须在 30 个汉字内对商品进行描述，这就意味着标题中的每一个关键词都必须有效，才能实现标题的最优化。主要关键词一般是商品标题中的主要引流词，对于卖家而言，原则上是选择搜索量比较大、热度比较高的关键词。淘宝卖家主要可以通过生意参谋、直通车、淘宝热销榜和排行榜等方式来确认关键词的热度。通过对关键词的搜索人气、搜索指数、搜索占比、点击指数、转化率等数据进行分析，选择具有优势的关键词。

（二）组合关键词

在组合关键词前，可以先对当前商品不同类型的关键词进行排序和选择。例如搜索关于商品属性、特征、功能、材质的关键词，筛选排序靠前或搜索量大的词语，再去除重复的关键词，然后对筛选出的词语进行组合。通常情况下，商品标题中关键词的种类越多，被搜索到的概率越大。

> ☆ **知识小助手**
>
> **商品标题的组合应用**
>
> 以"雪地靴"的标题组合为例，展示组合关键词的应用思路。

（1）确定主要关键词，如"雪地靴"。

（2）分析雪地靴的品牌、属性、材质、功能等，在分析这些关键词时，可以查看雪地靴搜索结果页上方的属性栏，或通过发布商品页面的属性设置选项来确定商品的属性，如该商品的属性为"圆头、平跟、牛皮、加绒加厚、短靴、软底"等，功能为"保暖、防滑"等。

（3）确定商品的品牌，如UGG等。

（4）根据用户的搜索习惯加入一些比较有人气的长尾词，如"休闲、舒适"等。

（5）选择一种商品标题模板的表现形式，最后再对关键词进行组合，形成商品标题，如"UGG 2020年新款加绒雪地靴防滑软底平跟短靴女舒适保暖"。

五、商品标题写作的常见问题

（一）堆砌关键词

在标题中堆砌关键词虽然能使发布的商品引人注目，或使买家能更多地搜索到卖家所发布的商品，但在商品标题中滥用与本商品无关的字眼，是扰乱淘宝网正常运营秩序的行为。例如，商品的标题为"铁观音茶饼 浓香型乌龙茶 陈年老茶 碳焙老茶 普洱茶包邮"，卖家想通过堆砌产品名称来使买家尽可能搜索到该商品，但是没有注意到商品的其他卖点和属性。

视野拓展：关键词堆砌的含义

（二）使用违禁词、敏感词

一些卖家为了快速吸引买家的注意，可能会在标题中添加一些敏感词以博眼球，却不知电子商务平台都有过滤功能，如果标题中带有敏感词（如一些政治敏感词、假货敏感词或有色敏感词，如高仿、山寨、最低价、品牌1∶1等），则该标题会被过滤掉，因此也就不能被买家搜索到。

（三）滥用关键词

滥用关键词一般指卖家在商品标题中滥用品牌名称或与本商品无关的关键词，"蹭"不属于自己关键词的流量的行为。这样即使买家在搜索结果页面中看到了卖家的商品，也会因为不符合自己的需求而对该店铺产生不好的印象，并且也容易因被电子商务平台判定为作弊而被降权。

视野拓展：被电子商务平台判定为作弊而被降权的几种情况

（四）重复关键词

有些商家认为重复关键词可以让自己的商品排名靠前，但其实是对标题字数的浪费，完全没有必要。

（五）使用重复的标题

同质商品较多的店铺容易出现一种情况：将同一标题应用到类似的商品中，使商品标题变得高度相似或完全相同。这种"省力"的方法是万万不可取的，它不仅会使买家对店铺产生不好的印象，还容易被电子商务平台判定为重复铺货作弊而被降权。要想写出好的标题，应该针对每件商品的特点进行挖掘，可以有一定的关键词相同，但应尽量避免高度相似。

（六）频繁或大幅度修改标题

标题一旦确定，不要在短时间内频繁或大幅度地修改，因为这样有可能因被电子商务平台判定为更换商品而被降权。

（七）长时间使用相同的标题

不应该长时间使用相同的标题。当遇到以下情况时，应该对标题进行修改。

（1）在商品从发布到热卖期间，可以根据宝贝的成长时期来选择不同的关键词，主要分为新商品发布期、商品成长期和商品爆款期。

（2）许多商品有显著的季节性，应根据需要随季节调整标题。

（3）商品标题应配合节日、促销活动等进行适当优化。

（八）滥用符号

商品标题的长度有限，很多卖家都会尽可能地全部占满，导致标题紧凑，断句不易，给用户带来较差的阅读体验。为了解决这种情况，有些卖家使用一些符号"—"（短横线）、"／"（斜线）、"."（点号）等来隔开关键词，虽然这样会让标题阅读起来容易些，但会被搜索引擎直接忽略掉。一般来说，在需要断句的地方加入空格即可。

（九）滥用促销信息

从用户体验和营销学的角度来说，不应该在标题开头就写上包邮、秒杀等促销信息，而应该将其写在标题的最后。例如，宝贝标题为"包邮闺密装极简主义收腰针织连衣裙2020新款中长款裙子韩版 a 字裙"，可将其修改为"闺密装极简主义收腰针织连衣裙2020新款中长款裙子韩版 a 字裙包邮"。

"步履不停"的文艺范儿文案

"人生路上步履不停，为何总是慢一拍。"淘宝店步履不停的文案，在这个大红海满天飞的网络竞争时代，店内衣服还没火，文艺范儿的文案却先被人知晓。

文案的风格分很多种，如文艺、写实、严谨、逗趣、半文言、吐槽体或前后押韵等，而今天这组淘宝女装店的文案属于披着文艺风而写实的严谨类型，让口味刁钻的文艺女青年和普通女青年不喜欢都不行。图4-30～图4-36所示为几则"步履不停"的新品文案。

现在的品牌追求的不只是产品好，甚至文案还要比产品更好。

图 4-30 "步履不停"文案一

图4-31 "步履不停"文案二　　图4-32 "步履不停"文案三　　图4-33 "步履不停"文案四

图4-34 "步履不停"文案五　　图4-35 "步履不停"文案六　　图4-36 "步履不停"文案七

  这家店的文案展示了文艺的另一个样子——对细致生活的憧憬，对人生的感悟，不管你此时此刻心情如何，都会被这些文案及排版海报所治愈，回到心灵最平静的时刻。

  最后，希望"步履不停"像这部电影一样，在不急不慢的生活中，平静却渗透着人生哲理。

  资料来源：这些淘宝店铺，靠文案就能掏空你的钱包[EB/OL].（2017-08-10）. https://www.meihua.info/a/69951.

第三节　撰写商品品牌文案

品牌文案是针对企业品牌文化而写的，用于树立企业形象、推广企业品牌、促进商品销售的一种文案。品牌文化其实是一种文化包装，是通过给品牌赋予深刻而丰富的文化内涵，建立鲜明的品牌定位，并充分利用各种高效的内外部传播途径使消费者对品牌在精神上高度认同，产生品牌信仰，最后建立强烈的品牌忠诚。品牌文化塑造是一种更深层次的营销方法，是以塑造文化氛围的方式提升自己的内涵进而吸引消费者的一种手段。

跨境电子商务企业商品之间的竞争可以看作一种"硬"实力的比拼；而品牌文化就是一种附加价值，是"软"实力的体现。跨境电子商务企业不管规模与名气如何，都应该拥有自己的品牌文化，这样才能通过品牌拥有更多忠诚的消费者，促进市场的稳定和扩大，增加自己的竞争力。可以这样说，随着社会经济与网络的不断发展，品牌文化之间的竞争将越来越明显，甚至发展为跨境电子商务企业之间的主流竞争。

要写出具有影响力的、让消费者记忆深刻的品牌文案，跨境电子商务文案人员首先要了解企业品牌文化的特征、功能与作用，然后在此基础上将文字与企业文化融合起来，写出既能体现企业精神，又能打动消费者的文案内容。

一、电子商务品牌文化概述

电子商务品牌文化也可以叫作网络品牌文化，它是一种网络市场品牌，是企业、个人或组织在网络上建立的优质产品或服务在人们心目中的形象。网络营销专家冯英健认为网络品牌可以有两个方面的含义：一，其是通过互联网手段建立起来的品牌；二，互联网会对线下已有品牌带来影响。虽然两者对品牌建设和推广的方式有所不同，但都是为了建设和提升企业的整体形象。

（一）电子商务品牌文化的特征

电子商务基于互联网通信技术替代传统交易过程中的存储、传递、发布等环节，从而实现企业管理和服务活动全过程的在线交易。采用这种商务活动模式能够加快信息和物流的传递，降低成本，提高效率。电子商务品牌文化具有以下几个特征。

1. 信息含量大

与传统商业模式相比，电子商务模式有着更加广泛的受众群体，由于网络的虚拟性，受众的真实身份能被很好地隐藏，但会导致很多潜在消费或隐形消费的受众群体不能很好地被定位。因此，电子商务品牌文化的内涵包含的信息必须足够广泛，才能尽可能多地覆盖受众群体，增加品牌文化的受众范围。

2. 传播成本低

传统品牌文化一般只能通过报纸、新闻、广告和电视等媒体进行传播，而电子商务品牌文化基于网络平台，其受众既是信息的浏览者又是信息的发布者，因此网络商家可以自发在网络中传播品牌文化，这样不仅能降低品牌文化传播的成本，还能加深商家对品牌文化的理解。

3. 传播速度快、传播范围广

网络传播是一种数字化传播,其将一定的信息转化为数字,数字经过传播在操作平台上再还原为信息。网络几乎覆盖了全球,具有迅速、快捷和方便等特点。并且网络的传播具有即时刷新的特点,可以让受众随时随地接受消息,不受媒体传播时间的限制,这就使电子商务品牌文化的传播不受空间和时间的影响。

4. 受众主动性和独立性强

传统营销环境的生产厂家和企业通过巨额的广告投入控制大众媒体,以达到吸引受众注意力的目的。而在网络环境中,人们拥有了对信息的选择、接受和处理等活动的积极主动性,他们可以随时随地根据自己的需要进行网上消费,也可以任意选择自己心仪的商家或产品。消费者拥有比传统购物更加便捷和省时省力的购物方式,这也体现了网络购物的主动性和独立性。

5. 忠诚度不高

随着品牌营销竞争的日益升温,消费者在拥有更加广泛的选择范围时,不必约束于某一品牌,而可以随时抛弃某个品牌转向另一个品牌。消费者对品牌的忠诚度十分脆弱,因此品牌的推动极有可能为自己提高声望,从众多竞争者中脱颖而出。

(二)电子商务品牌文化的功能

品牌文化是一种看不见、摸不着的精神动力,一旦形成,就会对品牌的经营管理产生巨大影响和能动作用。它不仅可以增强品牌的竞争力,还能激励企业员工的工作积极性,吸引更多的消费者成为品牌的追随者。例如,京东是自营式电子商务企业,京东商城的核心品牌观是以客户服务为中心,结合科技创新,打造值得信赖的企业。

品牌文化有以下几种功能。

1. 导向功能

品牌文化的导向功能体现在两个方面:一是企业内部;二是企业外部。

(1)企业内部。品牌文化集中反映了员工的共同价值观,规定着企业追求的目标,因而具有强大的号召力,能够引导员工为实现企业目标而努力奋斗,使企业一如既往地健康发展。

(2)企业外部。品牌文化所倡导的价值观、审美观和消费观,可以对消费者起到引导作用,把消费者引导到和自己的主张一致的轨道上来,从而提高消费者对品牌的追随度。

2. 凝聚功能

在企业内部,品牌文化是团队建设的精神力量,它可以从各个方面、各个层次把全体员工紧密地联系在一起,使他们为实现企业的目标和理想同心协力、奋力进取。在企业外部,品牌所代表的功能属性、利益认知、价值主张和审美特征会对认同它价值的广大消费者产生吸引力,使品牌像磁石一样吸引消费者,从而极大地提高消费者对品牌的忠诚度。同时,它还可能吸引其他品牌的使用者,使其成为该品牌的追随者。

3. 激励功能

优秀品牌文化的形成,可以促使企业内部形成一种良好的工作氛围,激发企业员工的责任心、荣誉感和进取心。对消费者而言,品牌的价值观、利益属性、情感属性等可以创造消费感知,丰富消费联想,激发他们的消费欲望,使他们产生购买动机。因此,品牌文化可以将精神财富转化为物质财富,为企业带来高额利润。

4. 约束功能

品牌文化中包含的规章制度和道德规范一方面要求企业在生产经营过程中通过这些规章制度对员工行为进行规范;另一方面,还能通过消费者的监督,保障商品的服务和质量。

5. 推动功能

品牌文化可以推动品牌经营的长期发展,使品牌在市场竞争中获得持续的竞争力;也可以帮助品牌克服经营过程中的各种危机,使品牌健康发展。但通过品牌文化提高品牌经营效果是一个积累过程,一般不会出现立竿见影的效果,因此只有持之以恒地进行品牌文化建设,才能获得良好的成效。

6. 协调功能

品牌文化并不是一成不变的,它可以根据企业的发展、社会经济的发展、消费者需求的变化等因素来进行调整,以适应社会的不断发展,满足消费者不断变化的需求,保证企业和社会之间不会出现裂痕和脱节(即使出现了也会很快弥合)。

(三)电子商务品牌文化的作用

品牌文化的建设不仅可以很好地树立企业的公众形象,为商品赋予鲜活的生命力和张力,还代表着企业交付给消费者的商品特征、利益和服务的一贯承诺,能够让企业的商品和服务与竞争对手产生较大的差异,让消费者感受到一种特殊的价值。

在目前网络市场的竞争中,如何通过网络品牌来巩固企业与消费者之间的关系,提升消费者对企业的商品、服务的忠诚度,已经关系到大部分企业的生存和发展。创建优秀的、响当当的品牌文化,已经成为企业提升品牌竞争力的重要策略。

在网店内页中,跨境电子商务品牌文化主要体现在两个方面:一是商品标题中包含的品牌名称;二是商品详情信息中的品牌故事。在标题中添加品牌名称非常简单,一般在商品标题的开头直接写上品牌名称即可;而要写作品牌故事文案,则需要跨境电子商务文案人员在熟悉品牌故事概念的基础上掌握其写作手法。简单来说,品牌故事可以向消费者传达企业的品牌理念、精神文化和商品来源等众多内容,它能赋予商品鲜活的生机与活力,能够带给消费者更加强烈的品牌认同感,对塑造品牌形象、传递品牌理念和精神文化有十分重要的作用。在商品详情页中添加商品品牌故事,可以提高消费者对商品的信任度,增加消费者对商品的购买信心,同时品牌故事的诠释和传播又可以拉近消费者与品牌之间的距离,增进消费者对品牌的感情和忠诚度。品牌故事一般位于商品详情页的后半部分,既可体现商品的高品质,又能打消消费者的顾虑,是跨境电子商务文案人员撰写详情页文案时必不可少的一部分内容。

二、品牌文案的写作流程

一个生动的品牌故事可以带给消费者深切的认同感,是引起消费者共鸣、传播企业文化、塑造品牌形象的重要方式。品牌故事遵循"理念故事化，故事理念化"的写作原则，是蕴含着一定理念、可以引发人们思考的真实故事，是可以放到企业生产经营、管理实践的背景中进行审视的。它是企业文化建设的情景故事，在叙述这个故事的同时，跨境电子商务文案人员还可以在其中发表一些自己的观点和看法。撰写品牌文化故事包括以下几个流程。

（一）收集与整理资料

要想写出生动的商品品牌故事，就必须对品牌和商品本身进行深入的探究与分析，了解品牌和商品的定位是什么，有什么样的文化内涵，需要表达什么样的诉求，品牌和商品面对的消费群体有哪些，竞争对手是谁。只有具备深厚的知识储备后，才能写出超越竞争对手的商品品牌故事。

（二）提炼确定主题

商品品牌主题是指目标品牌在品牌本体因素和环境因素的双重约束下，在品牌设计中对该品牌价值、内涵和预期形象做出的象征性约定，它来源于品牌历史、品牌资源、品牌个性、品牌价值观和品牌愿景，包括基本主题和辅助主题，通常透过品牌名称、标志、概念和广告等进行表达传递。

跨境电子商务文案人员收集到了足够的信息后，就可以从这些信息中提炼出品牌所要表达的思想，以品牌为核心，通过对品牌创造、巩固、扩展的故事化讲述，将与其相关的时代背景、文化内涵、社会变革或经营管理理念进行深度展示。

（三）撰写初稿

完成以上两项准备工作后，跨境电子商务文案人员就可以开始着手准备品牌故事的写作了。在通过故事进行品牌介绍时，一定要将品牌理念和品牌的各种内在因素表达出来，让人们可以轻松、完整地了解品牌的全部信息。同时还要注重故事情节的表现，故事可以是浪漫的、励志的，也可以是温馨的、感人的，但要想写出好的故事，就一定要有起伏的情节和丰富的人物感情，只有这样才能带动人们的情绪，给读者留下深刻的印象。

1. 品牌故事的撰写角度

品牌故事的写作角度并不单一，可以根据品牌需要呈现的效果来选择故事写作的角度，如从公司的角度、消费者的角度、商品的角度等，从不同的角度切入可以写出不一样的生动故事，一样可以达到震撼人心的效果。一般来说，品牌故事的撰写角度有三种：第一种是技术的发明或原材料的发现故事，如可口可乐配方的故事；第二种是品牌创建者的某段人生经历，如海尔集团首席执行官张瑞敏怒砸不合格冰箱的故事；第三种是品牌发展过程中所发生的典型故事，如肯德基销毁当天卖剩的汉堡的故事。

品牌理论创始人——杜纳·E.科耐普对品牌故事这样解释："品牌故事赋予品牌以生机，增加了人性化的感觉，也把品牌融入了消费者的生活……因为，人们都青睐真实，真实就是真品牌得以成功的秘籍。"因此，商品、感情、人是品牌故事中不可缺少的要素，只有将商品与人紧密联系在一起，融入真挚的情感，才能让故事变得饱满，吸引并感动消费者，最终达到品牌传播的效果。

2. 品牌故事所包含的内容

品牌故事需要包括 5WIH，即人物、时间、地点、事件、原因和结果。跨境电子商务文案人员必须了解品牌最想让消费者知道什么，这个故事要向消费者表达的内容是什么，如品牌创建者或领导者的某种精神和品质、先进的商品生产技术。一旦确定了故事的主题，就沿着这条主线进行讲述。例如，Biotherm（碧欧泉）品牌精神及特色，在于品牌名称中的"泉"字，以及所有商品外包装盒上的一弯水波形状，如图 4-37 所示。

图 4-37　碧欧泉品牌

碧欧泉的品牌发源于法国南部比利牛斯山区的矿泉，六十多年来，所有碧欧泉的商品都以取自这座矿泉的活性萃取精华作为主要护肤成分。例如，碧欧泉品牌故事，主要以其材质来源进行描述，如图 4-38 所示。

图 4-38　碧欧泉的品牌故事

（四）斟酌、修改稿件

品牌故事的写作过程中，可能由于语言组织、逻辑不通等造成故事阅读不流畅，因此文案人员在写作过程中需要仔细斟酌用词，选择适合品牌主题且能够表达品牌理念的词语或通过优美的句子来进行阐述。写作完成后，还要对稿子进行通读和校对，修改稿件中的错误，保证故事中没有错别字、语法不通等问题。

另外，品牌故事还会根据企业的发展而发生变化，因此文案人员要根据企业发展的变化来进行写作，融合企业新的理念和商品特色。例如，碧欧泉不同时期的品牌文化介绍如图 4-39 所示。

图 4-39 碧欧泉不同时期的品牌文化

（五）定稿

品牌故事的写作和审核完成后，稿件就不再修改。接下来就要在适当的时机进行品牌故事的传播，直到取得目标消费群的认同，在受众心目中留下深刻印象。

三、品牌文案的写作要素

故事是用语言艺术来反映生活、表达思想感情的一种叙事类文体。故事要么寓意深刻，要么人物典型或者情节感人、以小见大，总之就是要给受众留下深刻的印象，切忌情节平淡，没有可读性。故事一般包括背景、主题、细节、结果和点评五个要素，怎样通过文字将这些生动地描写并刻画出来，是写作品牌文化故事的关键。

（一）背景

故事背景是指要向读者交代故事发生的有关情况，包括发生了什么事情，什么时候发生的，有哪些主要人物，故事发生的原因是什么，即故事的时间、地点、人物、事情的起因。例如，1789 年，一位法国贵族患了肾结石，当他寻访名医到达阿尔卑斯山脉脚下时，由于长途跋涉十分口渴，便命令仆人去附近的农家取些水喝……

★ 知识小助手

背景的介绍并不需要面面俱到，只要说明故事的发生是否有特别的原因或条件即可。

（二）主题

主题是指故事内容的主体和核心，是作者对现实生活的认识、对某种理想的追求或某种现象的观点，通俗地说就是作者要表达或表现的内容。主题的表现往往决定作品价值的高低，它不像论文或文案那样明明白白地说出来，也不是作者把自己的观点和想法硬生生地贴上去，而是融合在人物形象、情节布局以及环境描写和高明的语言技巧中，需要靠读者整体把握、分析和挖掘出来。

主题可以通过以下五种途径来进行表述。

1. 人物

人物是故事思想主题的重要承载者，人物形象的塑造可以很好地反映故事所要表达的主题思想，揭示某种思想或主张。

2. 情节

情节在故事中起着穿针引线的作用，它可以将故事的开始、发展和结束串联起来，形成一个完整、鲜活的故事。情节的展开可以推动故事的发展，让故事层层深入吸引读者。

3. 环境

通过社会环境或生活环境的描写来揭示或暗示某种思想，同时结合人物思想性格的背景描写，可以很好地描述故事所要表达的主题。

4. 背景

背景的描写可以帮助读者更好地深入分析人物形象，把握故事主题。

5. 抒情语句

故事一般不会直白地表达主题，有时会通过一些抒情性的语句来表现故事的主题。

例如，德芙（DOVE）巧克力，它是"Do you love me?"的英文缩写，德芙巧克力的品牌故事表达的主题是一则凄美的爱情故事——"你爱我吗？"如图4-40所示。

图4-40 德芙巧克力

德芙的品牌故事

一直以来，人们知道德芙巧克力，却不知道"DOVE"是"Do you love me?"的英文缩写，更不知道它背后有着凄美的爱情故事。

1919年的春天，卢森堡王室。

后厨的帮厨——莱昂整天都在清理碗碟和盘子，双手裂了好多口子。当他正用盐水擦洗伤口时，一个女孩走了过来，对他说："你好！很疼吧？"

这个女孩就是后来影响莱昂一生的芭莎公主！

两个年轻人就这样相遇。因芭莎只是费利克斯王子的远房亲戚，所以在王室里地位很低，稀罕的美食——冰激凌，轮不到她去品尝。

于是莱昂每天晚上悄悄溜进厨房，为芭莎做冰激凌。芭莎教莱昂英语。情窦初开的甜蜜在两个年轻人心头萦绕。

不过，在那个尊卑分明的保守年代，由于身份和处境的特殊，他们谁都没有说出心里的爱意，默默地将这份感情埋在心底……

20世纪初，为了使卢森堡在整个欧洲的地位强大起来，卢森堡和比利时订立了盟约，为了巩固两国之间的关系，王室联姻是最好的办法，而被选中的人就是芭莎公主。一连几天，莱昂都看不到芭莎，他心急如焚。终于在一个月后，芭莎出现在餐桌上，然而她整个人看起来异常憔悴。

莱昂在准备甜点时用热巧克力写了几个英文字母——"DOVE"，也就是"Do you love me？"的英文缩写。

他相信芭莎一定猜得到他的心声，然而芭莎发了很久的呆，直到热巧克力融化……

几天之后，芭莎出嫁了。

一年后，莱昂离开了王室后厨，带着心中的隐痛，悄然来到了美国的一家高级餐厅。这里的老板非常赏识他，把女儿许给了他。

时光流逝，莱昂事业平稳，儿子也降生了，但这些都没能抚平莱昂心底深处的创伤。

他的心事逃不过妻子的眼睛，她伤心地离开了。莱昂此后一直单身带着儿子，经营着他的糖果店。

1946年的一天，莱昂看到儿子在追一辆贩卖冰激凌的车，记忆的门顿时被撞开。

自芭莎离开后，莱昂再也没有做过冰激凌。这次莱昂决定：继续那未完成的研究。经过几个月的精心研制，一款富含奶油、同时被香醇巧克力包裹的冰激凌问世了，并被刻上了四个字母：DOVE。

德芙冰激凌一推出就大受好评！

而此时，莱昂收到了一封来自卢森堡的信，信是当年同在御厨干活的伙伴写给他的。信中莱昂得知，芭莎公主曾派人回国四处打听他的消息，希望他能够去探望她，但却得知他去了美国。

受第二次世界大战的影响，这封信到莱昂的手里时，已经整整迟到了一年零三天。

此后，莱昂历经千辛万苦，终于打听到芭莎的消息。

此时，芭莎和莱昂都已老，芭莎虚弱地躺在床上，曾经清波荡漾的眼睛变得灰蒙。莱昂扑在她的床边，大颗大颗的眼泪滴落在她苍白的手背上。芭莎伸出手来轻抚莱昂的头发，用微弱得听不清的声音叫着莱昂的名字。

芭莎说，当时在卢森堡，她非常爱莱昂，以绝食拒绝联姻，被看守一个月，她深知自己绝不可能逃脱联姻的命运,何况莱昂从未说过爱她,更没有任何承诺。

在那个年代,她最终只能向命运妥协。离开卢森堡前她想喝一次下午茶,因为她想在那里与莱昂做最后的告别。但她吃了他送给她的巧克力冰激凌,却没有看到那些融化的字母。

听到这里,莱昂泣不成声,过去的误解终于有了答案。

一切来得太晚了,三天以后,芭莎离开了人世。莱昂听佣人说,自从芭莎嫁过来之后,终日郁郁寡欢,导致疾病缠身,在得知他离开卢森堡并在美国结婚后,就一病不起。

莱昂感到无限悲凉,如果当年那冰激凌上的热巧克力不融化,如果芭莎明白他的心声,那么她一定会改变主意与他私奔。如果那巧克力是固定的,那些字就永远不会融化,他就不会失去最后的机会。

莱昂决定制造一种固体巧克力,使其可以保存更久。

一番苦心研制,香醇独特的德芙巧克力终于制成!每块巧克力上都被刻上"DOVE"。莱昂以此来纪念他和芭莎那错过的爱情,它苦涩而甜蜜,悲伤而动人,如同德芙的味道。

资料来源:德芙!凄美如此[EB/OL]. (2017-09-22). https://www.sohu.com/a/193660895_768979.

(三)细节

细节描写就是抓住生活中细微而又具体的典型情节生动细致地加以描绘,它能够使故事情节更加生动、形象和真实。细节一般是作者精心设置和安排的,是不可随意取代的部分,恰到好处的细节描写能够起到烘托环境气氛、刻画人物性格和揭示主题的作用。

☆ 知识小助手

常见的细节描写方法有语言描写、动作描写、心理描写和肖像描写等,不管采用哪种方法都需要作者事先认真观察,选择具有代表性、概括性、能深刻反映主题的事物进行描写,这样才能突出故事的中心,给读者留下深刻的印象。

(四)结果

故事有起因当然就有结果,告诉读者故事的结果能够加深他们对故事的了解和体会,有利于故事在他们心中留下印象。

例如,前文中德芙(DOVE)巧克力的品牌故事的结果是莱昂和芭莎在年老时终于见面,但由于芭莎疾病缠身,两人相聚不过三日便天各一方。为了纪念他们错过的爱情,莱昂研制了一种固体的、不易融化的香醇巧克力,并在每块巧克力上刻上"DOVE"。

(五)点评

跨境电子商务文案人员可对故事所讲述的内容和反映的主题发表一定的看法和分析,以进一步揭示故事的意义和价值。当然,跨境电子商务文案人员要尽量以故事内容来就事论事、有感而发,引起读者的共鸣和思考。

例如,德芙(DOVE)品牌故事的点评为:"当情人之间送出德芙,就意味着送出了那轻声的爱情之问:'Do you love me?'那也是创始人在提醒天下有情人,如果你爱他,请及时让他知道,并深深地爱,不要放弃。"

四、品牌文案的写作技巧

完整的故事结构有助于更好地叙述故事,但并不意味着故事是优秀的。要写好品牌文化故事,可以参考以下四个方面。

(一)选择复杂的语境

语境即语言环境。狭义的语言环境主要指语言活动所需的时间、场合、地点等因素,也包括表达、领会的前言后语和上下文,是语言活动的现场。广义的语言环境则是社会的性质和特点,使用者的职业、性格、修养和习惯等。

在进行品牌文化故事写作的过程中,尽量不要使用单一的语言环境,而是要对故事的发生、发展进行多种可能性的描述,提高故事的可读性和复杂性。

如 Dior(迪奥)的品牌故事第一段话写道:"1946 年,时装设计师 Christian Dior 在偶然的机会下巧遇商业大亨 Marcel Boussac,两人一拍即合,于巴黎最优雅尊贵的蒙田大道 Avenue Montaigne 30 号正式创建第一家个人时装店,拥有 85 位员工并投入 6000 万法郎资金,全店装潢以 Dior 先生最爱的灰白两色与法国路易十六风格为主。"

视野拓展:迪奥的品牌故事

(二)揭示人物心理

人物的行为是故事的表面现象,人物的心理则是故事发展的内在依据。对人物的心理进行描写就是对人物内心的思想活动进行描写,以反映人物的内心世界,揭露人物欢乐、悲伤、矛盾、忧虑或希望的情绪,从而更好地进行人物性格的刻画。

进行人物心理描写的方法很多,其都是为了表现人物丰富而复杂的思想感情,让故事更加生动形象和真实,且能够表达出自己的看法和感受。

下面是有关人物心理描写的几种方法。

1. 内心独白

内心独白是作品中人物语言的表现形式之一,指通过人物的内心表白来揭示人物隐秘的内心世界,以充分地展示人物的思想、性格,使读者更深刻地理解人物的思想感情和精神面貌。例如,在莎士比亚的《哈姆雷特》中,哈姆雷特那段著名的"生存还是毁灭"的内心独白,是他对于"生"和"死"的思考,表现了他内心的困惑,极具哲理性。

2. 动作暗示

动作是人物的体态语言。抓住某一人物的某一个动作,通过具体描写,表现这个人物的内心世界,这就是动作暗示心理的手法。

3. 环境烘托

环境描写是指对人物所处的社会环境和自然环境的描写。环境描写可以起到烘托人物心理的作用。

4. 感官刺激

"心理学"中将人的感觉分为视觉、听觉、味觉、嗅觉等几类。在文学作品中只要抓住了人物瞬间的感受，任何一种感觉的描写都可以起到体现人物心理状况的作用。例如，高尔基的《母亲》中，"母亲"看到的火车站肮脏的三等候车室里的景象是那么细致，听到的玻璃震动的声音是那么刺耳，闻到的烟叶和咸鱼的臭味是那么刺鼻。这里调动了视觉、听觉和嗅觉等多种感官来表现"母亲"的紧张心情。

（三）引发独特的思考

不同的事情可以引发不同的思考，同一件事不同的受众阅读产生的思考也不同。从一定意义上来说，故事能够带给人们怎样的思考也是决定其质量高低的一个方面。因此写作故事时要充分开拓自己的思路，思考这个故事能带给受众怎样的思考体验，例如，褚橙创始人褚时健的创业故事就告诉人们：逆境也要不放弃奋斗，十分励志。

（四）具有可读性

可读性是指故事内容吸引人的程度，以及故事所具有的阅读价值和欣赏价值。特别是在当今的互联网"快餐时代"，如何将品牌文化故事写得生动有趣以引起读者的共鸣是大部分品牌都在思考的问题。那么，怎样才能提高品牌文化故事的可读性呢？我们可以从以下几个方面进行改进。

1. 故事要新颖独特

新颖的品牌故事能够让人眼前一亮，给人一种醒目的感觉。品牌故事不落俗套，充满创意，不仅能让文章在众多同类型的文章中脱颖而出，还能加深受众对品牌的印象。

视野拓展：香奈儿的品牌故事

2. 情感要丰富

故事是否丰满，人物形象是否立体，矛盾是否激烈，情感叙述是否能够深入人心，引起读者的共鸣，是文章能否打动读者的关键。

📖 知识小助手

任何一个品牌在创立过程中都会发生很多故事，都承载着一种感动消费者的精神。互联网时代的传播速度很快，风靡网络的"褚橙"就是一种"励志橙"。"褚橙"讲的是有关褚时健老当益壮包山种橙的故事：哀牢山上，一位古稀老人蹒跚地行走在2400亩的果园里，在最成功时身陷囹圄、在最绝望时失去亲人的波折并没有将这位曾经的商业天才打倒，他默默地抓起了种橙的锄头，十年耕耘种出了励志"褚橙"。这个故事赋予了橙子一种励志力量和面对大起大落的境遇时的人生态度。

3. 语言叙述要得体

品牌故事的语言不能使用太专业或技术性太强的词，而应该尽量简单、通俗易懂，让读者能够快速明白故事所讲述的内容。写出生动、翔实的品牌文化故事需要行云流水般的语言组织：真实不空洞、平铺直叙，使故事具有可读性和传播性。

但是，品牌文化故事如果落入俗套，局限于固定的思路，则会限制品牌自身的力量；而真实地将品牌的发展历程、内在含义和情感诉求用朴实、直白的语言表达出来，真正让消费者看得懂、印象深，这样的品牌文化故事才更接地气，才能走进更多消费者的心中。

第四节 商品详情页文案写作

由于消费者不能通过电子商务平台触摸到商品实物,因此出现了商品详情页这种用于展示商品信息的表现方式。在商品详情页中,商家可以通过文字、图片、视频等各种不同的文案形式来尽可能详尽地展示商品信息,以介绍商品、树立店铺形象、激发消费者购物欲望、提高转化率。

视野拓展:商品详情页的含义

一、商品详情页的作用

(一)展示商品的基本信息

消费者进入商品详情页后,可以看到详细的商品信息描述,包括商品的材质、品牌、价格和样式等基本信息,如图 4-41 所示。除此之外,商品详情页还会对商品的其他信息进行展示,如商品的细节描述、商品不同角度的展示图等。

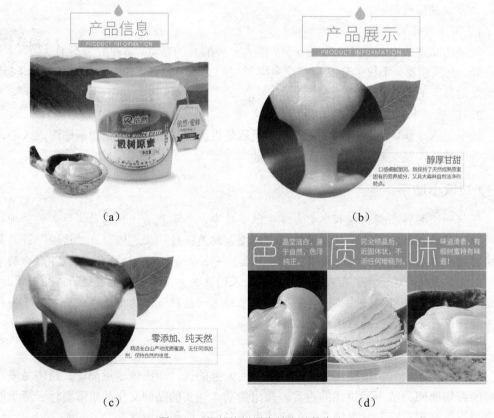

图 4-41 依然椴树原蜜的商品信息

(二)提炼商品的卖点和功效

除展示基本的商品信息外,商品详情页还应提炼出商品的卖点和功效,以吸引买家的眼球。一般来说，要将商品最主要的功能和特点都提炼出来，以实景图片+文字的形式来对商品的特点加以重点展示，突出产品的优点。例如，依然椴树原蜜的产品功效描述，通过这种表述方法，可以让买家快速了解产品的特点，如图 4-42 所示。

图 4-42　依然椴树原蜜的产品功效描述

（三）给买家留下良好印象

商品详情页中的详细描述不仅为买家提供了了解商品的途径，还可以让他们对店铺和商品产生良好的印象，特别是购物须知、买家评价和注意事项等从买家角度来考虑问题的内容，会让买家觉得卖家是真心实意地在为他们考虑，从而对卖家产生信任和好感。例如，依然椴树原蜜商品的购物须知内容，如图 4-43 所示。

（a）　　　　　　　　　　　　　　　（b）

图 4-43　依然椴树原蜜商品的购物须知内容

（四）引导买家下单

当买家被商品标题吸引进店后，优秀的商品详情页内容能够让买家细细品读且觉得符合他们自身的需要。甚至让有些只是随便看看的买家觉得商品确实不错，激发其购买欲望。

另外，商品详情页中的其他商品推荐或促销活动，也会激发买家继续浏览的欲望，而不是直接关掉页面进入其他商家的网店。例如，依然椴树原蜜商品详情页中的其他促销信息，如图 4-44 所示。

图 4-44　依然椴树原蜜商品详情页中的其他促销信息

需要注意的是，促销信息要及时、有效，不能放置已经失效的内容或纯粹为了吸引买家点击而写的一些模棱两可的话。

二、商品详情页的设计原则

（一）虚实结合

"实"是指商品详情页必须做到产品信息描述符合实际情况，特别是产品的细节描述、材质和规格等基本信息，一定要真实可信，不能肆意夸大，也不能隐瞒或弄虚作假。"虚"是指产品的背景、加工过程和买家反馈等可以经过一定的美化和加工，让产品更加有内涵和品质保障。

（二）图文并茂

商品详情页需要借助文字来进行必要的解说，但能够引起买家注意的主要还是图片。如果忽略图片而采取大段的文字描述将会降低商品的吸引力。因此，商品详情页应该有图有文、图文搭配，且要注意图片与文字的美化，为买家提供良好的视觉感受。

（三）详略得当

没有买家愿意自己花时间在产品的大篇幅文字描述中提炼有用的信息。如果卖家的商品详情页是一些没有营养、重复啰嗦、没有重点的信息，那么买家会直接退出。

好的商品详情页应该详略得当，对产品的基本信息要尽量写得详细，产品卖点用语要简洁明了，最好是将其分段列示，并搭配图片来进行解说；对于买家比较关心的售后、产品质量、产品功效和注意事项等内容也要详细介绍，尽可能地让买家感到放心。

（四）手法多样

1．对比的运用

商品质量、材质和服务等都可以作为对比的对象，卖家应该从买家关心的角度出发，对可能引起买家关注的问题进行对比分析，从侧面突出自身产品的优点。例如，对于手机类产品，可从其处理器、相机像素、性能、内存等方面进行比较，图4-45所示为红米手机的型号功能对比。

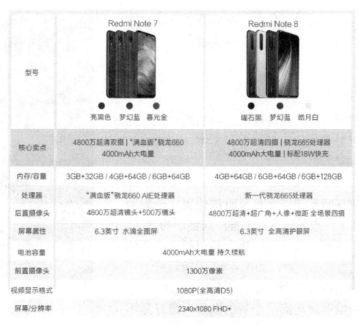

图4-45　红米手机的型号功能对比

2．背景的运用

不同颜色的背景可以给买家不同的心理感受，卖家要了解各种颜色对应的感情色彩和色系，根据自身店铺、产品和促销活动等特点来选择背景的颜色。要注意的是，背景的颜色不能太花哨，最好不要使用过多的颜色来进行搭配，要保证背景看起来协调且符合大众的审美。例如，澳贝儿童玩具，从构图色彩上符合儿童的审美，但运用的背景却很淡雅简单，如图4-46所示。

3．搭配与组合的运用

通过与其他产品的搭配组合，不仅可以让产品的自身效果更加显著，还能在无形之中推销其他产品，为店铺带来更多的转化率。例如，某产品与其他产品的搭配如图4-47所示。

图4-46 澳贝玩具的背景色

图4-47 某产品与其他产品的搭配

三、商品详情页的构架方式

详情页中的内容众多，只有了解并熟悉商品详情页的框架，才能更好地策划每一个板块的格局，填充需要展现的信息。

（一）以图片为主

清晰直观的图片可以明确地展现商品的特点，是商品详情页中至关重要的元素，它和文字一起构成了商品详情页的内容。

1. 焦点图

焦点图应放在商品详情页最显眼的位置（一般为上方），通过突出焦点图的方式来推广店铺中的商品，会使得商品具有强烈的吸引力，更容易引起消费者的注意，并让他们去点击查看，如图4-48所示。

2. 商品总体图和细节图

总体图是指能够展现商品全貌的图片，最好是不

图4-48 焦点图

同角度、不同颜色、能够完美展现商品信息的图片。商品细节图是指表现商品局部特征的图片，主要分为款式细节、做工细节、面料细节、辅料细节和内部细节等，如图4-49和图4-50所示。

3. 场景图

场景图是指实拍图或在搭建的场景内拍摄的图片。这种图片可以让商品不再单调，以充满生活气息的方式呈现在消费者眼前，给消费者良好的视觉感受。对于服饰、鞋靴和箱包等生活类用品，最好提供场景图片，如图4-51所示。

4. 消费者感受图

消费者感受图是指将消费者使用本商品后的感受，以图片的形式呈现在商品详情页中。

这种方式既可以为消费者提供参考,也是间接证明商品价值的有效方式,如图4-52所示。

图 4-49　总体图

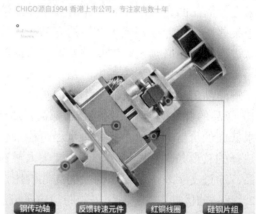

图 4-50　细节图

图 4-51　场景图

图 4-52　消费者感受图

(二)以商品为主

在实体店中购买商品时,销售员都会向消费者详细介绍商品的功能、性质和特点,甚至让消费者亲自体验,其目的是为了让消费者感受购买商品后所能获得的好处和利益,促使消费者进行购买。网店通过文字、图片等元素,也可以将商品的全貌、性能和特点用灵活且富有创造性的方法展现出来,方便消费者对商品进行鉴别、挑选,并以此引起消费者的购买兴趣,这就需要网店卖家充分了解自己的商品并能够合理地展示商品的特点。

1. 前期准备工作

作为一名跨境电子商务文案人员,充分了解并熟悉跨境电子商务的商品十分重要。不仅要熟悉商品的材料、功能和类型,还要对商品的使用说明了如指掌,这样才能熟练地组织语言来进行商品的介绍,使商品详情页文案在消费者心中留下良好的印象。

对于某些需要用专业知识来介绍的商品,跨境电子商务文案人员千万不能以自己的理解来随意进行描述,必须及时同相关专家或供应商请教技术方面的问题,不能出现名词解释有误、专业词汇使用不当等基本的错误。另外,跨境电子商务文案人员还可从以下几个方面来了解商品信息,为文案的写作奠定基础。

(1) 商品的性价比。不管购买什么商品,质量和价格都是消费者最关心的问题。他们不仅追求低廉的价格,还要求商品质量尽可能最佳。因此卖家的商品是否物美价廉就成了消费者选择的首要条件。跨境电子商务文案人员在进行商品详情页文案的写作时,要充分了解商品,通过文字表达体现出商品的高性价比,从而达到吸引消费者的目的。

(2) 商品的优缺点。一名优秀的跨境电子商务文案人员要非常熟悉商品的优缺点,只有这样,才能在写作文案时弱化商品的不足之处,突出其优点,让消费者信任商品。

(3) 商品与消费者需求。消费者购买商品是为了满足某种需求。因此跨境电子商务文案人员在写作文案前要详细了解商品与消费者需求之间的联系,了解消费者的愿望和动机,根据不同消费者的需求,展现商品的不同特点,这样有利于提高店铺的转化率。

(4) 商品的售后服务。在文案写作时,跨境电子商务文案人员必须让消费者知道商品的使用寿命是多长,有什么保养技巧,如何联系售后服务等问题,因此跨境电子商务文案人员在文案写作之前也需要了解商品的售后服务信息,如图 4-53 所示。

图 4-53 商品售后服务

2. 设计展示页面

商品展示说明是商品详情页中最主要的内容,跨境电子商务文案人员要以谨慎的态度来设计商品的展示页面,抓住消费者的喜好和要求,规划出有创意的展示说明方式。一般来说,可以从以下五个方面来进行设计。

(1) 找出消费者的痛点,针对消费者需求进行设计。

(2) 列出商品的特性及优点。

(3) 挖掘消费者最希望改善或希望被满足的需求。

（4）按商品的特性和优点进行组合。

（5）按商品能够满足消费者的利益进行优先组合。

3．保证商品完好

跨境电子商务文案人员在介绍商品时，应注意完整地介绍商品，不论是内在质量，还是外在包装、附件及外观设计等方面都不能有任何疏忽，这样才能引起消费者的关注和兴趣，刺激他们的购买欲望。否则容易引起消费者对商品质量的怀疑，导致文案写作的失败。

4．强调商品特色

网店与实体店最大的不同之处在于，网店不受环境、地点、时间及消费者等因素的影响，可以向网络中的任何消费者展示自己的商品，具有广泛的客户群体。因此跨境电子商务文案人员在向消费者展示商品时应着重展示商品的特色，体现商品在同类商品中的优势以及与其他商品的区别。

同时，跨境电子商务文案人员还应该合理优化商品，通过文字叙述提升商品的品质。例如，商品样式夸张，可强调其新颖有个性、别致上档次；商品体积很小，可强调其节省空间、便于携带；体积较大，可强调其存储空间大、一物多用。总之，要根据商品的性能和服务对象，有针对性地强调重点并加以介绍，这样才会收到更好的效果，如图4-54所示。

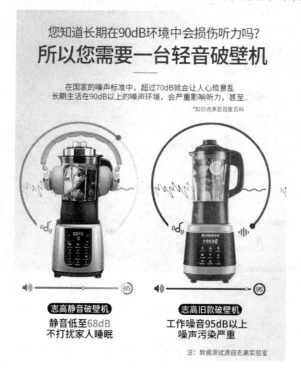

图4-54　强调商品特色

5．注意文案用语

进行文案写作时，要注意商品展示的先后顺序，一般来说，应该先向消费者展示商品的特定部分或特点，后向消费者介绍商品基本性能与作用。描述的语言也应该由浅入深，跨境电子商务文案人员不能一开始就写一些深奥的专业词或自卖自夸，做一些自以为能够宣传商品的"专业"描述，而不从消费者的实际需求出发，这样会引起消费者的反感，导致客户的流失。好的文案应该用语浅显且生动易懂，由浅入深地介绍商品，进而达到引人入胜的效果。

（三）以消费者为主

现代销售或服务行业秉承以消费者为中心的理念，因此跨境电子商务文案写作要体现消费者的需求，并给予消费者心理上或精神上的满足。跨境电子商务文案人员在写作前可以有针对性地进行一些调研，将消费者关心的问题收集起来，并将解决办法一并写入文案中。消费者对象不同，文案的侧重点也各有不同。

1. 讲究实惠型

家庭主妇或年纪比较大的人在购买家庭日用品或实用性很强的商品时，重点关注的是商品的性价比，需要的是经济实惠的商品，而且这类商品都是大众品牌。针对这种购买动机，详情页文案设计的侧重点可以是加量不加价、量大从优、买二赠一等，如图4-55所示。

2. 追求个性型

这种类型的消费者一般以追求时尚的青年为主，他们通常只关心商品的独特性和商品与众不同的地方，不会选择热销的商品，因此只有个性化的商品描述才能引起这类消费者的注意。彰显个性、限量销售等文案对他们将会有很强的吸引力，如图4-56所示。

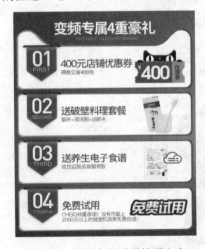
图4-55 讲究实惠型详情页文案

图4-56 追求个性型详情页文案

知识小助手

为了追求个性，突出与同类商品的差异，会选择非常个性化的文案写作方式，如大量添加时下流行词、热门表情包或段子。除非店铺本身定位就是追逐热门、标新立异，否则一般不建议跨境电子商务文案人员采用这种方法来吸引关注。

3. 寻求便利型

这种类型的消费者会追求整个购买流程的便捷性，希望省时省力，能够尽可能简单、快速地完成交易，并且希望能够在一个店铺或平台处买齐所有的商品，实现所谓的一站式权威性。

2. 消除消费者风险

网络购物不像实体店购物那样能够让消费者实实在在地接触到商品，因此具有一定的购物风险。文案人员应该把引起消费者担心的问题列举出来，并承诺这些风险由卖家承担，以此来消除消费者的购物风险。很多网店都会对自己的商品进行承诺，例如，本商品自买家签收后的 7 天内，若出现任何质量问题，且保证外观、包装、吊牌完好，可直接联系更换新品或退货；退换货过程中产生的一切费用由商家承担，不收取消费者任何费用；等，如图 4-60 所示。

图 4-60　消除疑虑

3. 售后及相关信息

文案详情必须按照商品售后服务要求来进行写作，同时还要注意相关信息的说明，如什么情况下消费者可以申请退换货，退换货的具体流程如何，是否需要消费者支付维修费用，等等。

4. 关联推荐

详情页文案可以关联推荐一些同类商品或搭配套餐，以激发消费者的购买欲望，提高消费者的客单价（指每一位消费者在店铺中平均购买商品的金额，它在一定程度上决定了店铺销售额的高低）。店铺销售额是由客单价和客流量（进店的消费者数量）决定的，因此，要提升店铺的销售额，除了尽可能多地吸引进店的消费者，增加整体销售量、提高客单价也是非常重要的。

四、商品详情页文案的写作技巧

很多跨境电子商务文案写作新手可能会走入这样的误区：商品详情页就是简单地放几张产品图片，然后配上一些参数表或简单介绍，最后再放个 5 星好评。这样的想法其实是错误的，要想做出一个优秀的商品详情页文案，需要先进行调查和构思，确定文案的页面布局和写作方向，然后进行细节的描述和优化。商品详情页文案的写作技巧主要有以下几点。

（一）SEO 友好性

SEO 友好性应从网站容易被搜索引擎收录并且获得好的检索效果的角度来体现。一般来说，SEO 友好性高意味着网站的网页内容更容易被搜索引擎收录，这就提升了买家通过搜索引擎获得卖家商品搜索结果的概率，可以使买家更方便地获取卖家信息。

在写作文案时可以从商品名称的角度来增加商品被搜索引擎收录的概率，商品名称可以 2~3 次的频率出现在文案中，要求商品名称完整，包括品牌名称、中/英文名称和型号，且不能出现错误，这样才能更好地匹配搜索引擎的结果，提高搜索效率。

（二）图文搭配

好的文字解说配以出色的图片，也会给没有购买意愿的顾客留下良好的印象。商品文案离不开图片的点缀,既可以在图片中添加文字,也可以在图片外的空白地方添加文字,但要注意文字不能遮盖图片所要传达的信息,同时要保证图片清晰、重点突出。例如,一款连衣裙的图文搭配效果如图 4-61 所示。

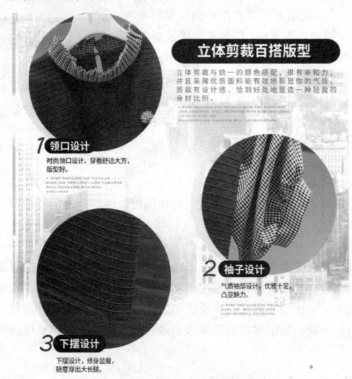

图 4-61　一款连衣裙的图文搭配效果

(三)商品价值的体现

1. 商品的使用价值

使用价值是商品的自然属性,是一切商品都具有的共同属性之一。任何物品要想成为商品都必须具有供人类使用的价值,毫无使用价值的物品是不能称为商品的。例如,粮食的使用价值是充饥,衣服的使用价值是御寒,雨伞的使用价值是挡雨,除螨仪的使用价值是清除螨虫,如图 4-62 所示。

2. 商品的非使用价值

非使用价值通常也叫作存在价值(有时也称为保存价值或被动使用价值),是指人们在知道某种资源的存在(即使他们永远不会使用那种资源)后,对其存在赋予的价值。通过挖掘商品的非使用价值,设计满足客户需求的非使用诉求,可以提升商品的价值,赋予商品更加丰富的内涵。商品的非使用价值可以从商品的附加价值、文案中的身份和形象、与职业相匹配、商品的第一感觉和面子的体现等角度进行挖掘。

例如,大家都知道近视眼镜的使用价值是解决人的近视问题,但近视眼镜的商品详情页内容也可挖掘商品的非使用价值,从佩戴效果的体现等角度进行撰写,如图 4-63 所示。

第四章　跨境电子商务网站内页文案策划与写作

图 4-62　一款除螨仪的使用价值说明　　　图 4-63　一款近视眼镜的非使用价值信息

（四）紧贴店铺定位

文案写作一定要与客户群体的需求相贴合，紧贴店铺定位，只有不断强调自己的优势与特色，才能打动顾客。如裂帛、自语等店铺的定位为文艺风服饰，它们就抓住了顾客对文艺风的喜爱与向往，通过一些文艺的词和具有民族风情的语言进行文案的创作，主要体现了自由与心灵的放飞，与大多数都市白领的愿景相契合，成了文艺风服装品牌里的佼佼者，如图 4-64 所示。

图 4-64　裂帛的店铺定位文案

（五）抓住目标消费人群的痛点

痛点并不是指买了这个产品有多好，而是不买这个产品会有什么样的后果。可以设身处地地从消费者的角度去寻找，思考消费者必须要买这款产品的理由，以消费者的痛点带动店铺产品的卖点，加深消费者的认同感，提升他们的购买欲望。例如，舒肤佳沐浴露洁净肌肤的痛点描述如图 4-65 所示。

图 4-65　舒肤佳沐浴露洁净肌肤的痛点描述

此外，还要深度挖掘消费者购买这个产品所关心的是什么，如肥胖的消费者在购买衣服时关心的是衣服是否显瘦合身，有头皮屑的消费者在购买洗发水时关心的是洗发水能否有效去屑，购买面包机的消费者关心的是用面包机制作面包是否简单、好吃，等等。

产品的分类越细，目标消费人群的痛点就越容易找到。在商品详情页文案中仔细分析并抓住消费群体的痛点与兴趣，并将其放大处理，就可以写出转化率高的好文案。

（六）以情感打动顾客

以情感打动顾客就是通过"故事"来为产品添加附加价值，让顾客更加容易接受。无论是写作什么类型的产品文案，只要能够讲好这个故事，就能调动阅读者的情绪，让他们在阅读的过程中逐渐认同商品的价值，最后促成购买。例如，前文案例中提到的"步履不停"淘宝店，其一款连衣裙的情感文案。

（七）逻辑引导顾客

优秀的商品详情页文案都有一定的逻辑，它主要围绕产品的某些主题来展开描述，对卖点进行细分，从不同的角度切入。

- ❏ 品牌介绍（也可放到最后）。
- ❏ 焦点图（引起浏览者的阅读兴趣）。
- ❏ 目标客户群设计，即买给谁用。
- ❏ 场景图，用以激发顾客的潜在需求。
- ❏ 商品详细介绍，以赢得顾客的信任。

第四章 跨境电子商务网站内页文案策划与写作

- ❑ 为什么购买本产品，即购买本产品的好处。
- ❑ 不购买本产品会如何。
- ❑ 同类型商品对比，包括价格、材质和价值等。
- ❑ 客户评价或第三方评价。
- ❑ 商品的非使用价值体现。
- ❑ 拥有本产品后的效果塑造，给顾客一个100%购买的理由。
- ❑ 为顾客寻找购买的理由，如自己使用、送父母、送恋人或送朋友等。
- ❑ 发出购买号召，为顾客做决定，即为什么马上在你的店里购买。
- ❑ 购物须知，包括邮费、发货和退换货等。
- ❑ 关联推荐商品信息。

案例 4-4

网红美女张大奕的淘宝店文案

截至2020年3月30日，网红美女张大奕微博拥有1172万粉丝，淘宝店拥有942万粉丝，淘宝店铺开业一年成为五颗皇冠，模特出道，淘宝素颜大赛第一名得主。她的私服搭配在社交平台上深受粉丝喜爱，其电子商务店铺上线新品2秒钟内即被顾客"秒光"，复购率几乎是100%，月销售额达百万级，创造了互联网电子商务的销售神话。

张大奕的淘宝店文案的风格为文艺、清新，如图4-66所示。

首页文案如下。

You have to be different, to not be replaced.（你好特别，无可替代）（见图4-67）

图4-66 张大奕淘宝店风格

图4-67 张大奕淘宝店首页

衣服文案如图4-68所示。

图 4-68　张大奕淘宝店衣服文案

资料来源：开扒那些网红女的淘宝店，原来连文案都是这些套路[EB/OL].（2016-08-01）. https://www.meihua.info/a/67345.

复习与思考

1. 简述关键词的常见类型。
2. 简述常用的关键词策略。
3. 简述商品标题写作的常见问题。
4. 简述品牌文案的写作流程。
5. 简述什么是电子商务品牌文化。
6. 简述商品详情页文案的写作技巧。

实训项目

实训题目

撰写母子床详情页文案

实训要求

（1）掌握商品详情页的构成和逻辑顺序。

（2）掌握商品详情页文案的策划与写作原则。

（3）掌握挖掘商品特点与卖点的方法。

（4）掌握商品品牌故事文案的写作技巧。

实训准备

在写作商品详情页文案前，跨境电子商务文案人员需要按照商品详情页的框架确定好母子床商品详情页的主要内容，主要包括商品详情视频、促销宣传海报广告、商品情景展示、商品实拍、商品卖点、商品说明型文案（商品细节、商品尺寸等）、包装图示、品质保障、免责说明等内容。然后按照该思路选择与目标用户群体需求相贴合的文案风格进行写作，只有这样才能在紧贴店铺定位的同时不断强调自己的优势与特色，打动消费者，促使他们继续浏览详情页内容并产生购物行为。

实训步骤

（1）策划并写作商品促销宣传文案。为了快速吸引消费者眼球，在商品详情页先展示商品促销宣传内容，如图 4-69 所示。

（2）策划并写作商品情景展示文案。通过双层床商品图片搭配效果与文案描述体现不同款式商品的特点，如图 4-70 所示。

（3）策划并写作商品实拍文案。在贴合目标消费群体追求生活品质的需求基础上确定文案写作风格，通过"爱上家的温暖"等关键词，搭配上轻松、舒适的行文风格让消费者感受到放松与享受，如图 4-71 所示。

（4）策划并写作商品卖点文案。根据对商品基本信息的充分了解，通过 FAB 法、型录要点延伸法或九宫格思考法确定商品的卖点，如使用 FAB 法分析该商品的卖点可从以下几个角度入手。

F：商品有什么特点，特色是什么？

A：商品的特点、特色所起的作用是怎样的？

B：具体能给消费者带来什么利益？

最终得到商品的卖点主要有两点，即"材质优良""拯救小户型"，再对这些卖点展开文案策划与写作，如图 4-72 所示。

图 4-69　商品促销宣传内容

图 4-70　商品情景展示文案

图 4-71　商品实拍文案

图 4-72　商品卖点文案

（5）策划并写作商品说明性文案。商品功能、材质、细节、尺寸等主要说明性文案可通过SWIH法来进行剖析并搭配场景图片进行策划和写作，如图4-73所示。

图4-73　写作商品说明型文案

（6）策划并写作商品包装、品质保障文案，如图4-74所示。

图4-74　品质保障文案

（7）策划并写作品牌文案。可从品牌的创建时间、商品品质、设计理念等入手，如图4-75所示。

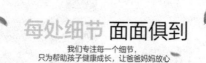

图4-75 商品品牌文案

（8）策划并写作免责说明文案。主要包括物流、色差、运费、签收、售后、退换货和其他方面的说明，如图4-76所示。

图4-76 免责说明文案

练习：请鉴赏以上详情页文案内容，并在此基础上丰富详情页文案。

第五章　跨境电子商务网络推广文案策划与写作

知识目标

- 掌握搜索引擎推广文案的写作方法及写作技巧。
- 学会拟写社群推广文案。
- 掌握电子邮件文案的写作技巧。
- 学会拟写新媒体营销推广文案。

学习重点、难点

重点

- 搜索引擎推广文案的写作方法及写作技巧。
- 社群推广文案组成要素。
- 电子邮件文案的写作技巧。
- 新媒体营销推广文案的拟写。

难点

- 运用跨境电子商务网络推广文案策划与写作的相关知识分析问题、解决问题。

本章思维导图

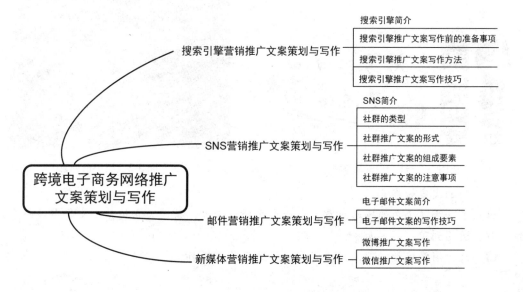

案例导入

"江小白"的崛起之路离不开文案的重要引流作用

对于一个品牌而言，最初的忠诚用户就是早期的消费社群领袖，通过这些种子用户，还可以挖掘出许多潜在消费群体。

让用户自觉进行讨论和传播，先培养消费者的忠诚度，再打造品牌的知名度。要知道，知名度是在忠诚度的基础上形成的。

当切入点转为社群时，要把注意力放在用户上，让消费者去传播品牌和体验，通过社群用户谈论交流的方式，让更多人了解企业和产品。

和用户建立感情才是关键

在互联网时代，口碑决定着一个品牌的生死存亡。在这个时代，每个普通人都是信息的节点，更不必说千挑万选后沉淀的社群用户了，口碑的传播就像滚雪球一样越滚越大。

如果这么看的话，不得不说江小白是一家把产品本身变为自媒体渠道，把品牌本身拟为受众形象人，注重内容生产和用户参与感，深谙社群营销的互联网酒厂。

如果现在你还不知道江小白，你就落伍了！

一个长着大众脸，鼻梁上架着无镜片黑框眼镜，系着英伦风格的黑白格子围巾，身穿休闲西装的帅气小男生卡通形象，就是江小白的形象代言人。这样的青春文艺气息，完全颠覆了传统白酒以稳重、传统、历史悠久为主的形象，如图5-1所示。

提到江小白，很多人会首先想到它的瓶身文案，甚至认为"表达瓶"是江小白成功的原因。

在最吸引流量的文案阵营中，江小白无疑是其中的佼佼者，在江湖上粉丝众多。如果有人胆敢说江小白的文案做得不好，死相必定难看。

在某种意义上，江小白更像一家创意策划公司，而非一家白酒公司。这既是一句表扬，又是一句批评，如图5-2所示。

图5-1 江小白品牌形象

图5-2 江小白创意

江小白的文案好在哪

盘点了一下江小白的崛起过程，江小白之所以能火，是因为它把整个文案当成一个系统工程，运用到了以下方面。

- ❑ 改变消费场景，理论付诸实践，打造符号逻辑IP。

❏ 改变消费场景。

进入社群,最重要的就是能让人记住你。

可以说许多年轻的小姐妹们面临白酒局时,都会选择江小白。

华夏五千年历史中,我们对酒文化的塑造集中在两个字:高档。

而江小白,却与众不同。

它定位"青春小酒",亲切地走近人们身边。

"轻"口味高粱酒,改变了白酒行业几千年来的认知逻辑,让白酒年轻化、个性化。

江小白的产品主要归类于四种消费场景:小聚、小饮、小时刻、小心情。

❏ 小聚,指三五同事之间、朋友之间、同学之间的非商务应酬。

❏ 小饮,就是不拼酒,点到为止,讲究适度。

❏ 小时刻,指时刻的经常性与偶然性。

❏ 小心情,是指酒这个产品是和心情、情绪挂钩的,而不仅仅是一种功能性需求。

针对以上四种消费场景,江小白都有对应的产品战略。

让白酒不再只是圆桌文化、阶层文化,也可以是简单纯粹三五好友小聚小饮的小时刻,改变了消费场景。

理论付诸实践

用故事 LOCK 原则来拆解文案情节及情绪,只有精彩的精节和情绪的共鸣,才能留住读者的目光。

八九年前,江小白刚刚起步不久,一档自媒体节目提及了江小白。

节目中,创始人讲了他们用营销的思维将一个濒临倒闭的高粱酒厂重新定位,使其崛起的故事。它打着中国年轻人的"新白酒文化"的旗号,走到了众人面前。

那时的江小白,与其说是自己做酒,不如说是帮别人做酒的营销。实际上,在最初注册这家公司时,江小白的全称是"重庆江小白酒类营销有限公司"。

品牌是什么?品牌是一种结果:成为了顾客选择你而不选择别人的理由,这是品牌的终极使命。实际上,顾客正是在多种"消费者接触点"上感受的积累促成了最终的购买决策。

不得不说,江小白是一款十分懂年轻人的酒,对年轻人的饮酒场景和情绪进行过深入研究。

为什么江小白火的是语录

江小白能在社交媒体被主动传播扩散,就源于其语录,因为说到了年轻人的心坎上,表达了他们的喜怒哀乐、悲欢离合。江小白不是自嗨,而是点燃了消费者,让他们嗨,帮助他们嗨,给他们制造了能嗨的社交媒介。

2011年江小白亮相,品牌广告语十分简单:"我是江小白,生活很简单,以青春的名义创新,做一款年轻人喜欢的酒。"这对于中国传统的酒文化无疑是一剂强心药,江小白以一个颠覆者的姿态出现,骨子里其实是一个广告公司,靠营销创意闯出了自己的一片天,如图5-3所示。

传统酒业花在包装上的钱在25%~30%,而江小白的包装非常简单,成本得以降低。

在传播层面,微博、微信几乎就是江小白的主战场,
牌广告费占了巨大成本比重,电视、报
20%~30%就是广告费。

在社交媒体,有很多江小白的语录
在传播层面最大的成功,这也是一个

品类定位解决了,品牌还需要一

于是江小白IP应运而生,接着我
框眼镜,围巾,休闲西装,这样的文
图5-4所示。

图5-3 江小

陶老板曾说过一

第五章 跨境电子商务网络推广文案策划与写作

道出了社会化营销的精髓！这句话打通了"产品""品牌""传播""内容营销"的闭环。

互联网时代，产品是营销的起点，产品要引起热议必须有两大特性。

- 产品要有沟通力，基于消费场景、消费者，能产生互动。
- 产品要自带社交属性，能制造话题，引发自主性传播。没有二次传播的广告都是要流氓！

例如：

- 吃着火锅唱着歌，喝着小白划着拳，我是文艺小青年。
- 1 瓶绿票票=2 瓶江小白，方便兄弟伙伴亲切交谈。
- 有的时候，我们说错话，我们做错事，是因为受了江小白的诱惑。

在传播层面，江小白也十分擅长借势营销，关注年轻人关注的事物。

例如《来自星星的你》曾经大热，江小白就借了"都叫兽"与张律师的"势"，植入语录：

"两双筷子两瓶酒，两两相对好朋友。"这句话看似一笔带过，却透露了江小白的眼光——以最低成本大范围曝光。

资料来源："江小白"的崛起之路：其文案的重要引流价值[EB/OL]．（2019-04-14）．https://new.qq.com/omn/20190414/20190414A07M1D.html.

➤ 辩证思考：分析以上文案内容，讨论并思考江小白为什么能够成功。

分析提示：江小白是一款成功的内容电子商务品牌，它始终坚持互联网思维的核心，充分考虑了用户的需求，并且极力维护和用户之间的关系。用富有创意且扎心的文案承担起极其重要的引流作用，搭配江小白产品整体运营能力，真正形成了江小白成功的核心。

第一节 搜索引擎营销推广文案策划与写作

搜索引擎网站检索的信息以文章为主，其服务形式主要是提供文章给用户阅读，通过文章内容的质量来吸引用户，引起用户对内容的讨论。在电子商务环境下，跨境电子商务文案人员更需要写作介绍或推广商品或品牌信息的文章来吸引用户，以得到用户的认可，为商品或品牌累积口碑，形成更多的流量，实现最大概率的转化。

一、搜索引擎简介

（一）搜索引擎的含义

搜索引擎（search engine）是万维网环境中的信息检索系统，又称检索引擎或查询引擎。根据百科名片的定义，搜索引擎是指根据一定的策略、运用特定的计算机程序搜集互联网上的信息，在对信息进行组织和处理后，将结果显示给用户，为用户提供检索服务的系统。

搜索引擎能够通过互联网接收到用户的查询请求，以一定的方法在互联网中搜索发现信息，对信息进行理解、提取、组织和整合，并为用户提供检索服务，从而起到信息导航的作用。简单地说，搜索引擎就是对 www 站点的信息资源进行标引和检索的系统，主要负责组织信息和根据需要提供信息，被人们誉为"网络门户"。

当人们遇到疑惑与问题需要了解或解决时，互联网中的搜索引擎便是一个"传道授业解惑"的工具。就如"百度一下，你就知道"一样，面对浩如烟海的信息量，搜索引擎作为一个系统，能从大量信息中找到所需的信息，提供给用户。如今，人们已经习惯于使用搜索引擎来寻找旅游信息、商品价格，了解新闻、股票、娱乐八卦等信息，搜索引擎已经成为一个非常重要的信息门户。

视野拓展：网络门户的含义

知识小助手

百度、搜狐、网易、新浪、腾讯等大型门户网站是非常具有代表性的搜索引擎网站，这些网站的内容结构丰富。这类搜索引擎网站主要以内容栏目和热点文章进行展示，用户可通过单击内容栏目进入栏目专题页面查看文章，或直接单击文章标题阅读文章内容。

（二）搜索引擎的分类

搜索方式是搜索引擎的一个关键环节，大致可分为四种：全文搜索引擎、元搜索引擎、垂直搜索引擎和目录搜索引擎，它们各有特点并适用于不同的搜索环境。因此，灵活选用搜索方式是提高搜索引擎性能的重要途径。全文搜索引擎是利用爬虫程序抓取互联网上所有相关文章予以索引的搜索方式；元搜索引擎是基于多个搜索引擎结果并对之整合处理的二次搜索方式；垂直搜索引擎是对某一特定行业内数据进行快速检索的一种专业搜索方式；目录搜索引擎是依赖人工收集处理数据并置于分类目录链接下的搜索方式。

1. 全文搜索引擎

一般网络用户适用于全文搜索引擎。这种搜索方式方便、简捷，并容易获得所有相关信息。但搜索到的信息过于庞杂，因此用户需要逐一浏览并甄别出所需信息。尤其在用户没有明确检索意图的情况下，这种搜索方式非常有效。

2. 元搜索引擎

元搜索引擎适合广泛、准确地收集信息。不同的全文搜索引擎由于其性能和信息反馈能力有差异，导致其各有利弊。元搜索引擎的出现恰恰解决了这个问题，有利于各基本搜索引擎间的优势互补。而且本搜索方式有利于对基本搜索方式进行全局控制，引导全文搜索引擎的持续改善。

3. 垂直搜索引擎

垂直搜索引擎适用于有明确搜索意图情况下的检索。例如，用户购买机票、火车票、汽车票时，或想要浏览网络视频资源时，都可以直接选用行业内专用搜索引擎，以准确、迅速地获得相关信息。

4. 目录搜索引擎

目录搜索引擎是网站内部常用的检索方式。本搜索方式旨在对网站内的信息进行整合处理并分目录呈现给用户，其缺点在于用户需预先了解本网站的内容，并熟悉其主要模块构成。总而言之，目录搜索方式的适应范围非常有限，且需要较高的人工成本来支持维护。

第五章 跨境电子商务网络推广文案策划与写作

知识小助手

除大型综合搜索引擎门户网站外，虎嗅网等个性化商讯网站、环球网等全球生活新门户网站、凤凰网等新闻网站也是常见的搜索引擎网站。同时，随着移动互联网的发展，各大传统搜索引擎网站还纷纷开发了移动App应用软件，在其中也可进行文案的写作与推广。

（三）搜索引擎的特点

1. 信息抓取迅速

在大数据时代，网络产生的信息浩如烟海，令人无所适从，难以得到自己需要的信息资源。在搜索引擎技术的帮助下，利用关键词、高级语法等检索方式就可以快速捕捉到相关度极高的匹配信息。

2. 深入开展信息挖掘

搜索引擎在捕获用户需求的信息的同时，还能对检索的信息加以一定维度的分析，以引导其对信息的使用与认识。例如，用户可以根据检索到的信息条目判断检索对象的热度，还可以根据检索到的信息分布给出高相关性的同类对象，还可以利用检索到的智能化信息给出用户解决方案，等等。

3. 检索内容多样，广泛

随着搜索引擎技术的日益成熟，当代搜索引擎技术几乎可以支持各种数据类型的检索，如自然语言、智能语言、机器语言等。目前，不但视频、音频、图像可以被检索，而且人类面部特征、指纹、特定动作等也可以被检索到。可以想象，在未来几乎一切数据类型都可能成为搜索引擎的检索对象。

二、搜索引擎推广文案写作前的准备事项

搜索引擎优化文案，也称搜索引擎文案，是指在网页上发表文章时所运用的一种写作技巧，使文章既有利于用户阅读体验，同时也对搜索引擎比较友好。这种技术也可以被称为针对搜索引擎的写作。文案写作的主旨就是使目标关键字获得好的排名。

知识小助手

搜索引擎优化文案通过战略性地利用和部署的搜索关键词或有利可图的关键字的网站的浏览文字和其他内容（包括标题、描述和网站内容、目录中经常出现的形式、条款和商业博客），提高网站在搜索引擎中的排名。

搜索引擎优化文案的主要任务在于增加以网站的评级目的为导向键查询的搜索结果。在网站上显示的文本，搜索引擎优化文案也意味着SEO优化的网页的其他元素，关键字包含的目标。这些要素包括在页面的名称、meta标签的描述和关键字、标题的文字、图片的标题和可变文本本身。

在这种类型的资讯网中写作推广文案时首先要做好以下几项准备工作。

(一)合理选择投放平台

电子商务环境下的资讯网站很多,跨境电子商务文案人员在推广文案写作前需要根据对目标用户的分析,选择合适的投放推广文案的搜索引擎平台。一般来说,搜索引擎网站越权威,网站本身的流量自然就越高,用户群体就越密集,推广文案能被目标用户看到的概率就越大,推广效果就越好,但同时竞争也越大。

(二)找准分类栏目

综合类搜索引擎网站的栏目内容很多,如新闻、财经、体育、娱乐、时尚、健康、育儿、汽车、购物、家居、家电、科技、数码、手机、游戏、教育、文化等不同的类型,跨境电子商务文案人员在写作文稿前需要明确自己文章的类型,不能盲目投放,如将汽车类文稿投放到体育分类下就是错误的。

三、搜索引擎推广文案写作方法

以综合类搜索引擎网站为例,由于分类栏目较多,针对不同的栏目其推广文案写作方法有所不同。下面介绍几种具有代表性的文案写作方法。

(一)新闻文案

新闻是综合类搜索引擎网站最重要的信息之一,很多用户通过综合类搜索引擎网站中推荐的信息来了解实时新闻,感知生活百态。作为跨境电子商务文案人员,可以通过写作新闻文体的文案来多角度、多层面地诠释企业文化、品牌内涵、商品机理、利益承诺等内容,通过行业资讯的传播来引导用户形成认知,提升品牌和企业形象,起到培养潜在市场的作用。这种模式可以通过新闻的权威性快速引导消费者形成消费,塑造品牌的美誉度和公信力。

新闻文案在结构上包括标题、导语、主题、结语和背景五个部分,它们共同构成了一个完整的新闻文体,其中标题、导语和主体是主要部分,结语和背景是辅助部分。在用语上,新闻文案的文字描述要严谨客观,有说服力,不能出现明显的广告内容。也可以记者或专家的角度作为切入点,在文章中融入品牌或企业的创建历史、荣誉事件、业绩排名、文化宣传等的中肯介绍和评价,以增加文章内容的说服力。

如一则标题为"直击一秒1000万现场"的搜索引擎新闻文案,就以商家在"双十一"当天零点的销售额为出发点进行写作,文案标题具有很强的冲击力,文章正文内容则先通过记者的口吻聚焦在商品的销售额上,以此说明自己商品的高销量与高排名,以及为什么会产生这样的效果。从新闻的角度来写作远比一般的直接叙述的方式更加具有权威性,也更容易让读者信服。

★ 知识小助手

新闻资讯类软文要与新闻文稿区别开来,其区别主要表现为文章是否包含新闻事件。如果文章内容涉及公司的获奖信息、最新活动、人事变动、业绩报告等内容,可定义为新闻文稿;若文章内容是关于公司的商品评测、发展计划、人物采访、模式分析,则可看作新闻资讯类文案。

（二）热点文案

不管是什么类型的推广文案，热点永远是用户关注的焦点，在综合类搜索引擎网站中写作热点文案，可以快速吸引用户的注意力，借助热点的热度带来大量的流量与讨论度，形成更多曝光。

"时尚""娱乐""搞笑"等版块的栏目内容较适合结合热点写作推广文案，其写作方法与微博、微信等写法类似。如为庆祝紫禁城建立 600 周年，麦当劳借势推出麦当劳萌萌的"故宫桶"（见图 5-5），给消费者仿佛坐拥一座小型故宫的占有感，而在高贵的"野餐垫"上面野餐，则会使消费者产生一种优越感。麦当劳将角色与商品之间的相似点关联起来，以热点来吸引用户的点击与阅读，进而宣传与推广商品。

图 5-5　麦当劳"故宫桶"广告

（三）软文文案

软文文案也是综合类搜索引擎网站中非常常见的推广文案，它通过一种"软"植入的方式将宣传内容与商品内容完美结合起来，将营销目的与文字有效融合，让用户在津津有味的阅读中了解相关的商品和信息，从而产生购买欲望。软文文案的营销推广作用是非常明显的，跨境电子商务文案人员可以在软文中进行商品或品牌的介绍，也可以添加推广链接，一旦软文被大量转载，这些内容就会获得极大的曝光，从而达到宣传商品或品牌的目的。

例如，曾有一则发布在"文化"版块的软文文案的部分截图，其标题为"用穿越的心态逛博物馆"。文章正文开头以近年来的文化修复新闻为切入点，列举并对比了几则并不理想的修复案例，然后展示了网友对此事的评论，最后引出文物值钱的原因——时间。因为时间会让物体沉淀出文化价值，会让其升值，但同时也会有先跌后涨的趋势，文章列举了打字机、黑胶唱片等进行说明。文章紧接着又提出了一个问题，一台手机经过一千年后还值钱吗？借由这个问题将话题引入英国鼎鼎大名的 V&A 博物馆，这个博物馆中的展品看起来一如它原本的样子，这不仅因为博物馆的修复工作独到，还因为工作人员通过除菌给文物一个更优质的环境,进而引出其推广的商品——滴露,最后简单地介绍滴露的历史与功效,并以说明购买方法作为结尾。这篇文案就是典型的软文文案,它通过层层引入让用户在阅读过程中不断思考文案人员提出的问题,深入其中并自然而然地接受推广信息。

知识小助手

软文的表现形式包括新闻资讯、管理思想、企业文化、技术与技巧文档、评论、趣味性的故事、包含文字元素的游戏等,用户对这些类型的内容非常熟悉,阅读过程中不经意间就会被它影响,从而产生某种思想和行为。

(四)其他文案

除以上类型的文案外,还有一些其他常见的资讯类网站推广文案,分别介绍如下。

1. 争议文案

争议是最容易引发读者讨论的话题,特别是与读者切身利益有关的争议性话题更能引起他们的激烈讨论。例如针对是否取缔余额宝的话题,就引发了大量读者的讨论,甚至连续一周占据了百度搜索排行的榜首,如图 5-6 所示。

图 5-6 争议文案

案例 5-1

最具争议的公益性案例——《此处故意留白》

品牌方:Sigma

2017 年的清明前,一支公益性 H5(制作网页互动效果的技术集合)《此处故意留白》"灰暗"登场,它以暗黑系画风展现了"广告狗"压抑的一天,最后落脚在"清明节不该是你的节日",提醒大家注意健康,如图 5-7 所示。

无止境的加班、通宵是许多青年的生活常态,H5 的内容强烈刺激着这部分人的神经,24 小时内产生了 15 万 UV(独立访客)。

不过它很快引来争议,因为实在太……丧了。

@中华广告网:一个以公益为出发点的 H5,所列出的居然全是阴暗面——拥挤的地铁、令人窒息的陌生气味、繁杂的工作、无休止的加班……H5 中人模狗样的主人公犹如一只困兽在生活中苦苦挣扎,看不到希望。

第五章　跨境电子商务网络推广文案策划与写作

图 5-7　暗黑系画风

如果能在结尾处来一个稍微漂亮点的转折，现在对它的讨论可能就会出现另一种情况，但从头到尾，我们只能看到——疲乏、困苦、没希望。

另一个更大的争议则是抄袭。《此处故意留白》不论角度、画风还是背景音乐都和国外的 Phallaina 几乎一模一样，如图 5-8 所示。

图 5-8　广告比对

最终，制作方 Sigma 撤下了 H5 并发表致歉声明，抄袭问题再一次引起大众重视。

资料来源：最失败的刷屏？2017 年度十大争议营销案例[EB/OL]．（2017-12-07）．https://www.sohu.com/a/209077356_99967244．

2．共鸣文案

能够让读者产生内心共鸣的文章一定会引起他们的讨论与热捧。例如大学生面试的尴尬事件，通过诉说面试过程中遇到的各种问题，让读者感同身受，反响热烈，如图 5-9 所示。

图 5-9　共鸣文案

3. 分享文案

在网站中经常分享一些资源、经验或帮助读者解决问题，可以获得他们的好感和信任。同时，还可在分享时将需要宣传的资料以附件或自动回复的形式进行宣传。

视野拓展：什么是具有"共鸣感"的文案？

视野拓展：如何抓住文案的小情绪

四、搜索引擎推广文案写作技巧

（一）标题醒目

标题是搜索引擎推广文案写作至关重要的内容，必须简单明了地告诉潜在用户文案的含义，同时又需要提高潜在用户的好奇心，如图5-10所示。

图5-10 标题醒目

通常，标题的撰写可以采取以下几种形式来抓住受众的眼球。

1. 悬念式

搜索引擎推广文案的标题可以用设问等形式制造悬念，激起受众的兴趣和好奇心，从而去点击广告，希望从相关链接中寻找答案。如清华同方的真爱×电脑广告，其标题"瘦，这是我要的瘦身"配以一仪态万方的窈窕淑女图片，让受众顿起兴趣，欲一探究竟：到底是什么？吸引力竟比该美女还大。最后谜底揭开，原来是瘦身电脑！

2. 号召式

在搜索引擎推广文案标题中运用号召的语气可以使广告产生鼓动效果，从而提高广告的点击率。如迪士尼冰上世界首次来华演出的冰舞表演《美女与野兽》推出的免费情侣套票，广告标题为"数量有限，快来抢啊！昙花一现，免费看演出机不可失！"相信看到的人一定会该出手时就出手的。

3. 诱导式

诱导式的搜索引擎推广文案标题通常会明确指出产品为消费者提供的明显利益点，目标消费者在被这些利益点吸引后会主动点击广告。这种方式增强了广告信息传递的个人化，让每个接受广告信息的受众都感觉到这个产品是为其量身定做的，从而实现了传受双方之间的互动。如必胜客在搜狐上做的二月促销广告标题"想拿60 000元好礼就来必胜客"，让人禁不住怦然心动。

（二）主旨明确，语言精练

与其他传统媒体广告的受众相比，网络广告的受众更加缺乏耐心。如果诉求的重点不突出，语言拖沓，那么即使搜索引擎推广文案传达的信息是有价值的，也很难继续抓住受众的注意力。因此搜索引擎推广文案的主旨要明确，"立片言以居要"，用精练简洁的语言传递完整全面的文案信息。更详细的产品信息可以通过吸引受众的点击后链接到企业的主页上来实现。如白加黑的文案只有短短的三句话："白加黑表现就是这么好！白天服白片不瞌睡，晚上服黑片睡得香！"精练而准确到位地把白加黑的疗效特点以及与其他感冒药的最大不同展现在受众面前。

（三）注意画面与语言（包括文字语言和声音语言）的巧妙配合

和电视广告类似，搜索引擎推广文案也讲究图文的相互配合，而且由于动画形式比静态图形更吸引人，因此在文案中大量与商品有关的信息可以通过动态影像来诉诸于受众，在这种情况下，文案无须再画蛇添足地将信息重复，而应该服务于动态影像，有重点地进行阐释和补充，实现图文结合的完美效果。

（四）语言形式灵活多样

网络媒体有国际性和地方性之分，网络广告文案的语言也要根据其投放的站点不同而选择灵活地进行。如果选择国际性的网站投放广告，则可以采用英语这一国际通用语言，或者根据目标消费者选择针对性强的语言，有时可并用两种语言。如果目标受众是国内人士，则通常只需用中文即可。

要想写好搜索引擎推广文案，是要掌握其中的技巧的，当把这些技巧都了然于胸时，优秀的搜索引擎推广文案自然就出来了。

第二节　SNS 营销推广文案策划与写作

SNS 推广文案是文案人员在某个群里为诱导群成员产生自己期望的商业行为而发布的文案。社群对于群员来说是一个半熟的圈子，既有熟悉的人，又有完全陌生的网友，但这种群体组织很好培养熟悉感，而且在群体氛围下发布文案，更容易产生让人相互感染的冲动购买效应。

一、SNS 简介

（一）SNS 的含义

SNS（Social Networking Services）专指社交网络服务，是指用户基于共同的兴趣、爱好、活动，在网络平台上构建的一种社会关系网络，也可称为社群。SNS 借助社交软件和社交网站进行。

> 知识小助手

严格来讲，在我国，SNS 并非 Social Networking Services（社会性网络服务），而是 Social Network Sites（社交网站），以人人网（校内网）、开心网、QQ、众众网、gagamatch 网等 SNS 平台为代表，现在已然延伸为各种社群。

（二）SNS 的特征

1. 聚合性

SNS 用户基数宏大，自然聚合，SNS 网站海量用户散布极其普遍，笼罩各个地区及各个行业，这些海量的用户中，他们又依照一定的规矩聚合在一起，形成多种群体，这些群体即营销不可或缺的精准群体。

2. 真实性

由于 SNS 网站采取实名制，为生疏冰凉的网络人际关系增加了更多信任，同时主动过滤掉了大批的虚伪信息，自然拉近了网络用户之间的关系。真实的人脉关系体现了社区真实世界的回归，这为网络营销提供了很大的方便，解决了起码的信赖问题。

3. 黏性

牢固的现实交际圈和 SNS 网站社交圈能够将绝大多数的用户牢牢留在 SNS 网站上，并且坚持着黏性的沟通往来，这种用户之间的黏性远高于其他非社会性网站，这种用户的黏性会大大提高网络营销的效力。

二、社群的类型

SNS 即社群，是指以某网络为载体，将拥有共同的兴趣爱好和某种需求的网民聚集在一起，相互沟通交流，展示各自价值而形成的一种社交群体。在社群中，人们能获得心理上的归属感和认同感，其本质是在虚拟空间内实现的人与人之间的联结。社群在互联网营销时代被注入了经济元素后，慢慢成了商业营销的场所，而社群推广文案则是在这些场所内进行推广营销的一种手段。

社群推广文案是社群中营销变现得以实现的必要手段。在写作社群推广文案之前，跨境电子商务文案人员需要了解社群的类型，明确社群定位，辨别社群类型和成员喜好，这样才能推出与群员兴趣契合的活动和内容，不断强化社群的兴趣标签，给群员带来共鸣，如图 5-11 所示。社群主要有以下几类。

图 5-11　社群

（一）产品社群

产品社群是指在一个社群内，以产品为核心，通过与群员的互动形成的社群组织。在这种社群中，产品就是群员之间沟通的桥梁，起着增强群员凝聚力的作用。同时，商家还可以加入群聊，通过与群员之间的互动来营销产品。一般是发布与产品有关的活动文案，例如，开展产品的使用心得等相关话题，通过交流互动保持社群的活跃度。

（二）兴趣社群

兴趣社群即基于共同的兴趣爱好建立起来的社群，如××游戏社群、××母婴社群、××明星爱好者自行组建的粉丝群等，仅靠全员的兴趣支撑，也是现在互联网时代的产物。这种兴趣群最容易产生消费的冲动。例如，一个做短袖的商家在粉丝群里和群员一起聊天，当有群员表示自己想要周边短袖时，他就可以为群员提供周边短袖，从而获得收益。这就是兴趣社群的营销效果。

（三）品牌社群

品牌社群是群员对某一品牌产生了认同，从而聚集在一起形成的社群。它是产品社群发展到后期的表现，群员能够通过彼此的交流互动产生对品牌的共鸣。在这个社群中，跨境电子商务文案人员需要考虑大家为什么加入这个品牌社群：是为了获取品牌的产品或活动信息、结交好友、解答疑惑、娱乐身心，还是为了得到优惠？然后对症下药，就能很好地维系该社群并实现品牌的变现。

（四）知识社群

知识社群的本质类似于兴趣社群，是个体从学习交流、获得知识的角度出发，自发形成的学习社群，如英语学习社群、考研社群等；这类群体的主定位是学习知识或资源交流而非社交，所以打造优质内容就成为该社群营销的重中之重。内容可以是文字、视频、图画、课程等形式，并可推荐书本或课程，等等。

（五）互融社群

移动互联网时代虽然社群种类繁多，且各自定位清晰，但社群并不是封闭的，如果一个人同时加入了多个社群，且在各个社群都有认识的朋友，他将这两个没有联系的社群联合起来，就组成了互融社群。例如，罗辑思维社群就是互融社群，它既是产品社群，又是兴趣社群和知识社群。再如羽毛球社群和茶兴趣社群的融合等。这种互融社群的文案写作角度更多，也更容易完美植入，如果想要推广自己的茶馆就可以说"我家茶馆附近有个很近的羽毛球场地，欢迎大家打球的时候来坐坐"，说不定就会引起后续的变现。

视野拓展：当电子商务遇到社群会如何

社群营销其实是一个口碑传播的过程，其营销方式非常人性化，不仅广受受众欢迎，还可以通过受众口碑继续汇聚人群，扩散口碑，让原有受众成为传播者。

三、社群推广文案的形式

社群能够营销的前提是社群气氛活跃、互动性强。开展社群活动是维持社群活跃度的有效方式，社群推广文案则以活动分享、话题交流等形式呈献。

（一）活动分享

分享是指分享者面向群员分享一些知识、心得、体会、感悟等，也可以是针对某个话题进行的交流讨论。专业的分享通常需要邀请专业的分享者,当然也可以邀请社群中表现杰出的群员,激发其他群员的参与度和积极性。一般来说,在进行社群分享时,需要提前做好相应的准备工作。

1. 确定分享内容

为了保证分享质量,在社群分享之前,应该对分享内容、分享模式进行确认,特别是对于没有经验的新手分享者而言,确定内容和流程必不可少。

2. 提前通知

在确定分享时间后,应该在社群内提前反复通知分享信息,以保证更多群员能够参与进来。

3. 分享暖场

在分享活动开始前的一段时间里,最好有分享主持人对分享活动进行暖场,营造一个好的分享氛围,同时对分享内容和分享嘉宾进行适当的介绍,引导群员提前做好倾听准备。

4. 分享控制

为了保证分享活动的秩序,在分享开始之前,应该制定相关的分享规则,约束群员的行为,例如分享期间禁止聊天等。在分享过程中,如果出现干扰嘉宾分享,与分享话题不符的讨论时,控制人员应该及时进行处理,维护好分享秩序。

5. 分享互动

在分享过程中,如果分享者设计了与群员互动的环节,主持人应该积极进行引导,甚至提前安排活跃气氛的人,避免冷场。

6. 提供福利

为了提升群员的积极性,在分享结束后,可以设计一些福利环节,为表现出彩的群员赠送一些福利,吸引群员的下一次参与。

7. 分享宣传

在分享期间或分享结束后,可以引导群员对分享情况进行宣传,社群运营方也应该总结分享内容,在各种社交媒体平台上进行分享传播,打造社群的口碑,扩大社群的整体影响力。

视野拓展:社群分享活动的通知文案例文

（二）话题交流

话题交流是发动群员共同参与讨论的一种活动形式,先挑选一个有价值的主题,让社群的每一位群员都参与交流,输出高质量的内容。与分享活动一样,话题交流也需要经过专业的组织和准备。

1. 预备讨论

对于话题交流来说,参与讨论的人、讨论的话题都是必须预先考虑的问题。一个好的话题往往直接影响着交流效果,通常来说,简单的、方便讨论的、有热度的、有情景感的、与社群相关的话题更容易引起广泛的讨论。除了确认参与成员、话题类型,话题组织者、主持人、控场人员等也必不可少,要合理分配角色,及时沟通,保证社群交流不出现意外事件,同时有一个恰当的秩序和氛围。

2. 预告暖场

在社群的话题交流活动开始之前,最好有一个预告和暖场阶段。预告是为了告知社群成员活动的相关信息，如时间、人物、主题、流程等，以便邀请更多群员参与活动。暖场是为了保持群员参与活动的积极性，让活动在开场时有一个热烈的氛围。

3. 进行讨论

话题交流活动在正式开始后，一般依照预先设计好的流程依次开展即可，包括开场白、讨论、过程控制、其他互动和结尾等。需要注意的是，与社群分享一样，当讨论过程中出现讨论重点偏离主题，甚至出现与主题无关的刷屏时，控场人员要及时进行控制和警告。

4. 结束讨论

在社群讨论活动结束后，主持人或组织者需要对活动进行总结，将比较有价值的讨论内容整理出来，总结活动经验和不足，并可对活动内容进行分享和传播，扩大社群影响力。

视野拓展：社群话题交流推广文案例文

四、社群推广文案的组成要素

不管社群推广文案采用怎样的表现形式，一篇优秀的社群推广文案应有以下四个要素。

（一）产品信息

在推荐一款产品时，需要进行适当的产品信息介绍，让群员了解详细的信息以确认他们是否需要这样的产品或是否有这样的需求。甚至有些群员原本没有这方面的打算，但被呈现的某些产品信息吸引后，反而引起了消费欲望，例如，丰田为某社群的推广文案，在其中呈现了活动内容"转发就有礼"，活动规则"转发朋友圈集满×××"，如图5-12所示。

图5-12 丰田转发有礼

（二）链接

为方便全员查看或进行相应的操作，一般社群推广文案中都会附带链接，这样也有利于提升文案的转化率。

(三)二维码

二维码与链接是同样的道理,基本上在社群推广文案中没有链接就会有二维码,群员可直接扫码查看,十分方便,例如,图片文案中就设有二维码,如图 5-13 所示。

图 5-13 二维码

(四)@所有人

当跨境电子商务文案人员作为一个群主或者推广人员,准备在群里发布某篇文案时,需要在群里@一下所有成员,以保证他们都能看到这条信息,否则这条文案很容易石沉大海,激起的浪花还来不及吸引更多的目光,就被群成员之间的对话刷过去了。但也要注意不能在发送所有内容前都@所有人,有意义的、对他人有帮助的可选择@所有人。

> **知识小助手**
>
> 若有不能发送链接的情况,可换成口令或二维码的形式,如淘宝链接就是淘口令的形式。群员复制该链接后打开淘宝就能跳转到该链接。

视野拓展:社群推广文案例文

五、社群推广文案的注意事项

对于社群而言,不管是活动的举办还是社群的宣传、产品的变现,都需要文案这种介质去引导群员做出行动，要想写出高变现的社群推广文案，还需了解写作中的注意事项。

（一）输出优质内容

俗话说，内容是流量的入口，虽然有些社群中很多人都在发广告、卖货，但其转化率并不高，有些人天天在群里发自创的内容，然而很多时候这只是一种自嗨式的操作，内容无人问津。所以，优质内容非常重要。内容是社群媒体最基础也是最关键的环节，只有输出优质内容去吸引和筛选群员，并占据群员时间和心智之后，才会让群员真正意识到该文案的价值，才会在当前社群的基础上形成一个更高转换效果的社群，这样，围绕社群的商业变现模式才会更加丰富多样，获得的回报也会更多。

（二）文案内容尽量以聊天形式呈现

细心留意就会发现，同样的内容，相比于单纯的文字罗列，对话形式更能集中人的注意力，让人产生好奇和新鲜感。如果文案人员能把社群推广文案营造成几个人聊天的假象，这种对话通常能够让全员心里响起一种声音，冲淡阅读带来的疲倦感；或者伪装成交流分享的状态，营造一种轻松愉悦的交流氛围。况且社群在本质上属于交流平台，以聊天的形式呈现文案会更合理、不突兀。

（三）文案内容要直白简单

在社群推广文案中，使用生僻、专业的词语解释活动、解释产品并不会让人觉得舒服，反而会让群员觉得不能理解或不愿去理解，以致丧失了深入了解的兴趣。所以文案的关键信息最好用直白通俗的语言表示，这才是引流吸粉的正确方法，而不是写成自嗨式文案，流失自己的受众。

案例 5-2

社群营销的成功案例

移动互联网时代，随着社群的不断发展与壮大，社群营销也受到越来越多的人的认可。社群营销为企业营销创造了更多的业绩，建立了企业和消费者之间的信任感。社群营销已成为互联网创业时代一种必要的营销手段。

小米

小米的快速崛起，绝对离不开其社群营销。其在社群营销上的做法，主要包括以下方面。

其一，聚集粉丝。小米主要通过三个方式聚集粉丝，即：利用微博获取新用户；利用论坛维护用户活跃度；利用微信做客服。

其二，增强参与感。例如，开发 MIUI 时，让米粉参与其中，提出建议和要求，由工程师改进。这极大地增强了用户的主人翁感。

其三，增加自我认同感。小米通过爆米花论坛、米粉节、同城会等活动，让用户固化"我是主角"的感受。

其四，全民客服。小米从领导到员工都是客服，都与粉丝持续对话，以时刻解决问题。

小米的模式并不能算完全意义上的社群，但其早期用户深度参与互动，以及线下活动运营的方式，也可称得上初创建立社群模式的教科书。

星巴克

星巴克对社群营销的操作，可谓炉火纯青。在 Twitter、Instagram、Google+、Facebook 等平台上，都可以看到星巴克的踪影。星巴克的社群营销玩法包括以下方面。

其一，借助 Facebook 和 Twitter 推广新产品。星巴克曾经为了促销黄金烘培豆咖啡而推出 Facebook App，顾客可以从中了解新品资讯、优惠福利等。而在 Twitter 上，星巴克也展开了宣传，并通过文章引流。

其二，运用贴合热点的广告和主题标签。如美国曾遭遇 Nemo 大风雪，星巴克当时在 Twitter 上推出了在寒冬中握着热咖啡的广告；并且利用#Nemo 和#blizzard 等标签，贴合顾客的生活。

其三，与 Foursquare 合作慈善活动。星巴克曾与 Foursquare 合作，推出抗艾滋慈善活动，顾客到星巴克消费，并在 Foursquare 上打卡，星巴克就会捐出 1 美元。

未来营销的趋势依然是社群营销，我们要认清这是一个信息过载、传播过度的时代，只有摒弃烦躁粗暴的营销模式，抓住社群本质内涵，才能把社群经济发挥到极致，如图 5-14 所示。

图 5-14 社群营销

资料来源：社群营销成功案例分享（一）[EB/OL].（2019-08-05）. https://www.sohu.com/a/331629613_120246588.

第三节 邮件营销推广文案策划与写作

一、电子邮件文案简介

电子邮件推广是在用户事先许可的前提下，通过电子邮件的方式向目标用户传递信息的一种网络营销推广手段，也可以叫作许可式电子邮件营销。常用的方法包括电子刊物、会员通信或专业服务商的电子邮件广告等。这种电子邮件营销的方式并不是传统的邮件群发，而是根据许可用户的电子邮件地址来展

视野拓展：电子邮件营销

开营销，通过电子邮件广告的形式向用户发送信息。

（一）电子邮件文案的优势

许可式电子邮件营销比传统的推广方式更具有优势，它能够减少广告对用户的滋扰，增加潜在客户定位的准确度，增强与客户的关系，提高品牌的忠诚度。它既可以与其他的营销推广手段结合使用，也可以单独进行推广。

1. 覆盖范围广，成本低

不管用户在世界上的哪个角落，只要他有电子邮箱就能够收到企业发送的电子邮件。并且电子邮件的操作方式十分简单，无须掌握复杂的技术就可以操作，也无须花费大量的人工成本雇用专门的营销人员来进行推广，与其他不加定位地投放广告的媒体相比，大大减少了营销费用。

2. 精准定位客户，回应率高

电子邮件推广是点对点的推广方式，我们可以针对某一特定的人群发送特定的邮件，也可以根据行业、地域等进行分类，针对这些客户进行推广，大大增加了目标客户群体的定位，使宣传推广更加到位，这样才能获得客户的良好反馈，便于推广工作的开展。

3. 促进用户关系

在开展电子邮件推广工作的同时，可以和用户之间形成一个良好的信息传递通道，企业既可以通过电子邮件给用户发送推广信息，也可以在节假日、用户生日的时候发送一个电子贺卡，送上一些温馨的祝福，与用户保持一种长期的关系，促进与用户之间的交流，维护与现有用户之间的友好关系。

4. 满足用户的个性化需求

电子邮件推广可以为用户提供更多的个性化服务，用户可以选择自己感兴趣的信息，也可以退订不需要的服务。用户对电子邮件推广的内容具有主动选择权，可以自主决定是否需要接收这些内容，因此用户对决定接收的信息的关注度更高，这也是电子邮件推广能够获得较好效果的原因。

5. 传播迅速，营销周期短

电子邮件推广可以让邮件在几秒到几个小时内将数以万计的邮件快速传递给用户，及时让用户接收企业的最新动态，实现快速沟通。如果邮件没有被接收，也可以立即退回到企业的电子邮件账户，营销的周期较短，可以在几天内完成所有的工作。

6. 提升知名度

电子邮件推广还有一个特点，就是只要知道目标客户的电子邮箱地址就可以发送信息，这样可以通过经常发送企业相关信息的邮件来提升知名度，让客户对企业产生一定的印象。

（二）电子邮件推广的方法

要想实施电子邮件推广，首先需要掌握推广的方法。

1. 确定目标客户群

电子邮件推广的目标地址是客户的电子邮件地址。企业可以自己建立地址库，或购买第三方提供的邮件列表服务。自己建立地址库的方法很多，如有奖调查、网站注册和网络收集等，通过这种方式收集的目标客户信息准确度较高，具有较强的针对性，但花费的时间较长。通过第三方提供的电子邮件地址，虽然可以快速获得大量的信息，但购买费用较高，且很难了解客户的详细资料，不便于对客户身份和潜在需求进行定位。

2．制订发送方案

确定目标市场，找出潜在客户后，还需要制订邮件的发送方案。一般来说，电子邮件的发送频率不能太高，应该根据实际需求，并与产品特点、客户的预期相结合，不能对同一位客户长时间发送邮件，也不能使用相同的电子邮件频繁发送。研究表明，同样内容的电子邮件，一般每个月发送2~3次为宜。

3．明确邮件主题

邮件主题是收件人第一眼看到的邮件信息，收件人是打开邮件进行阅读，还是看也不看就直接丢进"垃圾桶"，直接取决于电子邮件主题的好坏。与其他文案的标题一样，邮件主题主要用于吸引收件人的注意，引起他们的阅读兴趣，因此，邮件主题要言简意赅、简单明了、引人注意，如"90后都在看这些"就是不错的邮件主题。

4．内容书写简洁

电子邮件的正文应该尽量通过最简单的内容表达诉求，通过通俗易懂的语言，以最简明的方式表明产品能够给客户带来的好处，产品与竞争对手相比在功能或服务上所具有的优势。如果需要展示详细的内容给收件人，可以通过超链接或附件的形式，这样才能吸引真正感兴趣的客户，让客户感受到你对他的贴心服务，提高推广的效果与成功率。

5．保证信息齐全并清楚的邮件格式

电子邮件虽然没有统一的格式，但书写过程中要保证寄件人、收件人、邮件正文和发件人签名等信息齐全。这样不仅能清晰地查看到收发件双方的信息，还能方便客户阅读，为客户提供良好的阅读体验。

6．及时收集反馈信息

收集客户的反馈信息，及时对推广的结果进行分析和跟踪，对客户过去的反应行为进行对比分析，查看本次营销的效果，并根据分析结果改善营销方案。

7．更新邮件列表

定期更新客户信息，清除不满足条件的客户，继续开发更多的潜在客户。最好是创建一个与服务和产品相关的客户数据库，将客户信息与其需求一一对应，深入分析并归纳，保证联系人的有效性。

二、电子邮件文案的写作技巧

（一）邮件开头

打开电子邮件的第一眼可以看到邮件的寄件人和主题信息，它们位于邮件的最上方，是客户最先看到的内容。寄件人信息可以根据实际需要进行显示，并且应该提供具体的公司或团队名称。

知识小助手

邮件中可以使用对应的寄件人称呼的几种情况

使用提供名单的公司名称的情况如下。

（1）提供名单的公司要求书写寄件人信息。

（2）有共同兴趣爱好的收件人。

（3）邮件内容为电子报。

（4）收件人是经常拜访网站的访客。

使用自己的公司名称的情况如下。

（1）知名企业或品牌公司。

（2）市场龙头企业。

（3）收件人是你的顾客。

使用自己姓名的情况如下。

（1）邮件内容为个人信息。

（2）收件人不熟悉你的公司。

电子邮件文案写作人员应该在发信人名称和标题上注意以下几点。

（1）发信人名称使用正式名称，并且保持一贯性，不要轻易改动。例如，你的电子杂志叫《网络营销月刊》，发信人名称就使用《网络营销月刊》。订阅者注册《网络营销月刊》时就应该已经注意到这个名称，再加上收到确认邮件及每个月定期收到《网络营销月刊》，订阅者自然会记住这个名字，并且产生信任感。

（2）邮件标题应准确描述本期邮件的主要内容，避免使用高调的广告用语，用词尽量平实。例如，一家专业邮件营销服务商通过对 4000 万封电子邮件的阅读率进行跟踪调查，得出以下结论：好的标题能使邮件阅读率达 60%~87%；而不好的标题，邮件阅读率只有 1%~14%。

总结发现，阅读率高的邮件标题的形式，如"（公司名称）行业新闻""（公司名称）最新消息（4~5 月）""（公司名称）2020 年 4 月新闻公告""（公司名称）电子杂志 2020 年 4 月""（公司名称）邀请您参加×××活动""网站新闻第三期"等。

阅读率很低的邮件标题，如"限时促销""端午节大促销""假日优惠券""端午节营销大优惠""礼券大放送"等。

（3）邮件标题个性化。在邮件标题中出现订阅者的名字通常能吸引读者的注意，大大提高用户友好度，如邮件标题"张先生，《跨境电子商务文案策划月刊》祝您中秋快乐！"将订阅者名字动态地插入标题和正文中，实现个性化。看到这样的邮件标题，订阅者就能充分感受到电子杂志运营者对他的关注和尊重。

在可能的情况下，邮件标题最好也能强调邮件内容将会给用户带来哪些好处，但注意不宜太高调，而要尽量平实化一些。

视野拓展：电子邮件文案中发信人及标题组示例

（二）内文信息布局

解决了邮件发送的问题之后，还要关注邮件的具体内容及格式。营销邮件内容规划的适用原则是"为用户着想，对用户有用"。

1. 规划邮件内容时的注意事项

（1）定期发送。成熟的电子邮件营销计划必须确定好邮件的发送频率，并严格执行，千万不要连续发几封邮件，然后隔几个月又没有消息了。

对于电子杂志月刊或周刊，其发送周期已经确定，即每月一次或每周一次；即使不是定期的电子杂志形式，其邮件列表也应该有一个适当的发送周期，通常一个月 1~2 次。这样订户既不会因为长时间没有收到邮件而忘了自己曾经订阅过这个邮件列表，忘了网站，甚至再次收到邮件时以为是垃圾邮件，也不会因短时间内收到太多邮件而觉得厌烦，造成退订或报告垃圾邮件。

建立固定的收到邮件的心理预期，对留住订阅者和建立信任度是非常重要的。

（2）邮件内容始终如一。营销邮件的内容不要偏离当初订阅时所承诺的方向。如果注册说明承诺邮件将以小窍门的内容为主，就不要发太多的广告；如果承诺是以新产品信息和打折信息为主，就不要发不相关的公司新闻。承诺发送什么内容，就要在实际的执行过程中发送什么内容，这样订阅者才不会产生不满情绪。

（3）不要过度销售。营销邮件应注意不要过度销售，除非邮件列表本身就是专门提供销售信息的，用户有这样的心理准备。

绝大部分邮件订阅者看中的是对自己有用的行业新闻、评论、技巧等实用内容，所以营销人员应该着重发送用户感兴趣的内容。营销的目的是产生销售，但是不可以过分高调，可以在邮件的结尾处加一句延伸销售的话，如果用户对你的产品感兴趣肯定会点击查看。例如，"想要了解更多窍门，请点击查阅我们的官方网站，更多惊喜或优惠等着您。"又如，"×××一书中还有很多详细的实操技巧，能让您企业的销售额在一个月内提升 40%，您可以点击我们的网站进一步了解。"

2. 营销邮件的常用内容格式

邮件正文可以分为以下五个部分。

（1）邮件抬头。例如，"您订阅了×××电子杂志，这是×××电子杂志 2020 年第×期。如果您不想再继续收到我们的邮件，请点击这里退订。"

（2）邮件内容目录。如果邮件包含 2~3 篇文章，就可以在邮件内容目录中列出文章名称及 1~2 句话的简要说明，让订阅者能够清楚地了解邮件内容，再决定要不要继续阅读。当然如果每封邮件只有一篇文章，则这部分可以省略。

（3）邮件正文。邮件正文通常应该有 2~3 篇文章。

（4）文章结尾。在文章结尾可以适度地以扩展阅读的方式推销一下网站上的产品。另外，如果邮件中有卖出广告位给第三方广告商，也可以将其穿插在文章的中间，但应该以清楚的文字标明中间是广告内容。主要文章内容结束后，应该有一小段下期内容预告，列出下一期文章的内容标题及简介，以吸引订阅者，减少退订率。

（5）页脚。页脚必须包含以下内容。

① 用户注册信息。例如，您收到这封邮件是因为您在××月××日，从 IP 地址×××订阅了×××月刊。

② 隐私权及退订选择。例如，我们尊重所有用户和订阅者的隐私权。如果您不希望再收到×××月刊，请点击这里退订。其中，"隐私权"和"点击这里退订"两处文字应链接到相应的隐私权政策页面和退订程序链接上。

3. 营销邮件的个性化

整个邮件都要强调个性化，也就是说，在标题中巧妙插入订阅者的名字，吸引订阅者打开邮件。在邮件内容中也要在适当的地方插入订阅者的名字。

知识小助手

比较下面两个邮件的开头文字，试思考这两个邮件开头哪一个更能让用户产生好感。

邮件开头 1：

亲爱的读者：

欢迎您打开×××网站电子杂志 24 期。这期我们为您准备的是……

邮件开头 2：

亲爱的张一先生：

感谢您对我们的支持。在×××网站电子杂志的 24 期，我们根据您的购买习惯特别为您推荐的是……

提示：订阅者名字的动态插入在设计电子邮件营销系统时，会让人觉得更具有个性和亲切感。

案例 5-3

跨境电子商务如何做好 EDM 邮件营销

作为跨境电子商务卖家，每天都要不断地提高站内流量。随着行业竞争越来越激烈，站内广告成本也水涨船高，因此，站外推广引流是目前每一位电子商务卖家所面临的难题，一种精准高效的站外引流方式即 EDM 邮件营销。

因为海外用户在日常工作生活中更倾向于使用电子邮件，所以 EDM 邮件营销也更适合跨境电子商务行业。卖家可以利用电子邮件对买家进行精准营销。就跨境电子商务如何做好 EDM 邮件营销，提升店铺销量，U-Mail 邮件营销在此给大家带来一些技巧。

收集目标客户邮件地址

做好 EDM 邮件营销的首要条件，就是要有精准目标客户的邮箱地址。大家可以在店铺增加邮件订阅功能，收集到意向客户的邮箱地址。如果胡乱地从外部购买一些地址就进行发送，无异于大海捞针。而且欧美等国家的用户一般都具有很强的隐私保护意识，未经许可发送到邮箱的电子邮件只会招来用户不满。

了解海外通道及规则

很多海外邮箱服务商，如 Hotmail、Gmail 等都设置有反垃圾邮件拦截机制，而且海外

跨境电子商务文案策划与写作

邮箱服务商在垃圾邮件判定标准方面更为严格。如果你的群发邮件经常被海外邮箱服务商拦截或邮件达到率低,那么就要考虑更换邮件营销工具了。U-Mail 邮件群发平台在海外部署有大量服务器和优质的固定 IP 资源,通过采用 IP 轮循机制群发邮件,不仅发送能力强,而且送达率高达 90%以上。

熟悉海外客户消费习惯

由于风俗文化、消费习惯、经济发展水平等各方面的不同,不同国家的客户消费习惯也存在明显差异。例如日本用户以信用卡付款为主,法国人喜欢圣诞节采购,德国网购以男性消费者为主等,跨境电子商务企业需要对目标市场的消费人群、购物习惯等进行详细了解,再来制定邮件营销的内容和策略。

设计精美的邮件内容

U-Mail 邮件群发平台多年的研究显示,用户在查看收件箱到打开一封邮件的时间仅为 3 秒。所以在撰写邮件主题时可以选择一些语意鲜明有个性的词语,能瞬间引起用户响应。而且一封好的邮件,应该是简洁美观的,内容表述精短集中,包含重要优惠信息或产品卖点,同时邀请用户行动,营造紧迫感。U-Mail 邮件群发平台的可视化模板编辑器,简单拖动图文控件,即可设计出一封精美的邮件模板,而且邮件模板可自动适应 PC 端和手机端。

做到以上四点,跨境电子商务企业在进行邮件营销时效果才会比较好,而且还要根据用户自主订阅频率选择、用户历史行为等整体规划发送策略,不断优化发送频率。

资料来源:跨境电商如何做好 EDM 邮件营销[EB/OL].(2020-04-02). https://zhuanlan.zhihu.com/p/123147981.

第四节 新媒体营销推广文案策划与写作

新媒体是利用数字技术,通过计算机网络、无线通信网、卫星等渠道,以及电脑、手机、数字电视机等终端,向用户提供信息和服务的传播形态。智能手机的出现加速了新媒体营销的进程,企业账号要充分融入品牌的特点,风格鲜明,有强烈个人色彩,才能让其他人在看到新媒体文案时有一种眼前一亮的感觉。本节的新媒体文案主要从微博文案和微信文案的角度进行介绍。

一、微博推广文案写作

微博是微型博客的简称,是一个基于社交关系进行简短信息的获取、分享与传播的广播式社交网络平台,属于博客的一种。目前的主流微博平台是新浪微博,它作为当今最受欢迎的社交平台之一,在线注册的用户类型非常广泛,包括个人微博用户、企业微博用户、政务微博用户、组织机构微博用户和临时微博用户等。不管哪种类型的微博,微博主都可以通过写作文案来进行营销推广。微博文案注重价值的传递、内容的互动、系统的布局和准确的定位,跨境电子商务文案人员要熟悉微博文案的写作和推广方法,以吸引更多用户成为消费者。

🌟 知识小助手

临时微博是指为某个活动、重要事件、电影宣传等特意开设的，临时发挥阶段性作用的时效性微博，它一般不会持续运营，但带来的宣传推广效果却不容小觑。

（一）微博文案的特点

微博的关注机制可分为单向和双向两种。微博具有及时性、交互性、海量性、碎片化、广播化的传播特点。

微博文案具有以下几个特点。

1．短小精悍

写作微博文案时，不要通过大量的文字来堆砌，最好做到短小精悍、言简意赅，字数不能超过 140 个，以 100~120 字为佳。文案内容要通俗易懂，让读者快速接受文章的思想，达到引发思考、快速传播的目的。

2．主题明确

不管是什么样的文案，都需要有明确的主题，这需要在写作前就做好定位，包括文案的读者群体、写作目的，是想要提升企业或品牌的知名度，还是促进某个产品的销售，等等。针对不同的目的，文案的编写也不一样。只要能够达到目标，这则文案就成功了，而不仅是简单地查看微博的转发、评论和点赞等内容。如果企业的微博只是用于服务客户，那么明确目标后就能帮助企业更好地说服客户，驳斥客户不合理的要求，等等。

3．话题比文案重要

不是每个人都是成功的段子手，都能写出有吸引力的文案，这种情况下不妨换个思路，从时下的热门话题入手，如图 5-15 所示。如果能够抓住大家关注或者有吸引力的话题，必然能够获得微博用户的关注。注意日常的积累，日常生活的话题、时下热门事件等都是可以积累的内容，只要找准切入的角度，就可以灵活地运用。刚开始写文案时可能没有头绪和思路，但是只要经过一段时间的积累，不管是对新闻的敏感度，还是寻找素材的渠道，都会有一定的进步。

图 5-15　微博热门话题

4．快速传播，注意互动

发布一篇成功的微博文案后，尽量在较短的时间内引起众多用户的共鸣，进而持续转发，达到快速传播的目的，这就要求在文案写作时把握好读者的心理，并通过自己的经验和一些方法来进行文案的创作。无互动，不营销。当发出微博文案后，如果引起了粉丝们的兴趣，使他们来参与的话，这就是成功的第一步了。然后就是通过互动的方式来留住粉丝继续关注，就像红米上市的微博互动文案，如图 5-16 所示，让用户拥有参与感、成就感，进而长期关注，成为忠诚的粉丝，后续就容易转化了。

图 5-16　红米上市的微博互动文案

（二）微博文案的写作要求

微博是一个高度社会化的传播平台，微博文案创作者只有知道微博文案的写作要求，才能打造出一篇成功的文案，给企业或产品带来较高的关注度和曝光率，提高企业的知名度和企业形象。微博文案的具体写作要求包括以下几点。

1．营销推广的要求

写文案的目的就是营销推广，因此，文案写作要符合营销推广的要求。写作之前先明确推广对象、目标、过程，严格按流程规划。

2．语言写作要求

文案是由语言组成的，语言的好坏决定了文案的成功与否，好的文案需要逻辑正确、文理清晰和结构合理，没有语法错误、错别字和语句不通顺的情况。

3．传播要求

网络媒体具有传播速度快、范围广和样式多样化的特点，因此要求微博文案短小精悍、重点突出。

（三）微博文案写作三要素

微博文案主要是通过转发、评论和点赞等互动行为来进行文案的传播的，在写作过程中可以添加三要素，增加文案被用户查看的概率，扩大文案的传播范围。

1．@

@相当于一个连接器，用户@关注的人或其他人，被@的人会收到通知，看到用户发的内容。在微博文案中可以通过@微博用户保证有人会查看你的内容，内容质量好的话被@的人还会与其他人分享，如图5-17所示。

2. #

#代表参与某个话题。在文案中添加话题，可以让微博自动与话题连接，让微博被更多用户看到，这样可以提高微博被粉丝以外人群看到的概率。

3. 链接

链接可以是文章、视频，也可以是店铺地址，如图5-18所示。只要是文案作者认为可以分享给粉丝的内容都可以用链接的形式放在文案里，如果文案本身能吸引用户的兴趣，那么大部分人都会愿意点击链接查看更多的内容。

图5-17 被@后分享的文案

图5-18 微博中的链接

知识小助手

在微博中添加商品链接的方法很简单，输入时先按空格键与前面的内容分隔开，再输入商品的真实链接网址，然后按空格键与后面的内容分隔开，发布后网址会自动生成商品链接与其对应的真实信息。

（四）微博文案的写作内容

微博文案的写作实际上是创造有价值的内容。有价值的内容就是对微博用户有用的内容，能够激发微博用户的阅读和参与互动交流的热情。现在微博营销的实际操作中有两个不好的极端：一是有些企业账号所发的微博内容绝大部分是冷冰冰的产品信息，缺少人情味，这样的企业微博账号变成了一个真正的冷冰冰的机器型账号；二是有些企业账号所发的微博内容大都是与本行业、本企业毫无关系的娱乐信息（为吸引普通用户的关注），而对产品信息的发布不及时、不全面。

两个不好的极端都违背了微博营销的基本原则，为了写好微博文案，可以从以下三个方面来策划内容。

1. 发布与本行业相关的有趣的新闻、轶事

在微博文案中可以客观性地叙述一些行业公开的发展报道、统计报表甚至"内幕"，可以有选择性地提供一些有关公司的独家新闻——真正关注你的产品的微博用户会对这些独家新闻非常感兴趣。当然，重点要突出新闻性、有趣性，如图5-19所示。

图 5-19 小米手机官方微博代言人的新闻报道

2．叙述创业历程

大多数普通人对创业者怀有一种好奇甚至尊敬的心态。企业微博可以有步骤、有计划地叙述自己品牌的创业历程，以及公司创始人的一些公开或独家的新闻——类似一部企业口述史、电视纪录片。例如，小米 CEO 雷军的微博中关于自己个人情况的一些介绍。

3．发布与本行业相关的产品信息

搜集一些与产品相关的有趣的创意，有幽默感的文字、视频、图片广告，这些创意和广告不一定都是你自己的品牌，可以是本行业公认的著名品牌。

（五）微博文案的写作技巧

1．标题鲜明

与传统广告一样，访问者在微博页面上只能做大概的浏览，阅读一些关键的词或标题。只有标题鲜明独特，访问者才可能有兴趣浏览整篇内容。标题要出新，不是指故意将标题弄得很花哨，这样只能增加访问者不必要的负担，因为他要多花心思琢磨标题的含义是什么，而通常，访问者是没有耐心去这样做的。在微博中，标题一般位于文案的开头，常以"【】"或"##"符号括起来。标题要求简短明了，主旨明确。

2．吸引人的开头

微博文案的开头和标题一样具有非常重要的作用，是整个文案的基础。那么怎样才能写出吸引人继续阅读下去的好的开头呢？

（1）情景导入。在软文开头有目的地引入或营造软文行动目标所需要的氛围、情境，以激起读者的情感体验。用这种方法写作的开头，能够渲染氛围、预热主题，引起读者的阅读兴趣。

（2）比喻修辞。不仅标题可以使用修辞手法来写作，正文更容易也更方便通过修辞手法来达到锦上添花的效果。正文中常用的修辞手法有比喻、比拟、借代、夸张、对偶、排比、设问和反问等，通过这些修辞手法来写文章开头，可以让文章更有趣味性和可读性。

（3）联想猜测。联想猜测与夸张刺激较类似，但远没有那么夸张，它更倾向于写实或拟人，能让读者在看到文章的第一时间展开丰富的联想，引起读者的阅读欲望。

3．能让人阅读下去的正文

不同的人写出的文案风格不同，但成功的文案毫无疑问是能够让用户一眼就看明白的文案。那么什么样的微博文案才能算是一篇好的文案呢？它需要包含三个方面：一是明确写作的对象与效果，即为谁而写，能够得到什么好处；二是为什么要这么做；三是能够解决什么问题。在写作文案的过程中要充分结合这三个方面来考虑，并采用合适的手法加以表达，这样才能获得用户的关注并给用户留下深刻的印象。正文主要有以下几种写法。

（1）新闻故事。这种写法是指通过将需要营销的产品包装成吸引人眼球的新闻故事，采用对话、描写和场景设置等方式，在展现事件情节和细节的同时，凸显事件中隐含的目标来推广产品。

（2）热门话题。微博中的热门话题往往是一段时间内大多数人关注的焦点，凭借话题的高关注度来进行产品或服务的宣传，可以快速获得人们的关注。热门话题营销是一种借势营销，但在选择话题时，应注意热门话题的时效性，且不能选择时间久远的话题。此外，还要注意文案的措辞，不能使用生硬、低俗的话语进行牵强附会的关联，一定要保证与话题之间的自然与协调，不能引起读者的反感。

（3）疑难解答。除新闻故事、热门话题外，选取与人们工作、生活息息相关的话题或普遍面临的问题、难题，也可以引起人们的关注；文案人员若能针对这些问题提出良好的解决方式，则可以得到消费者的认可。

（4）逆向思维。逆向思维也叫求异思维，是对司空见惯的已成定论的事物或观点反向思考的一种思维方式。在进行文案写作时，如果能够"反其道而思之"，延伸自己的逆向思维，从问题的相反面深入地进行探索，树立新思想和形象，就可以更快地吸引用户的眼球，并获得他们的青睐。因为，从反方向突破常规是一种非常容易吸引消费者注意力的写作方式。

（5）关联特征。世界上的任何两个事物都能联系到一起，例如，牛奶和香蕉组合在一起可以成为香蕉牛奶，也能成为牛奶香蕉。写文案也是同样的道理，可以通过修辞手法（比喻、夸张、拟人等）将某一事物的特点与另一事物关联起来，以达到意想不到的效果。但需注意，不同事物之间的联想一定不能生硬，必须确实存在某些共同的特征，这样才能引起读者阅读的兴趣，并博得他们的好感。

（6）引发共鸣。"物以类聚，人以群分"，如果你的文案能够选取与人们工作、生活相关的话题进行发问，引发大家的思考与交流，自然会给人留下深刻的印象。当然这需要对推广目标高度熟悉，并仔细进行调研，明白能够打动消费者的点是什么，使他们对品牌或产品产生共鸣。

二、微信推广文案写作

微信推广凭借着低成本、高效率等多种优势在营销中起着不可替代的效果。利用微信文案推广，个人或群体可以通过撰写文案达到品牌宣传、商品出售的意图。随着电子商务和网络营销的兴起，微信文案搬运到了互联网。微信文案可以不要华丽，无须震撼，但一定要推心置腹说家常话，使其能够打动人心。

视野拓展：微信

（一）微信文案的类型

微信推广文案是微信营销中比较常见的一种营销方式，常见的类型有以下几种。

1. 用户体验型

以一般用户或者第三方的切身真实体验，传播品牌或者产品的优点、正面形象、商家实力、服务质量等。这是最简单,也是最容易让人信任的软文类型,说白了就是客户使用产品后的评论。

2. 专访型

这类主要采用访谈录等,通过访谈可以深入各个方面宣传品牌信息。当然,前提是所采访的对象达到了一定的高度或知名度,才建议采用此方法。

3. 新闻报道型

具备官方和权威性,直接介绍商家实力、品牌形象。以官方口吻报道,配合官方媒体传播平台,能大大增强报道的真实性、权威性,从而有力地提升正面形象。

4. 故事讲述型

以讲故事的口吻娓娓道来。把产品品牌,创始人是如何想的,如何做起来的,引起什么样的市场反应等都写出来,如图5-20所示。

图5-20 三只松鼠品牌故事

5. 利用热门事件型

只要拥有敏锐的洞悉能力,将某些热门事件拿来用便可取得较好的效果。前提是能找到此热点与自身产品的关联性。可以利用热门电视剧中明星使用的产品进行推广。

6. "傍大款"型

尽量把自己和行业内的品牌巨头、领先企业相提并论,从而达到借势的目的。也就是对比型,把大品牌的、已经有知名度的产品进行分析,由此引出我们要推广的产品优势在什么地方。

(二)微信文案的基本框架

只要微信文案有足够吸引力,介绍越翔实,潜在顾客与代理明白得就越多,但是对于产品优点还是要做重点介绍。一篇微信文案的基本框架主要有以下方面。

1．标题

标题只做到吸引人就可以了，不管用什么方式的题目，只要成功吸引了潜在顾客或者代理就是成功的文案标题。

2．利用人的好奇心

俗话说"好奇害死猫"，在正文中切忌一上来就提产品，说得再天花乱坠，这篇文案也是失败的，因为人们看到后，第一反应就是，这是一篇广告，直接就毙掉了。产品信息应该出现在文案的中间部位或者后方，当把人们的好奇心勾起来后，带入文章中，这时再提出产品。

3．利用好顾客的反馈

如何才能让陌生人信任呢？那就是别人的反馈了，来自第三方的评论能起到很大作用，可以快速帮助用户下决心购买。例如，消费者购物时肯定都会看评价。

4．价值的包装

顾客购买的不仅是产品本身，还有产品的价值，所以我们要做的就是告诉他：产品会给他带来什么好处。那通过什么途径来告诉他呢？可以说一些关于产品的信息，例如：如何用产品，产品是如何诞生的，生产工序什么样子，投入了多少心血，多少人力物力财力，这样一步步去放大产品的价值。

5．内容介绍

内容是关于产品的全部介绍，让客户充分了解产品的好处、特点，包括专家点评、证明文件、价格、付款等，从多个角度用客户习惯的语言去描述。

6．行动呼吁

行动呼吁越简单越好，越明确越好，给消费者一个立即行动的理由。

视野拓展：精彩的微信文案

（三）微信文案写作准备事项

想要写出一篇好的微信文案，动笔之前的准备工作是否充分直接决定了微信文案的营销效果。微信文案写作之前的准备事项有以下几方面。

1．确定营销意图

任何营销活动，最先需要确定的都是营销意图，微信文案也不例外。只有确定了清晰的营销意图，才能在微信文案的策划和写作中有法可依。

2．分析商品特性

只有足够熟悉和了解商品，才能将商品的特色和优势与消费者的需求联系到一起，写出打动消费者的微信文案。

3．分析粉丝特点

现代营销学中，粉丝被放在越来越重要的地位。只有深入分析粉丝特色和需求，才能写出真正能吸引粉丝的微信文案。

4．选定发布途径

通过分析粉丝，可以判断粉丝集中在哪里，那么就可以选定这些途径作为微信文案的发布途径。

5. 确定微信文案主题

一篇好的微信文案一定需要具备广泛的传播力,而广泛的自然传播力深受文章主题影响。确定了一个高质量的微信文案主题之后,微信文案的成功之路就已经走完三分之一了。

6. 选择微信文案类型

在主题确定以后,就要挑选适宜的微信文案类型了。新闻报道类、专访型、用户体验类微信文案等各有各的特点。

7. 规划微信文案纲要

规划微信文案的结构和中心思想,让微信文案看起来紧凑、严谨,微信文案写作会更简单一些,特别是新手规划纲要,有助于文案写作者迅速入门。

8. 收集微信文案资料

规划完了纲要,作为跨境电子商务文案人员,就能清晰地知道这篇微信文案需要哪些资料和证据来支持观点。在着手之前,先收集好所需要的一切资料,并把这些资料在心里过一遍,这样微信文案写作就可以趁热打铁。

(四)微信文案标题起名方法

标题有没有吸引力,能不能抓住客户的眼球至关重要,能让人眼前一亮的微信文案标题是提高点击量的至关重要的因素。一般来说,如果换位思考,站在客户的角度,就能知道他们的需求。

1. 夸张的手法

例如"畅销明星圈的×××面膜""×××产品风靡全球,人手一份"等,采用夸张的手法,引起顾客来看文章的好奇心。

2. 以"利"诱人

微信文案一般都是商家发布宣传产品、品牌的文章,所以一定要以"利"诱人,在标题中就直接指明产品利益点。例如,微商培训文案标题"微商年收入15万不是梦——我的奋斗历程"。

3. 以"新"馋人

人们总是对新鲜的人、新鲜的事物感兴趣,这是人之常理,把握住这个特征,制造出具有新闻价值的微信文案,往往会引发巨大的轰动,特别是在网络传播时,可以获得更多的转载。例如微信文案标题"2020大牌潮流抢先看LV、爱马仕、兰芝手袋谁是你的菜"。

4. 揭秘"引"人

大多数人还有一个特点,特别是网民,那就是好奇,什么事情都有探究的喜好。人类的求知本能也让大家更喜欢探索未知的秘密。于是揭秘的标题往往更能引发关注,例如"掀开微商女神月入百万背后的真相",如果客户做微商,肯定会想了解的。

5. 以"事"感人

从小到大我们一直喜欢听故事,而故事型标题也更容易感动人,吸引人阅读。好的故事首先就要有好的标题,如"95后大学生微商结缘月入10万""一个农村汉子和他的品牌梦想"。

6. 以"悬"引人

内容要写什么，什么人会看，他们的内心需求是什么，会有什么样的疑问，站在顾客的角度想问题。当年电视剧《潜伏》播出，收视火爆，为什么这部剧会吸引众人关注，很大程度是因为一个接一个扣人心弦的剧情，因为你总猜不出下面一集剧情会如何。写软文也是如此，从标题上，就埋下伏笔，使客户由于惊讶、猜想而读正文。例如，"有机化妆品都是忽悠吗？"

7. 以"险"吓人

恐吓式标题最早见于保健品软文中，通过恐吓的手法吸引粉丝对软文的关注，特别是有某种疾病的患者，看到相关软文后更能引发共鸣。例如，保健品的软文标题"高血脂，瘫痪的前兆""30岁的人60岁的心脏"。

8. 数字限量型标题

衡量一样东西的价值，就看是否限量。例如，要推一款护肤品，结合现有的排行榜，推出"十大护肤品品牌有你家的吗"之类的，然后把要推的产品列入第二或者第三位。如十大最受欢迎、十大口碑最好，总之可以出现含糊的说辞，然后就可以隆重推荐了。

9. 借助名人

名人的任何事情都是大众所关注的，在广告方面，几乎大部分广告都在利用名人效应，爱屋及乌，因为受众对名人的喜欢、信任甚至模仿，从而转嫁到对产品的欢迎、信任和模仿。微信文案也可以借助名人来吸引公众的眼球，增强文章的阅读量。如果你所宣传的事物或者产品能和名人靠靠边，借着名人的噱头，一定会吸引不少客户的眼球。例如，"杨幂最喜爱的裙子"。

10. 借"热点"

主要针对一些时下发生的事件，引起人们的广泛关注。可以是社会热点，也可以是新闻事件，但是必须从正面去创意。以此为软文标题创作源头，通过大众对社会热点的关注，来引导客户对软文的关注，提高微信文案的点击率和转载率。例如，"小丑鲜花情人节鲜花预订火爆"。

☆ **知识小助手**

发布文案后，文案人员还要关注用户留言或评论，选取比较具有代表性的用户进行回应，解答用户对商品或文案的疑惑，以满足用户的各种需求，给用户留下良好的印象，进而拉近与用户的距离，累积一定的口碑，获得良好的粉丝基础。

案例 5-4

新媒体精彩文案欣赏

各品牌精彩文案（见图 5-21～图 5-35）也存在许多可圈可点的地方，通过文案的出处，结合实际案列，再细细品读每一条文案的巧妙之处，别有一番滋味。

图 5-21 淘宝文案

图 5-22 华为 P30 系列文案

图 5-23 华为音箱文案

图 5-24 STANLEY 文案

图 5-25　京东超市×无染文案

图 5-26　可口可乐文案

图 5-27　宝马文案

图 5-28　欧派文案

图 5-29 RIO 文案

图 5-30 keep 文案

图 5-31 361°文案

图 5-32 亚马逊 Kindle 文案

图 5-33 钉钉文案

图 5-34 老板电器文案

图 5-35 腾讯视频文案

资料来源：4 大品牌动作，20 句精彩文案简直把人逼疯……[EB/OL].（2019-07-27）. https://www.sohu.com/a/329817527_120068143.

 复习与思考

1. 简述搜索引擎的含义。
2. 简述搜索引擎推广文案写作技巧。
3. 简述社群推广文案的形式。

4．简述规划邮件内容时的注意事项。
5．简述微博文案的特点。
6．简述微信文案写作的注意事项。

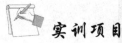

实训项目

实训题目

策划并写作微博推广文案

实训要求

（1）学会写作微博推广文案。
（2）掌握在文章中植入品牌或企业信息的方法。

实训准备

每年的淘宝、天猫"双十一"，都是众多商家开展大促销活动的日子，也是消费者购物频率和购物数量集中爆发的日子。由于"双十一"带来的巨大客流量和成交率，许多卖家必须提前一个月甚至多个月开始着手备货、核算、策划活动等工作，火热备战"双十一"。为了迎接"双十一"购物狂欢，现要求文案人员利用微博为某服装电子商务进行推广宣传，通过前期造势引流来增加店铺和商品的流量和热度，为"双十一"大促活动吸引流量进行预热。

跨境电子商务文案人员在写作推广文案前需要先明确本次预热活动的目的和所需要的相关信息，以确定推广的方式及手段。活动目的主要包括以下几点。

1．商品人气推广

由于本次推广的商家主要销售服装，"双十一"又是秋冬交替之际，因此主推商品为秋冬新品，推广的目的是增加商品的收藏量和人气，可以通过转发、评论抽奖的方式来激发用户的参与热情。

2．活动和品牌推广

"双十一"本身具有很高的关注度，可以利用"双十一"活动的热度来进行品牌信息的推广，因此可通过带入话题来增加热度，同时建议搭配美观的活动图片，并在图片中植入品牌和商品信息。

3．用户累积

"双十一"活动需要吸引大量的用户才能为活动预热做好准备，因此可通过微博文章发布专业知识累积用户，增加粉丝并吸引更多粉丝参与活动，增加人气。

实训步骤

1．写作商品转发、评论、点赞的抽奖微博文案

抽奖类微博主要是通过奖励来激发微博用户参与微博的转发、评论和点赞，因此奖励

第五章 跨境电子商务网络推广文案策划与写作

要吸引人,且要写清楚参与抽奖的条件和开奖的方式。由于微博主要是为了增加商品的人气,因此微博内容主要以收藏、加购商品为条件。同时,还要在微博内容中插入商品的跳转链接。

2．写作"双十一"活动推广话题文案

为了借助"双十一"活动本身的热度,可发布"双十一"话题文案,这样微博用户可以通过话题专题页看到推广信息。为了在话题中更好地进行商品和品牌的推广,可为文案配图,并在图片中添加商品和品牌信息。

3．写作商品搭配推荐文章

例如,通过写作专业的服装搭配文章来吸引对此有兴趣的用户,文中配图可使用店铺的主推商品,以作为展示商品和吸引用户的手段。写作时要注意标题要醒目,正文中的段落明显,图片格式要统一,以保证文章的整体风格。

练习:请尝试参考以上实训内容,任选产品,自行拟写一则微博文案。

第六章　跨境电子商务营销软文写作

📖 知识目标

- 了解软文的基础知识。
- 掌握不同类型软文的写作技巧。
- 通过跨境电子商务软文鉴赏掌握软文写作的注意事项。

📖 学习重点、难点

重点

- 不同类型的软文写作技巧。
- 跨境电子商务软文写作的注意事项。

难点

- 运用跨境电子商务营销软文写作的相关知识分析问题、解决问题。

❓ 本章思维导图

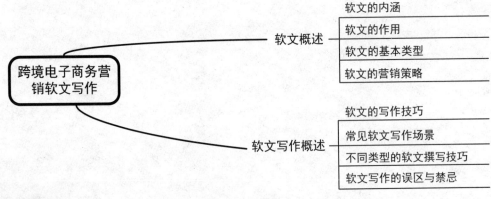

📖 案例导入

我害怕阅读的人

我害怕阅读的人。一跟他们谈话,我就像一个透明的人,苍白的脑袋无法隐藏。我所拥有的内涵是什么?不就是人人能脱口而出,游荡在空气中最通俗的认知吗?像心脏在身体的左边,春天之后是夏天。阅读的人在知识里遨游,能从食谱论及管理学、八卦周刊讲到社会趋势,甚至空中跃下的猫,都能让他们对建筑防震理论侃侃而谈。相较之下,我只是一台在MP3时代的录音机,过气,无法调整。我最引以为傲的论述,恐怕只是他多年前书架上某本书里的某段文字,而且,还是不被荧光笔画线注记的那一段。

我害怕阅读的人。当他们阅读时,脸就藏匿在书后面。书一放下,就以贵族王者的形象在我面前闪耀。举手投足自有风采。让我明了,阅读不只是知识,更是魔力。他们是懂美学的牛顿,懂人类学的梵高,懂孙子兵法的甘地。血液里充满答案,越来越少的问题能让他们恐惧。仿佛站在巨人的肩膀上,习惯俯视一切。那自信从容,是这世上最好看的一张脸。

我害怕阅读的人,因为他们很幸运。当众人拥抱孤独,或被寂寞拥抱时,他们的生命却毫不封闭,不缺乏朋友的忠实,不缺少安慰者的温柔,甚至连互相较劲的对手,都不匮乏。他们一翻开书,有时会因心有灵犀而大声赞叹,有时又会因立场不同而陷入激辩,有时会获得劝导或慰藉。这一切毫无保留,又不带条件,是带亲情的爱情,是热恋中的友谊。一本一本的书,就像一节节的脊椎,稳稳地支持着阅读的人。你看,书一打开,就成为一个拥抱的姿势。这一切,不正是我们毕生苦苦找寻的?

我害怕阅读的人,他们总是不知足。有人说,女人学会阅读,世界上才冒出妇女问题,也因为她们开始有了问题,才更愿意读书。就连爱因斯坦,这个世界上智者中的最聪明者,临终前都曾说:"我看我自己,就像一个在海边玩耍的孩子,找到一块光滑的小石头,就觉得开心。后来我才知道自己面对的,还有一片真理的大海,那没有尽头。"读书人总是低头看书,忙着浇灌自己的饥渴,他们把自己当作敞开的桶,随时准备装入更多、更多、更多。而我呢?手中抓住小石头,只为了无聊地打水漂而已。有个笑话这样说:人每天早上起床,只要强迫自己吞一只蟾蜍,不管发生什么,就都不再害怕。我想,我快知道蟾蜍的味道了。

我害怕阅读的人。我祈祷他们永远不知道我的不安,免得他们会更轻易击垮我,甚至连打败我的意愿都没有。我如此害怕阅读的人,因为他们的榜样是伟人,就算做不到,退一步也还是一个我远不及的成功者。我害怕阅读的人,他们知道"无知"在小孩身上才可爱,而我已经是一个成年的人。我害怕阅读的人,因为大家都喜欢有智慧的人。我害怕阅读的人,他们能避免我要经历的失败。我害怕阅读的人,他们懂得生命太短,人总是聪明得太迟。我害怕阅读的人,他们的一小时,就是我的一生。我害怕阅读的人,尤其是,还在阅读的人。

资料来源:《我害怕阅读的人》——奥美广告[EB/OL].(2018-02-09).https://www.jianshu.com/p/fdae98b4972d.

辩证思考:结合奥美广告公司的这篇长文案,试谈谈它表述的内涵?

分析提示:单从文案标题看,可以了解到文案的内容是围绕"阅读的人"展开的,标题也在一定程度上引起了读者的好奇心:为什么要害怕阅读的人呢?进入文案正文就不难发现,这篇文案的中心思想是与标题截然相反的,它并不是真的在害怕阅读的人,而是从阅读的人的各方面来讽刺"不阅读的人"。用这样一篇反讽文案来鼓励大家多阅读、多思考和多提升自己。

第一节 软文概述

软文是相对于硬性广告而言的，它没有直接的广告目的，仅仅将广告信息奇妙地融入文章里，能将广告信息潜移默化地灌输进客户的脑海里。如今广告信息太多、太杂，消费者也都理性，不喜欢硬性推销的广告，他们情愿自己去寻找所需要的信息，这种情况下，软文就出现了。

一、软文的内涵

软文对于阅读的人来说是一个陷阱，充满吸引的同时也隐含诱惑。读者看软文是因为想了解里面的内容，被推销则是因为潜在的广告信息。而软文对于销售产品的人来说，是一个挂着鱼饵等待顾客上门的鱼钩，顾客是否"上钩"就要看软文内容是不是吸引人了。脑白金、肠清茶等产品都凭借软文创造过销售奇迹，而软文发展到今天，其形式内容的多样性和技巧性也远远超过了以前。

（一）软文的含义

软文，顾名思义，首先是为读者阅读而写作的文章，具有可读性、感染性、传播性，而其中之"软"，指文章必须以旁敲侧击、隐藏内涵等手段进行商业主题的推广。

从广义的角度来看，软文指企业营销团队或个人通过策划在新媒体、杂志或网站等宣传载体上刊登的可以提升企业品牌形象和知名度，或可以促进企业销售的一些宣传性、阐释性文章，包括深度文章、付费短文广告、案例分析等形式，还有特定的新闻报道。

 知识小助手

在文案范围里，一篇完整的新闻性文案就是我们常说的新闻稿，要区分软文和新闻稿，就看文案里是否有新闻事件。例如，文案内容涉及企业获奖信息、企业最新活动等，为新闻稿；若文案内容涉及公司商品评测、企业发展计划等，则为软文。

（二）软文的特点

从软文最基本的构成和功用来看，它有以下四大特点。

1. 软

"软"，是软文的首要特点，它的"软"是与硬性广告的"硬"相对的。具体表现为：篇幅较短，字数一般控制在 500 字左右，这样既吸引读者，也便于转载传播，通俗易懂。即用浅显、言简意赅的文字表达，让读者易于接受；内容精彩，不同于过于张扬的广告宣传，而是于无声处影响消费者。

知识小助手

韩寒在其电影《后会无期》放映前,曾在微博上发布简短的文案:"听过很多道理,却依然过不好这一生。"

首先,这组文字极其简洁,文字很少,便于传播。在微博上,很多人都转发了这条微博,并且很多人还将这条文案作为自己的QQ、微信签名等,传播度极广。其次,虽然文字极少,但其表达的意思却非常明确,很容易引起大家的共鸣,越看越觉得说得有道理。如果是张扬的硬性广告,其效果必然大打折扣,如图6-1所示。

图6-1 《后会无期》电影营销软文

2. 准

任何一篇文章都要有主题,而软文短小精悍,更要求精准。所谓精准,就是软文写作者在写作之初一定要明确软文目的、面向的读者群,确定软文的噱头和矛盾以及定位软文的诱惑点。

确定以上要素后,着笔写作时,作者要注意行文,在保持文章精彩度的同时,要保证软文的真实性,不确定、没把握的不要写,更不要为了营造某种效果而夸大其词,歪曲事实。

3. 快

说到"快",可能很多人会觉得软文是速成品。速成品是软文的一个误区,也是一个偷工减料的严重现象。这里所说的"快"是指一篇成功的软文传播速度快,容易引发转载,要达到这样的效果,就要求写作者有足够的领域经验,对软文所宣传的内容精通,对所要表达的内容有深入调研,所以写起来才能表达准确、得心应手,一针见血地写出读者的心声。

虽说术业有专攻,但不是领域精英的也不是不可以写出好的软文,这就要求写作者在写作之前要有调研,对软文涉及领域内的精华及经验有所了解和总结,这样才能写出较好的软文。

4. 新

"新"主要针对新闻性软文而言,如前文提到的新公司开张、上市、收购,新产品发布等,这种软文要求很高的时效性,及时报道才能及时传播扩散,也可以在短时间内提升企业形象。

(三)软文与硬性广告的区别

作为旗鼓相当的同行,身在软文对岸的硬性广告也是宣传中一种常见的模式,那么接下来看一看硬性广告是不是同样拥有立竿见影的宣传效果。植物界里被子植物和裸子植物都结种子,同属种子植物,根据种子外面有无果皮包被分为两类。常见的裸子植物有松树、杉树,种子裸露,仅仅用鳞片覆盖起来。常见的被子植物,如苹果树、桃树,种子包上果皮,构成果实。

同样,作为营销手段来说,硬性广告就像是直接把销售目的暴露在外的裸子植物。而软文就像是形状各异,用厚薄不一的果皮包被以宣传为核心的被子植物。两者由于特点的不同而分了家。

视野拓展:硬性广告的含义

1. 表达内容不同

在报纸、杂志、电视、广播这四大传统媒体上看到的宣传产品的纯广告就是硬性广告。硬性广告只有产品的相关内容,多为好记又顺口的口号式话语,如"送礼就送脑白金""好空调,格力造"这样的广告词。它并不需要给人们来一个餐前点心和汤品,简单直接地上主菜,介绍产品和服务的优点,吸引人们去购买。

和普通的硬性广告相比,软文追求润物无声的传播效果,讲究软硬兼施,其每时每刻都在渗透人心的力量,将文字的营销价值发挥到极致。

2. 载体和宣传方式不同

软文和硬性广告在传播载体和宣传方式上可以说各有千秋。硬性广告主要在电视媒体、广告群等平台上播放,传播速度快,例如,观众前一天才看到的某款新款洗发水广告,隔天就会发现它被摆在超市促销,就会产生一种熟悉感。

而软文则主要是在网站论坛和各大社交媒体上推广,形式多样、渠道丰富,相对硬性广告而言渗透力强,更容易被消费者接受。软文具有实用的参考价值,由于其表达方式循序渐进,商业味道淡,消费者看了可以增长见识;亲切直白和网络化的口吻又好似住在附近的朋友来闲话聊天,令人愿意相信。

3. 成本费用差异

硬性广告的宣传费用往往占企业销售费用支出的大部分,特别是电视上投放的广告价格极高。

而相对于这一点,软文正是用较少的投入,吸引潜在企业、商家的眼球,增强产品的销售力。在软文的潜移默化下,很容易达到产品的策略性战术目的。

例如,旅游区的营销宣传,硬性广告是立一个广告牌指出景区商店的方向,而软文则是在手机上推送文章,为大家讲解景区布局及特色,引导消费者购买。因此,软文产生的费用并不算高昂,甚至还很容易实现零投入的推广。

4. 面临不一样的挑战

两种营销模式都有各自的弊端,硬性广告由于其单向传播,不考虑消费者是否接受,面临消费者产生反感的挑战。而软文由于其渠道的多样化,媒体也没有相应的质量把关,要提升公众信任度相对较难。

(四)软文的优势

软文越来越受到商家的青睐,甚至很多人预测软文营销今后将会是最受欢迎、最有效、覆盖面最广的营销方式之一。那么软文营销到底有哪些优势呢?

1. 成本低

传统的硬性广告费用昂贵,但是软文营销就很简单,会写就行,能写好就行,成本就是人力。软性广告的费用则是硬性广告的十分之一、百分之一甚至千分之一。

2. 软文的实质其实是广告

软文的实质是广告,这是不可避免的商业本性。所以不论软文怎么策划和施行,都是为了宣传。

3. 高质量外链

很多人写软文时都会加上微店的一些链接，而由于软文的高效性，这些文章就成了微店高质量外链，推进店铺的排名。

4. 把商品卖点说透彻

只是让用户相信了还不行，还需要把商品卖点说透彻。不然用户弄不明白情况，仍达不到最终的意图。

5. 软文增强口碑

好的软文可以给店铺带来好的口碑；口碑营销也是一种重要的营销手段，随着时间的推移，用户对店铺的可信度会不断增加。

6. 软文把客户变成粉丝

店铺每天都有新客户和老客户来访问。某些公司的运营人每天就知道去挖掘新客户却忽视了老客户，其实这是一个不明智的做法，因为留住老客户才是最关键的。软文是留住老客户最好的手段之一。

二、软文的作用

一篇好的软文，不但能够给企业带来销售量的提升，而且其本身也是一个高质量的入口，能够让用户进入企业的持续营销范围。

（一）软文的直接作用

1. 吸引用户

无论是直接做产品营销的软文，还是扩大品牌知名度的软文，都需要真正吸引用户，让他们产生兴趣，激发关注和购买行为。

2. 提高品牌知名度

为读者提供独到的观点和视角，通过敏锐的洞察力，帮助读者解决实际问题，在提高读者信赖感的同时，对企业的宣传和推广活动也能产生积极的影响，在某种程度上能够有效地提高企业的知名度。

视野拓展：软文吸引用户的方法

3. 传播企业文化

企业可以通过软文向读者展示企业形象，在读者心中留下好印象。如果软文的内容足够好，还可以吸引相同观点的人进行深入讨论。

知识小助手

软文直接作用的关键点在于"转化"，即将普通读者转化成软文读者，再随之转化为潜在用户群体、购物群体，直到成为品牌忠实粉丝。

（二）软文的间接作用

在软文发展多年之后的今天，一些营销人员发出由衷的感叹：软文营销已经被普遍运用，受众已经变得越来越"难以对付"，有了免疫力。的确，相比20世纪90年代脑白金、海尔、格力依靠软文创造的营销奇迹,当今互联网时代的软文营销或许无法直接再创辉煌,但却因为其强大的间接作用而具备更新的生命力。软文的间接作用包括对外和对内两个方面。

 知识小助手

软文营销即以软文为主要工具和载体所进行的营销。

1. 对外作用

对优秀的软文,即使不去考虑其对营销业绩数字和利润的直接提高,仅在对外展示上,就有如下的积极作用。

(1)积累信任。销售基于信任。以微信朋友圈营销为例,相比陌生人而言,用户更愿意购买熟人产品。在朋友圈的软文营销下,读者虽不会购买软文中的某一特定产品,也会因为阅读行为和体验,对发布者产生特有的信任感并不断积累,最终购买其他产品。

(2)相互转载。不同营销团队或传播平台可以通过相互转载来扩大范围。例如,微博、微信之间,能够通过朋友的转载形成不断传播、打造病毒式营销方式的基础。这样不仅可以在单一产品营销中获得优势,也能扩大传播渠道的未来价值。

(3)口碑效应。软文能够让原本并不关心产品或品牌本身的人也记住其价值,并在日常交流时偶然进行表达,这种效果会带来群体效应。当口碑传播人数达到一定范围后,无论受众在何时何地看到某行业的广告,都能想到软文中所提到的该行业的特有品牌。这种深刻而久远的印象,比硬性广告带来的短期营销效果更好。

(4)号召力。如果营销团队能够不断在媒体渠道中发布优秀软文,制造流行分享趋势,就有可能反过来影响媒体和读者的心智,在不知不觉中培养出他们对营销团队的长久依赖性。如一些微博、微信大V,甚至会出现发送软文后还会获得读者"打赏"(即给予现金支持)的现象。

2. 对内作用

软文主要用途当然是针对购买者的,但如果充分发挥其价值,也能够对企业内部的经营管理和运行发展起到良性的间接作用。

(1)文化营销。企业文化建设离不开内部刊物上软文的宣传。通过阅读先进事迹和产品理念软文,员工思想素质能够获得有效提高。无论是团队精神还是忠诚度、执行力等,都可以通过软文一而再、再而三的"培训"达到更高境界。

(2)降低成本。硬性广告虽然能够获得较好流量,但受众群体并不精确,广告费用也很高。与此相比,单独一篇软文价格远远比需要竞价的硬性广告费用低很多。如果考虑到较好的软文会获得一定数量的转载,企业实际付出的成本会更低。

(3)明确产品定位,梳理营销脉络。软文营销既是具体的营销方式,也可以成为营销管理的方式。在软文的定位、策划和写作前后,企业需要进行系统调研、周密策划、动态调整,而这一过程需要企业进行营销方案的完善,并借以明确品牌、产品的定位,调整营销渠道重点。

知识小助手

软文的间接作用常常是潜在的且容易被忽视,在软文营销之前就制订适当计划,才能对其作用的力度和方向进行正确管理。

(三)软文在互联网营销中的作用

网络软文在互联网营销中发挥了越来越多的作用。在一些商业性网站中,编辑不但要通过写作常规稿件来对信息加以发布,同时也需要兼顾自身网站、客户企业的经济效益,编辑和发布不同软文。网络编辑通过发布软文来直接参与互联网营销,成为商业活动重要的一分子,已经是不争的事实。如何利用软文在互联网营销中发挥重要作用,也值得思考与学习。

1. 丰富用户体验

网络营销离不开网站。在对网站进行编辑时,不能仅是进行复制和粘贴,而是要从网站用户的心理出发,进行软文的写作和编辑。例如,大众汽车曾经在该企业网站上发布最新两款甲壳虫系列产品,除了利用 Flash 建立虚拟的网上试驾体验,之后还推出了一系列用户体验分享软文,给用户带来了前所未有的新鲜感,直接制造了积极的互联网用户感知方式,并最终生成了 25 份在线订单。

2. 给用户现场体验

互联网营销与传统媒体营销不同,前者的传播有节奏快、频率高的特点。好的软文能够在互联网营销中给网友带来充分的现场感,例如,对 Uber 系列城市活动的网络报道,从前期活动预热、中期活动进程,到后期跟踪报道,都有传统媒体所无法打造的现场直播感,并因此让网友感到强烈的参与和互动欲望,从而持续关注和 Uber 有关的传媒渠道。

3. 周期长、范围大

将软文用于网络营销,能够很快生效。好的软文一旦被发现,就会因为互联网作用而被大量转载。事实证明,一些诞生于十几年前的互联网软文,目前在网络中依然有所流传,并跨越了地域限制。

4. 直接增加有效外链

在软文中加入带有企业网站的链接,能够借助搜索引擎,让网友从软文网页界面进入推广者网站,增加被搜索引擎收录的概率和排名。如果软文质量高,就能够大量推广网站。

5. 提高关键词排名

软文中穿插关键词和长尾关键词,可以增加关键词的密度,加上外链和流量的作用,会让关键词在搜索引擎中得到更高的排名。

知识小助手

网络营销想得到优良业绩,需要手段多样化、素材多元化,让软文配合不同营销思路,发挥出不同的特色价值。

三、软文的基本类型

软文之所以备受推崇,一是因为受众对信息的敏感度越来越高,使硬性广告的效果下降；二是在广告效果下降的同时，广告费用却不断上涨，在资金不雄厚的情况下，软文就成了性价比更高的营销手段。由于软文在不影响用户体验的基础上还能够达到既定的广告效果，自然软文营销也就能够迅速占领市场。

而不同的企业，背景和需求各不相同，使软文的表现形式多种多样。但是万变不离其宗，根据传播的渠道和受众的不同，软文大致可以分为三类：新闻类软文、行业类软文和用户类软文（产品软文）。

（一）新闻类软文

新闻类软文是软文发展初期常用的手法，也是最基本的软文形式。此类软文的形态主要以新闻为主，即媒体公关稿、新闻稿、新闻公关稿这些范畴。新闻类推广软文有以下三种写作形式。

1. 新闻通稿

媒体在采访到一些重要的新闻后，以统一的文章格式发给全国需要稿件的媒体，这样的稿件就是新闻通稿。现在，很多企业在对外发布新闻时，也会组织新闻通稿，以提供给需要的媒体。

视野拓展：新闻通稿范文——《吉林省"妙手讲师团"送技术下基层活动

新闻通稿涉及的技巧相对较少，写作形式简单。首先需要对整件事情进行简要而完整的说明，然后是对消息内容的补充，可以是背景介绍，也可以是事件中的一些花絮，或是具体的人或故事。只要文字流畅、语言准确、层次清楚即可。

2. 新闻报道

由于新闻通稿形式过于简单，所以在宣传效果上不够深入，仅仅起到一个广而告之的作用。要让群众进一步了解，就需要更为复杂的"新闻报道"来体现。

此类型的软文都是以媒体的口吻、新闻的写法叙述事情，甚至直接聘用真正的记者完成文章，然后像正常的新闻报道一样发布到相关媒体的新闻栏目。由于用的是新闻体组织正文结构，让受众很难分辨，因此很容易就掉入其设下的"陷阱"。

案例 6-1

餐桌新革命，健康饮食新理念，艾思奇饭菜保温板走进寻常百姓家

随着现代生活条件的不断改善，人们对健康饮食的要求也在进一步提升。为了保持饭菜温度，让劳累了一天的家人吃上热腾腾的饭菜，我们不得不把凉菜放回锅中重新加热，或者放在微波炉里多次加热，但经过这么一折腾，饭菜已经失去了原有的味道，吃起来索然无味。日前，记者调查到，一种新兴的饭菜保温产品——艾思奇饭菜保温板，正在走向百姓餐桌，并深受广大消费者喜爱。它是一款立足于人们日常饮食健康而设计的新型保温厨房电器。该产品通过微电脑微控装置，始终将食物保持在70℃～95℃的最佳进食温度，让人们从此告别冷菜，极大地促进了家庭温馨和谐。大号、小号可以满足不同家庭的需求。

一位来自北京的白女士告诉记者："我们每天上班都太忙，有时做好饭菜，也可能因为加班吃不上，等回来饭菜凉了，即使端上来也早没了食欲。遇上亲朋好友聚会，大家兴致盎然间，不知不觉饭菜凉了，让我感到很尴尬，席间温馨气氛顿时全无。自从在淘宝网买了这个艾思奇饭菜保温板，就再也不用为饭菜凉而发愁了，比微波炉更方便好用。微波炉会造成食物营养流失，食物干瘪，热好的饭菜也失去了原汁原味。艾思奇饭菜保温板除一次性餐具外，适用其他所有材质餐具，可以保持饭菜色香味和营养成分不流失以及菜肴最佳的食用温度。"白女士还饶有兴趣地给记者当场演示了艾思奇饭菜保温板的使用过程，脸上洋溢着满意的笑容。

艾思奇饭菜保温板不仅受到许多上班族的喜爱，而且也越来越受到很多老年人的青睐。记者走访了一位非常时尚的"60后"大妈，大妈高兴地介绍："以前每年过节都为送给老人什么礼物而大伤脑筋，现在吃穿不愁了，送健康是最实惠的。以前经常是婆婆辛辛苦苦做好一桌饭菜，眼巴巴瞅着我们回来，饭菜一点点变冷，却无能为力。所以婆婆总跟我唠叨：冬天饭菜容易凉，怎么办？但我给他们买的微波炉他们却不喜欢，所以我一直想找到适合他们用的饭菜保温电器，前些天听朋友说，艾思奇饭菜保温板使用简单，很适合老人用，今年中秋节我就买了一台送给婆婆。这个保温板是钢化玻璃面板，绿色无污染，平时热饭菜、热茶水、温酒水、烘干坚果食品，偶尔炖鸡、炖排骨，用处多多……不但保证营养不流失，操作也特别简单。而且特别省电，一小时只要5分钱左右。比起其他厨房电器，用起来安全、可靠、省电，不仅加热快，而且加热到一定温度还有自动断电功能，老人记性差，即使忘了也没危险，现在我公公婆婆操作起来得心应手，见人就夸我这个儿媳妇孝顺。"话语之间，大妈脸上流露出得意的神色。

据悉，艾思奇饭菜保温板是南京艾思奇商贸有限公司采用高效发热组件、微电脑自动控温设计出的一款新型的家用饭菜保温厨房电器。这款产品设计理念贴心、人性化，操作简单，安全可靠，热转化率高，成为厨房保温电器市场上一大亮点。它集"保温、加热、安全、卫生、节能"五大优点于一身，三大功能（饭菜保温、温炖、烘干）更是国内首创，引领饮食健康，上市不久，就受到广大消费者的一致好评与赞赏，不仅深受上班族喜爱，更成为年轻人关爱老人、赠送亲朋的健康礼物，很快在当地实体打开了巨大市场。为了方便普通百姓购买，目前南京艾思奇商贸有限公司在淘宝网上开设了旗舰店，产品一上架，就引起广大网友的热烈追捧。它的问世，又一次掀起了餐桌上的新革命，也必将为人们的身体健康带来意想不到的效果。

资料来源：餐桌新革命，健康饮食新理念，艾思奇饭菜保温板走进寻常百姓家[EB/OL].（2012-10-11）. http://cs.sina.com.cn/minisite/news/212210118507.html.

3. 媒体访谈

相对于新闻通稿的公式化语言、新闻报道的说教形式、单向灌输而言，媒体访谈的表现形式显得更生动且富有灵性。

在现如今电子商务逐渐崛起的年代，能够最终成为下一个电子商务行业的破茧而出者，不是一件容易的事情。而在电子商务崛起的初期，曾经风靡一时的聚美优品的CEO陈欧却做得很好。当我们还不太熟悉聚美优品时，我们就先认识了这个为自己代言的"80后"CEO陈欧，他通过访谈和广告的形式，先让所有的人认识他、了解他，然后才是他的产品，如图6-2所示。

图 6-2　聚美优品 CEO 陈欧

以上三类新闻类软文，我们都可以从媒体的角度审视企业内部，从而发现企业内部的新闻亮点，借此来展开软文的写作。亮点主要来源于以下几点。

（1）产品技术。对于有价值的新品，产品本身就是一个大大的新闻。例如，"3D 打印机"刚刚问世时，它不仅可以"打印"一幢完整的建筑，甚至可以在航天飞船中给宇航员打印任何所需的物品。它依靠其独特性，从科技产品中脱颖而出。这就是产品自身的魅力带来的。

（2）销售服务。正如一句关于服务行业的俗语，"顾客虐我千百遍，我待顾客如初恋"。在各种类型的产品日渐丰盈的时代，现在的消费者在选购产品时，除了会关注产品本身的价值和质量，更多会倾向于其营销人员的服务态度，即售后服务范围，从而影响消费者的选购。

例如，"海底捞"火锅，这个品牌之所以能做得如此出色，以至于每次去吃的时候都有好多人在排队，是因为其始终奉行"服务至上，顾客至上"的理念，以贴心、周到、优质的服务赢得了纷至沓来的顾客和社会的广泛赞誉。因此我们可以从服务质量出发，挖掘一套过硬的服务保障体系，以此进行宣传，争取顾客的信赖，如图 6-3 所示。

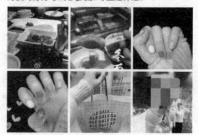

图 6-3　海底捞特色服务

（3）企业文化。企业文化也是企业的重要组成部分，每个企业的企业文化大相径庭，我们就可以挖掘其中的与众不同，把它充分地展示出来。像很多服装行业，根据其品牌理念不同，风格也会各有千秋，我们可以挖掘出其中的亮点吸引消费者的眼球。

（4）关键人物。一个企业要做强、做大，走向成功，其中必然有一些人发挥着重要作用。而往往这些人自身都具备与常人不一样的特点，这些都足以成为新闻的亮点。大众也都渴望去了解这些成功人士背后的故事。这么做不仅满足了新闻宣传的效果，更能为企业对外形象注入人性化的一面。

（5）重大事件。对于企业来说，企业中发生的一些事件也可以成为其宣传的亮点。例如，我们比较熟知的互联网历史上的里程碑事件——QQ 与 360 的不和，曾成为轰动一时的网络热点。这样的重大事件，让消费者更加深入地了解了这两个品牌，且奠定了这两个产品在群众心中的地位，如图6-4所示。

（6）策划活动。经常举办一些有特点、有意义、有影响力的活动，可以吸引到很多媒体的关注。有足够亮点的活动，是媒体报道的最好素材。例如有很多企业经常会开展论坛、讲座类的活动，这样的活动就能吸引到各方面的媒体进行报道。

图6-4　360和QQ之争

（二）行业类软文

行业类软文，指的是面向行业内人群的，为扩大行业影响力、奠定品牌地位的软文。一家企业的行业地位将直接影响到其行业竞争力，因此影响用户的最终选择。要写好行业软文，可以通过以下几点来进行。

1．经验分享

经验分享给朋友，让朋友觉得你更亲近，在朋友之间也可以互相进步。你分享了东西给他，他也会分享一些东西给你，中国人的传统就是这样，这样你们之间就有了信任，自然就更亲密了。就如一句俗话"吃人嘴短，拿人手软"。好的公关、营销和销售人员，都善于利用人的心理去展开营销，而"互惠原理"就是其中常用到的。

分享型软文就是利用人性的这类互惠心理，帮助他人学到知识、解决问题。在他人心里树立起好的口碑，然后让产品得以宣传，从而树立自身产品的品牌形象。

2．观点交流

此类文章以独到的见解、缜密的分析、犀利的评论为主。让读者产生共鸣，继而建立品牌地位和影响力。还有一种就是我们也可以围绕某篇具体的文章进行评论，对其中的内容加以点评、修正、补充，最后组织成文章，如图6-5所示。

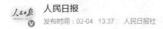

图6-5　观点交流型软文

3．权威资料

若是有条件，我们可以进行一些行业的数据调查、分析报告、趋势研究，将数据转变成文章，将观念植入消费者心里。

案例 6-2

198 名健康专家一致推荐，无菌绿色健康床垫

在首届中国健康睡眠研讨会上，来自全国各地的 198 名专家济济一堂，发表了对健康睡眠的高见。他们对中国老百姓的睡眠质量和健康状况不无担心。中国社会现在处于转型时期，国际社会的竞争压力，国内庞大的人口群和竞争压力，让中国老百姓感觉非常疲惫，尤其是三四十岁的人，上面要供养几个老人，下面有孩子上学，经济压力非常大。一天到晚辛苦工作，一年到头忙于奔波，要是连觉都睡不好，人的身体怎么受得了啊！

其实睡眠问题已经成为一个世界性的问题。在欧洲和美洲大部分国家的普通公众当中，睡眠不佳或失眠的占 30%～56%。而中国比世界平均水平偏高，有睡眠问题、失眠症状的达 40%～60%。专家指出，鉴于紧张的工作、沉重的压力、紧迫的时间，优质的睡眠是非常重要的。专家提出无菌绿色健康睡眠的概念。改善无菌绿色健康睡眠的措施很多，其中最关键的应该是拥有一张优秀的床垫。

有的床垫对居室环境及人体有污染和慢性侵害的副作用，主要因为床垫垫层的填充物及所用的面料。床垫的垫层里大都包含棕毡。棕毡在制作过程中要使用胶黏剂，会释放游离甲醛。人睡眠时甲醛浓度超标，则通过呼吸道对人体构成一定的危害。床垫除以环保性保障人的健康外，其内胆结构及弹簧分布是否科学合理也对人体健康有着不可忽视的影响。内胆品质如何主要看两点：一是适宜多种睡眠姿势，使人体脊柱能始终处于自然放松状态；二是压强要均等，床垫随人体移动凹凸起伏贴合自然。

专家说，在无菌绿色健康睡眠上，兄弟床垫非常值得选择。

兄弟床垫是目前床垫中的最佳环保产品。硬质棉具有非常好的透气性、回弹性、防潮性、舒适性、防蛀、防霉、长年耐用；其环保及透气、防潮性能均优于其他填充物（例如海绵等）。床垫外罩采用了100%纯棉布料及高档进口舒适的羊剪绒，花色品种多样，并可拆洗、替换。它具有超静音的功能，纯天然乳胶床垫能吸收因睡眠翻动所造成的噪声及震动，使你在睡眠中不受干扰，不会影响睡伴，并能有效减少翻身次数，让你睡得更安稳香甜。独立、舒适、每一寸乳胶床垫都按人体结构设计：根据人体工程学原理，针对头、肩、背、腰、臀、腿、脚七个部位不同着力的要求，提供精准的对应支撑，保证身体重量被合理分散，令舒适感弥漫全身。

资料来源：床垫软文：198 名健康专家一致推荐，无菌绿色健康床垫[EB/OL]．（2012-10-25）．http://blog.sina.com.cn/s/blog_9679a46e0101901v.html.

4．人物访谈

人物访谈的第一个好处是，不需要自己组织大量的内容，只要邀请好访谈嘉宾，准备好问题即可，甚至问题都可以让听众帮你想；第二个好处就是在访谈过程中，你还可以积累到许多优质的人脉资源和媒体资源；最后一个好处就是快速奠定行业品牌与影响力。

5．第三方评论

有的时候往往从自己嘴里说出来的东西，总会显得不客观，此时我们可以邀请第三方人士上阵，让他们从客观的角度来评论我们。邀请对象最好是在业内具有一定知名度和影

响力的名博、名人。如果没办法邀请到这些人,那就自己亲自操刀,成文后以第三方的名义发布即可。

评论的内容也不一定非要限于正面,负面的也可以。正所谓"好事不出门,坏事传千里"。受众往往更关注一些负面的消息。只是如果是负面的,到最后一定要能够再圆回来。

例如,现在很多没绯闻、没新闻的明星,只会慢慢地被观众淡忘。甚至就连其某些正常行为,因为表达问题的方式不被人接受,导致被很多人讨厌。但是当这个明星开始在大众面前将自己的缺点放大,自嘲自黑后,很多人却对他有了新的看法,便开始重新认识、接纳他,甚至路转粉、黑转粉。所以很多时候负面的消息也能起到很好的宣传效果。

(三)用户类软文

用户类软文指的是面向消费者和产品用户的文章。这类软文主要作用是增加在用户中的知名度与影响力,赢得用户的好感与信任,从而引导用户产生消费。

这类软文的表现形式多样,但基本的原则只有一条:以用户的需求为主,具有阅读性。写这方面的文章,可以从以下几个方面入手。

1. 知识型

传播与企业或产品相关的知识为主的,在传播知识的同时,将广告信息巧妙结合。

☆ 知识小助手

知识型软文,如天然椰子水的文案开头:"近年来,消费者越来越重视健康,拒绝碳酸、糖和添加剂。国人购买饮品的习惯不再仅仅关注饮品的口感,而变得更加关注其配料及各配料的营养成分。这也推动了各种健康饮品的兴起,使得天然椰子水一跃成为引领当今饮品市场的新风口。"从传播健康生活习惯出发,然后将其与饮品的功效自然结合,这样既能让人了解到健康的小知识,又能让人从中了解到自己的产品。这就是知识型软文的精妙之处。

2. 经验型

通过经验分享,利用互惠原理和从众心理来引导用户。这种经验型软文适用的产品较多,包括美容保健类、食品类或者服务类等。

☆ 知识小助手

经验型软文,如减肥产品的文案"我原本比较胖,然后通过服用该产品后,多少天瘦了××斤",这对于广大爱美女性和肥胖人士是绝对无法抗拒的;抑或增高类产品,例如"我是如何在×个月内长高了××厘米"这类话语,对于对身高不满意、想要增高的人也是很有吸引力的。

3. 娱乐型

网络给大家提供的不仅是学习平台,更是一个娱乐平台,很多人在网上玩游戏、看新闻、看电影,对于大多数人来说,互联网就是用来娱乐消遣的,所以如果我们能把软文写得娱乐味十足,那么,将会非常有市场。

4. 争议型

"争议"是网络营销中的重要卖点，对于软文同样也是如此。这个争议可以是纯粹的话题争议、事件争议，也可以是人物方面的争议。例如，那些在娱乐圈因为整容频频出镜的演员，对于他们的脸而言，观众并没有觉得漂亮了多少，甚至有的还会觉得不整更好看。可就是因为有争议才会开始受到关注。有时一直默默无闻反倒会被人遗忘。

5. 爆料型

好奇之心是每个人都会有的，只是多与少的区别而已。就如在论坛中那些标题顶着"曝光""揭秘"字眼的帖子，往往点击率都非常高。

软文如果从爆料的角度去写，也将会受到很多人的关注，而且用户会非常积极地接受文章中要传递的信息，如图6-6所示。而这种类型的软文在娱乐行业中最常运用，通过爆料的形式，提高自身的知名度。

图6-6 爆料型软文

6. 悬念型

就是制造悬念，也叫作"设问式"。表现形式为针对标题提出一个问题，然后围绕这个问题进行解答。

案例 6-3

装饰装修类软文范例——《一个衣柜引发的婆媳斗》

这是一篇针对某家具品牌的装饰装修类软文范例，主要以吸引网友帮忙的形式，提升帖子的人气，软文如下。

本人"80后"，原本想在祖国60华诞之际举办婚礼，但不成想却因为一个衣柜引发了一场婆媳斗。事情的起因很简单，我妈妈带着我和我老婆去某家具卖场选家具，所有的东西都选得差不多了，就差一个衣柜了。这时我妈突然走进一家叫柏菲尼的家具品牌店，一眼相中了里面的一款衣柜，并叫我们也过去看看，谁知我老婆看了一眼后却走到另外一个衣柜边上对我说："老公，这个好，我喜欢这个欧式的。"谁知妈妈看了看说："这个不好，是刨花板的，怕不结实，还是选实木板的。"就这样两个人争了起来，你一言我一语的，整个下午就是为争论买哪个衣柜而无果而返。

现在两个人已经上升到"婆婆什么都管，我以后没好日子过"和"儿媳妇不让人，以后谁养我老"这样的高度。老婆很明确：要结婚就得选我喜欢的家具；妈妈的观点也很不让人：如果这个事依了你，以后我就得受气。我是里外不是人，真没想到一个衣柜竟然引起了一场婆媳斗。

原订的婚礼日期已经过了，我该怎么办，谁来拯救我这个准新郎？

最后还是爸爸想出了一个解决方案，就是通过网上投票的方式，谁得票多就买哪个，所以请大家多帮帮忙，回复您喜欢的那个衣柜名称，帮我结束这场无厘头的闹剧吧，谢谢大家了。同时也建议那些打算结婚的朋友，如果选结婚用品，千万别带上家人，真是太麻烦了，我是怕了。

下面是那两个衣柜的截图，如图6-7和图6-8所示，请大家帮忙选一个（回复字母即可），小弟先谢过了。

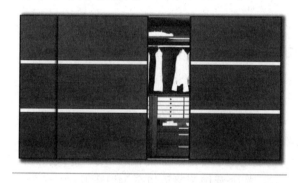

图6-7　A衣柜

图6-8　B衣柜

资料来源：装饰装修类软文范例：一个衣柜引发的婆媳斗[EB/OL]．（2009-11-10）．http://blog.sina.com.cn/s/blog_62e854a30100gjuq.html．有改动．

7. 故事型

好的故事不但轻松、幽默，而且能从中学到很多知识，例如，我们从小就读过的童话故事《丑小鸭》《白雪公主》等。如果我们将要推广的信息包装到故事里，就会收到意想不到的效果。用户在接受故事的同时，实际上也接受了你的心理暗示，将故事中传递的信息印在了脑海中，继而影响到他的认知和选择，而且讲故事的形式还有利于口碑和传播。

视野拓展：ZIPPO打火机经典软文

8. 恐吓型

每个人都会有软肋，都会有恐惧和害怕的时候。恐吓型软文就是利用人们这样的心理达成其营销的目的的。先抛出一个直击用户内心软肋的结论，当用户意识到事情的严重性后，再给它一个解决方案。通过恐吓形成的效果，要比其他方式形成的效果更加令人印象深刻。

9. 情感型

情感是人内心中最脆弱的一面。其实在做营销时，我们也可以利用人性这个方面进行推广。试想一下，如果你抱着一个追求女孩子的心态，把用户当成心仪的对象来追求，把一篇软文写得像情书一般动人，那谁能不被感动呢？

视野拓展：情感型保健品软文案例《母亲》

10. 资源型

好的资源人人都喜欢，人人都需要。如果我们可以将用户迫切需要的资源进行汇总并传播，那么其不但不会被认为是广告，而且还会大受欢迎。

11. 促销型

促销型软文是通过营造"紧缺气氛"，利用"免费策略""攀比心理""羊群效应"等因素来达到营销目的的。

无论哪种软文都只是写作的工具。所以在执行的过程中，先不要考虑这些条条框框，一切以效果为主。只要能够达到效果，什么元素都可以采用。

四、软文的营销策略

软文营销就是指通过特定的概念诉求，以摆事实、讲道理的方式使消费者走进企业设定的"思维圈"，以强有力的针对性心理攻击迅速实现产品销售的文字模式和口头传播，如新闻、第三方评论、访谈、采访、口碑。软文是基于特定产品的概念诉求与问题分析，对消费者进行针对性心理引导的一种文字模式。软文营销策略可以分为以下几种。

（一）新闻策略

人都有好奇心，渴望了解新事物、学习新知识，所以新闻类软文很容易得到人们的关注。操作时要注意，新闻软文一般要突出一个"新"字，文章中的内容一定是人们所不知道的、不熟悉的，如新鲜事物、新鲜观点、新鲜知识、新闻话题等。文章的形式要符合新闻写作规范，发布的媒体及具体版块也应当是正规栏目，千万不要发到广告版。

（二）经验策略

经验分享型软文主要利用心理学原理中的"互惠原理"，通过免费向受众分享经验、免费给予他们帮助，达到感动用户的作用。

而且这类文章形式一般都是无偿给予的，消费者在阅读时没有任何心理负担，且是抱着主动学习的态度阅读的，所以软文中的信息更容易被用户接受和认同，甚至有的用户在看完后还会主动进行口碑传播。例如我们经常看到类似怎样做好PPT、怎样成为文案高手等文章，如图 6-9 所示。只要有需要的读者都会自己主动去阅读，并且也乐意分享给需要的人。

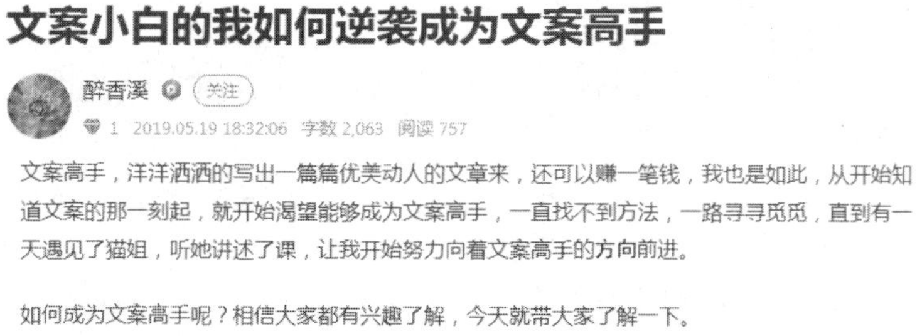
文案小白的我如何逆袭成为文案高手

醉香溪　关注

1　2019.05.19 18:32:06　字数 2,063　阅读 757

文案高手，洋洋洒洒的写出一篇篇优美动人的文章来，还可以赚一笔钱，我也是如此，从开始知道文案的那一刻起，就开始渴望能够成为文案高手，一直找不到方法，一路寻寻觅觅，直到有一天遇见了猫姐，听她讲述了课，让我开始努力向着文案高手的方向前进。

如何成为文案高手呢？相信大家都有兴趣了解，今天就带大家了解一下。

图 6-9　经验策略型软文

（三）概念策略

打造一个与目标用户息息相关的概念，超越产品和企业，为行业定义一个新的市场现象。这个概念要高度符合用户需求，能够引起受众强烈的关注与足够的重视，这样才容易成为行业标准，在行业发展历史中成为独立的名词。

（四）技术策略

人们常常把技术与“专业”“高深”“高品质”“精湛”等联系到一起。所以如果是走技术的路线，会更容易获得用户的认可。特别是一些创新型的技术，还会受到媒体的热捧。例如之前提到的 3D 打印机，是 3D 技术取得突破性发展的成果，媒体就会争相报道。因为这些技术能推动社会的进步，媒体人的特点决定了他们必将关注这些事。事实上，3D 技术在很多领域都取得了不错的成果，每有新的技术和产品，都会得到全球媒体的关注。

我们在利用此策略时应当注意，此策略的关键在于用技术层面的东西去打动用户。所以其中提出的技术一定要真实，必须具备一定的先进性，能够真正帮用户解决一些实际问题。而且在向用户描述时，不要过于高深。

（五）话题策略

足够热门的话题，可以让用户之间自发谈论，达到其传播的效果。获取足够热的话题，有两个比较好的方式。一是围绕、结合社会热点制造话题；二是针对用户的喜好与需求引发争议。例如王老吉的一篇软文《王老吉凉茶重庆卖断货 捐款1亿红遍大江南北》是在2008年汶川地震时制造出的话题，然后其再通过一系列的营销举措，把中国网民的爱国情绪和同胞情谊渲染到了极致，一举确立了王老吉品牌非常积极和正面的形象。

视野拓展：王老吉凉茶重庆卖断货 捐款 1 亿红遍大江南北

（六）权威策略

对于具有权威性的东西，人们都是比较信服的。所以树立权威也是软文营销的一个策略。例如大公司的产品，我们对其质量都会比较肯定；大商场销售的产品，我们也一般都不会去质疑。

我们可以通过企业背景来打造权威，通过好的企业背景，迅速建立权威。例如，很多网络游戏在上线之初就受到高度关注大部分是因为其是由网易或腾讯等大平台投资创办的。如果我们的企业没有这样的好背景，可以通过一些后天的方式弥补，例如通过各种合作的形式挂靠到权威部门或大公司旗下。

除企业背景外，还可以围绕产品打造权威。例如，产品技术特别先进、质量特别好都可以奠定权威。在智能手机还没普及的时候我们用得比较多的诺基亚手机，在进入中国市场的初期，就是先通过技术打造其产品的权威性的。它借助经久耐用、耐摔、电量持久等一系列因素，快速奠定了在中国市场的地位，获得了用户的认可。

除了通过企业和产品，我们还可以通过人打造权威。例如很多商场店铺，本来都是新店，如果跟明星或名人有联系，它的影响力就会比其他同类店铺大。

第二节　软文写作概述

一、软文的写作技巧

（一）软文文案的基本框架

只要软文有足够吸引力，介绍越翔实，潜在顾客与代理明白得就越多，但是对于产品优点还是要做重点介绍的。一篇软文文案的基本框架有以下几方面。

1. 标题

标题只做到吸引人就可以了，不管用什么方式的题目，只要成功吸引了潜在顾客或者代理就是成功的文案标题。

2. 利用人的好奇心

俗话说：好奇害死猫。在正文中切忌一上来就提产品，说得再天花乱坠，这篇文案也是失败的，因为人们看到后，第一反应就是，这是一篇广告，直接就毙掉了。产品信息应该出现在文案的中间部位或者后方，当把人们的好奇心勾起来后，带入文章中，这时再提出产品。

3. 利用好顾客的反馈

如何才能让陌生人信任我们呢？那就是别人的反馈了，来自第三方的评论能起到很大作用，可以快速帮助用户下决心购买。很简单的例子，大家淘宝时肯定都会看评价。

4. 价值的包装

顾客购买的不仅是产品本身，还有产品的价值，所以我们要做的就是告诉他，产品会给他带来什么好处。那通过什么途径来告诉他呢，可以说一些关于产品的，例如：如何用产品，产品是如何诞生的，生产工序是什么样子的，投入了多少心血，多少人力物力财力，这样一步步去放大产品的价值。

5. 内容介绍

内容是关于产品的全部介绍，要让客户充分了解产品的好处、特点，包括专家点评、证明文件、价格、付款等，从多个角度用客户习惯的语言去描述。

6．行动呼吁

行动呼吁越简单越好，越明确越好，给他一个立即行动的理由。

（二）软文写作准备事项

想要写出一篇好的软文，动笔之前的准备工作是否充分直接决定了软文的营销效果。软文写作之前的准备事项有以下几方面。

1．确定营销意图

任何营销活动，最先需要确定的都是营销意图，软文营销也不例外。只有确定了清晰的营销意图，才能在软文的策划和写作中有法可依。

2．分析商品特性

只有足够熟悉和了解商品，才能将商品的特色和优势与消费者的需求联系到一起，写出打动消费者的软文。

3．分析粉丝特点

现代营销学中，粉丝被放在越来越重要的地位。只有深入分析粉丝特色和需求，才能写出真正能吸引粉丝的软文。

4．选定发布途径

通过分析粉丝，可以判断粉丝集中在哪里，那么就可以选定这些途径作为软文的发布途径。

5．确定软文主题

一篇好的软文一定需要具备广泛的传播力，而广泛的自然传播力深受文章主题影响。确定了一个高质量的软文主题之后，软文的成功之路就已经走完三分之一了。

6．选择软文类型

在主题确定以后，就要挑选适宜的软文类型了。新闻报道类、专访型、用户体验类软文等各有各的特点。

7．规划软文纲要

规划软文的结构和中心思想，让软文看起来紧凑、严谨，软文写作会更简单一些，特别是新手规划纲要，有助于写作者迅速入门。

8．收集软文资料

规划完了纲要，作为软文写手，就能清晰地知道，这篇软文需要哪些资料和证据来支持观点。在着手之前，先收集好所需要的一切资料，并把这些资料在心里过一遍，这样软文写作就可以趁热打铁。

（三）软文写作的要点

撰写一篇软文应该以行业趋势作为切入点，宣传本企业产品的先进性或服务的优越性。这种宣传不仅能提高企业产品或服务的市场地位，吸引消费者的关注，也能引起经销商或同行的注意甚至效仿，在行业内形成口碑。

软文的写作分为以下几个要点。

1. 行业口碑

产品的销售链由人组成，一旦业内口碑形成，那么众口同声的推荐将会对产品销量产生直接的推动力。

要赢得行业内的口碑，企业应该从非常专业的角度诠释与产品相关概念的技术支持，使得产品更有说服力，这就需要软文作者下功夫收集有关此专业技术的文章，多方参考。多方引证，并征求技术人员的意见，使软文既合理又有价值。

2. 连续、有计划

只有连续、有计划地进行软文推广，才能真正取得推广成绩。一般情况下，不少企业在推广软文时都至少把半年作为一个阶段，半年内每周至少推广一次，唯有这样努力地推广才能收到成效。因此，软文虽然费用低，但总体的投入还是有的，企业也应该支持。

3. 适当的夸张

在找到支持点后一定要对产品利益点做某些夸张描述，不可停留在一般性叙述上，语言尤其要口语化。这种夸张绝不是无中生有的，而是在搜罗、分析所有信息的基础上，有根据地做恰当的夸大，并以幽默、传奇式的口吻打动消费者。

4. 增加价值

与专业版面合作，选取具有新闻价值的切入内容，让软文成为真正的有偿新闻。这种推广方式多运用在某个特定阶段，如新品上市、某项公关活动进行时。

（四）软文写作的注意事项

高质量的软文能够为商家取得连绵不断的访问率和转化率，为商家带来高利润的同时，有助于大大加强商家的知名度。软文写作注意事项包括以下几方面。

1. 精定位

对于消费者的定位，软文应找准目标的切入点。软文的目标定位准确后，才会做到针对性推广和精准推广，软文的发放才会有的放矢。

2. 突出标题

在写软文时，要重视标题党，标题成功，即三分之一的软文成功。

3. 优内容

有了一个引人注目的标题后，文章内容就是进一步影响客户的主要因素了，必定不能粗心。因而，软文内容要简洁、逻辑通畅、主题明晰。

4. 巧推广

毫不夸大地说软文推广是一种极好的推广方法，成功的软文的主要特征在于一个"巧"字。天然奇妙的文章即一篇合格的软文。

视野拓展：怎样让软文被广泛传播

二、常见软文写作场景

每篇软文的背后都有属于它的独特场景。我们给产品设定好一个与之相符合的美好场景，然后将产品融入场景中，这种方式可以大大增加软文的可读性。就像拍照片，符合人物风格的色调和景色,能为拍出更加漂亮的照片大大加分。而软文在构造场景时,可以从以下七个方向去把握。

(一)悬念式场景

设置悬念,是充分利用读者对文章、对故事情节很想知道又无从得知的关切和期待心理,故意巧设谜团,吸引读者读下去的创作手法。而悬念不仅指的是一个故事的结局,在软文创作时设置悬念还更多地表现为努力去营造非常态的动作与行为,也包括非常态的意识与发现。例如,创意软文《老公,别把你的专业变成伤害我的工具!》,文章题目中的"专业""伤害""工具"等词语吸引读者阅读,然后文字内容从一对夫妻的日常出发,本来是一件"电脑用得过久,疑似电脑出现了毛病"的事件,但是联系到文章的标题,却给读者以暗示:这件事情肯定不能这么简单,带有悬念性地吸引读者继续读下去。果不其然,妻子发现了丈夫的秘密:电脑里的语音控制器。就是通过这个"可恶"的软件,妻子发现丈夫一直有事情瞒着她。写到这里,就引发了读者对这款软件强大功能的好奇心,便不自觉地会想去百度搜索看到底是不是真的有一款这样的软件。作者就这样通过故事情节的形式,设置悬疑,然后通过事件叙述,逐步解开悬疑,吸引读者阅读,也使产品得到了推广。

视野拓展:创意软文——《老公,别把你的专业变成伤害我的工具!》

而从另一方面来说,悬念也是受众在读软文时的那个"鱼饵"。我们可以通过设疑、倒叙、隔断等表达方式来制作这个"鱼饵"。

1. 设疑

从写作开始就让读者感到疑惑,然后随着阅读的进行逐步解开读者的疑团。

2. 倒叙

先把读者感兴趣的东西说出来,接着再讲述前因。

3. 隔断

讲述过于复杂的事件时,当写到读者最为关注的地方时,突然中断,改从其他事情说起,这时读者还想着前面中断的地方,因此制造出了悬念。

(二)故事式场景

故事是人类最古老的传授知识的方式,很多人从小就是听故事长大的。在很多书籍中,故事书也是大部分小朋友最喜欢看的书。好的故事,不但轻松、幽默且含义深远,而且可以让人从中学到很多知识,加深产品印象。

例如,现在很受欢迎的一款网络游戏《英雄联盟》。在这款游戏中,游戏设计者设计了很多不同形象的人物:探险家伊泽瑞尔、盲僧李青、邪恶小法师维迦等。每当设计者设计出这些新人物时,设计师都会设计一个与这个游戏人物相关的故事,给人物设置这样的故事背景,更有利于受众加深对游戏人物所具特征的认识,同时游戏人物也像注入了灵魂变得有血有肉,像真实存在一样。

案例 6-4

《英雄联盟》背景故事之流浪法师——瑞兹

瑞兹是大陆上最远古的法师之一，在游戏中也是最早的一批英雄。他没有武器，最强的武器就是他的魔法。虽然这么久以来他在游戏中已经被重新设定了，但仍然是无数玩家心中的"法王"，如图 6-10 所示。

瑞兹是毕业于法师学院的学生，在学院里是一个出了名的讨厌鬼，一点儿都不合群，大家都主动疏远他。七岁的时候他就曾半夜潜入导师的住所，然后用一瓶电能药剂烧焦了校长引以为傲的头发；九岁时，他在老师用于郊游的火焰呼吸药剂里混入了泻药；十二岁时，他在图书馆拆卸了学校的飞艇然后重新组装了一遍；后来他又因在学院礼堂每个椅子上施加束缚神符被人逮住。他的存在给学院和老师带来了无穷无尽的麻烦，但是学院并没有因此开除他，如图 6-11 所示。

图 6-10　流浪法师——瑞兹　　　　图 6-11　瑞兹和他的魔法书

年长后的瑞兹对外界充满了好奇，十分向往。于是他决定离开学院，独自修行。他在行程中找到了很多魔法书并且掌握了上面记录的魔法。令人吃惊的是，他学会了强大的电弧卷轴记载的魔法，每一个法术都会被他细心地记录下来。最后，他甚至将强大的符文直接刻在自己的身上以求变得更加强大。后来的瑞兹学会了很多魔法和符文，他背负着符文之书，并守护着它，防止落入恶人之手。

瑞兹的一生都在追求符文和魔法，在找到并掌握了已知的符文后，他独自踏上了那些未知的神秘领域进行探索。

资料来源：《英雄联盟》背景故事之流浪法师：瑞兹[EB/OL].（2019-01-09）. https://baijiahao.baidu.com/s?id=1622177606372034073&wfr=spider&for=pc.

（三）情感式场景

人都是有感情的动物。情感式软文场景就是利用人的这个特征来撰写软文的。只要我们能够找到与产品相连的感情线，并且这个感情线足以打动受众，引起受众情感上的共鸣，那么我们写这样的软文就特别容易着笔。例如，软文《遇见另一个未知的自己》，这是一篇电子商务行业的情感类软文，文章用第一人称的写作方式，描写自己以前是一个性格内向的人，自从加入电子商务行业后性格就开始发生自己都没想到的变化，变得活泼、爱笑。然后这个改变让自己体验到了幸福。这篇文章就是利用人情感柔弱的一面，来博取受众情感上的互通，且以自己的经验为例，使文章更具说服力。

案例 6-5

电子商务软文：遇见另一个未知的自己

匆匆赶路许多年，或许你会突然被这样一个问题问倒：你是谁？

你是银行账户里后边有好多个零的数字的人吗？

你是亲朋好友中那最热络的身影吗？

你是工作岗位上那个信心满满的名字吗？

这些都是你又不全是你，如果说这样的问题注定无解，那么心里的你总有一些正能量是为找寻真正的自己，在埕禧农业，每个人都在出发，都在寻找，每个人都在一个全新的起跑点上，在岁月的无限静好中，遇见一个无限精彩、不可思议的自己。

不久前，我的前同事遇到我，半开玩笑地对我说："小×，真难相信现在这个热情活泼的人是你，先前我们都在暗地里讨论你是不是有冷暴力！"这话把我给吓倒了，冷暴力？要知道，我天性爱说爱笑，乐观随和，一向都说自己是开心果，会不会因为平时跟比较熟络亲密的若干个朋友放得开，而跟工作岗位上接触的朋友都太有板有眼了，为什么会给他们留下"冷暴力"的印象呢？

但这的确就是曾经的我，因为任职一些比较重要的岗位，工作量大也烦琐，丁点儿大的失误都有可能为整个方案的执行带来时间上的延误。上班时精神太过紧绷，下班后便太过疲累，然后满脑子里还思考着第二天的工作，反反复复，周而复始，导致睡眠质量特别差。只是这个认真负责拼命三郎的形象真的是我吗，毕竟我还是花儿正当红的年纪。

出于整个电子商务行业的大潮势头，我加入了埕禧的电子商务平台。刚入职时，我依然保留原来工作中的严肃和不苟言笑，但很多伙伴从一声招呼、一个眼神、一个微笑、一个手势开始，慢慢地影响了我，而我也慢慢地改变了自己。渐渐地，我的有板有眼慢慢开始瓦解，替代的是身边的工作伙伴亲密了，话题也多了，协作能力也高了。我无比喜欢现在的自己，由硬及软，当内心真正柔软下来之后，真的会遇见一个未知的自己。加入埕禧的平台以后，他的整个团队确实让我真正地体验到幸福原来可以如此简单！

资料来源：在埕禧，遇见另一个自己[EB/OL].（2017-01-17）. http://blog.sina.com.cn/s/blog_1664355920102x9oi.html.

（四）恐吓式场景

每个人都有害怕的东西，恐吓式场景就是利用人这样的一面，将这样的恐惧进行渲染，然后让用户意识到事情的严重性，最后再推出产品帮助顾客解决这个困难的。这样的软文形式让用户对产品印象深刻。例如，早些年间一款比较火热的矫正人坐姿的产品"背背佳"的软文，案例先借助资料对中国大部分的青少年都有驼背的习惯进行描述；然后由医学界的权威深入分析这种不良习惯会产生哪些可怕的影响，让人们对此类情况感到畏惧；最后再讲述产品对矫正人坐姿的功效，帮助人们解决问题。用这样的方式撰写软文，可以让消费者了解到产品的重要性，甚至认为产品是矫正体型必不可少的工具，使产品风靡一时。

视野拓展：背背佳的恐吓式软文

（五）促销式场景

促销式的场景也是我们平时在软文写作时遇到的比较多的情况。这类软文或直接配合促销使用，或使用"买托"制造商品供不应求的盛况，它通过人存在的"攀比心理"，或通过营造出"紧缺的氛围"，或利用"免费策略"等方式使人产生购买欲。例如，"北京人抢购×××""×××，在广州卖疯了""一天断货三次，西单某厂家告急"等，这类软文广告经常出现在电子商务企业发布促销活动时。

视野拓展：申城粉丝买林书豪T恤"解渴"，网购也染"林来疯"

（六）新闻式场景

新闻式软文场景是最基本的一种软文形式，其重点在寻找企业中的新闻点，这个新闻点的关键要突出一个"新"字，所说的事件应该是新鲜事，或是较为罕见的事件，如公司的成立、推出的新品、大型的活动等，然后把这个事件用"新闻体"的形式呈现出来，如图 6-12 所示。

图 6-12　新闻式文案

利用这种形式来写作软文，有以下几个优势。

1. 具有完整阐释功能

广告本身的属性，决定了它不可以采取说理或陈述的方式来表现。但是，新闻就不一样了，它可以用文字把一件事情说明白，因此，新闻报道可以把企业要传达的目标和信息传播得更准确、详尽。

2. 具有高性价比优势

一般来说,同样版面的企业新闻传播,成本只有广告的1/5,甚至更低,对于那些广告预算紧张的企业是非常划算的。

3. 具有及时传播性

一个企业发生了具有对外宣传价值的重大事件,我们想要第一时间把这个信息传播出去,只有通过新闻式软文才能实现这个目的。

4. 具有危机公关职能

因为新闻类软文的形式,就是用简单的语言对产品进行描述的,且具有可信度,所以我们在处理企业发生的危机事件时,通常采用的方式就是新闻报道。这个比其他类型的软文能更好、更快地传递所要说明的事件。

5. 具有二次传播性

所谓"二次传播",就是一个媒体首先要发布出来,因为事件的新鲜和热度,引发其他媒体的转载,这种事情屡见不鲜。

(七)诱惑式场景

诱惑式场景就是投其所好地将消费者吸引过来,然后进行产品推销。例如,现在普遍都有一种观念,占到便宜就像是自己得了好处一般,于是我们可以将人这样的心理利用起来。例如,在逛超市时,超市推出的"买一送一""买几送几""买什么送什么"等促销活动,人们看到这样的活动都会忍不住去了解;或那些自助餐厅,食物并不是多么美味或多么有特色,就是利用无论你吃多少都可以这个特征来吸引消费者。还有就是很多电子商务企业,在节日期间,会以满减的形式为营销手段给店铺做推广,消费者一看到有折扣,就纷纷关注,商家也因此打开了市场,如图6-13所示。

图6-13 诱惑式文案

知识小助手

千万不要偷懒做一站式营销。一站式营销是指我们在做软文营销时,不能仅准备一篇软文,在不同的网站大量发布。这种方式虽然是最简单、快捷的营销方式,但是这样的方式并不能起到很好的宣传作用。

三、不同类型的软文撰写技巧

(一)新闻类软文的快速撰写技巧

写好新闻类软文,必须"神形兼备"。想要快速撰写这类软文,尤其在格式布局和内容安排上要充分熟悉:从内容上看,软文要被尽可能地包装成规范的新闻稿件;从格式上看,也应符合新闻媒体的刊登要求。

1. 内容要求

"5W1H"要素是新闻类软文必须具备的,包括 Who(何人)、When(何时)、What(何事)、Where(何地)、Why(何故)以及 How(何法)。

此外,新闻类软文还应具备时效性、显著性、接近性、真实性和趣味性五大属性。其中,时效性要求事件必须是近期发生的,显著性要求内容具有明显能被观察出来的特征,接近性意味着要和大多数读者的生活息息相关,真实性即事件本身必须确实发生过,趣味性则主要指新闻本身能带来娱乐功能。这五大特性并不需要面面俱到,但时效性是最基础的,应尽可能体现在内容中。

2. 内容组成

(1)新闻标题:应高度概括,抓人眼球。例如,《××电商高调宣布杀入双十一竞争序列》。

(2)新闻导语:提示消息整体描述的重要事实,能够一目了然。例如,"近日,随着天气转冷,我市女性群体掀起了新一轮养生美食风潮。记者为此走访调查了几家提供相关产品的餐饮门店……"

(3)新闻主体:即消息主干,集中对时间加以叙述,阐发问题,表明观点。营销内容也应穿插在这一部分进行。

(4)新闻背景:结合营销内容特点,介绍新闻发生的历史背景、现有环境和条件等。一般情况下只需要简略加以介绍,不应喧宾夺主。

(5)新闻结语:如有必要,可以用最后一句或一段话来加以总结。

3. 新闻结构

新闻结构是新闻作品谋篇布局的整体设计。常见的正文结构有以下几种。

(1)金字塔。按照时间顺序来安排事实,先发生的放在前面,后发生的放在后面;事件的开头就是消息的开头,事件的结尾就是消息的结尾。

(2)倒金字塔。将最重要、最精彩的内容放在前面。后续部分再按照时间依次进行叙述。例如,将某企业获得重要奖项荣誉的事件作为新闻放在最前面,随后内容再叙述企业的创业历史。

知识小助手

倒金字塔式又称为"逆转倒金字塔式"。它以事实的重要性程度或受众关心程度依次递减的次序,把最重要的写在前面,然后将各个事实按其重要性程度依次写下去,一段只写一个事实,全部陈述事实,犹如倒置的金字塔或倒置的三角形,因而得名。

(3) 菱形。这是一种"两头小、中间大"的结构,以导语引出内容,主要内容相对复杂,可以分段叙述。文章最后用结语进行总结。

知识小助手

因新闻的主要内容比较复杂,导语中容纳不下,也不能概括表达,因此菱形结构适用于在主体中分段叙述的格式形式。

(4) 辐射性。以一个中心事件或事物为核心内容,辐射出其他事实,宜于报道比较散的事件。例如,某医疗保健网站的新闻软文,用"雾霾天气下的马拉松"作为中心事件,辐射出养生保健服务的新闻。

(5) 并列式。将众多主要事实并列在内容中,然后用导语加以概括提示,营销内容则隐藏在众多主要事实中。如题为"烟台国庆主题文旅活动丰富多彩 市民游客同庆祖国华诞"的新闻稿中,用导语介绍十一国庆期间,当地休闲度假拉动经济情况,后文陆续列举了文化旅游的多种形式,并隐藏了以优惠吸引游客游玩参观作为营销部分。这个例子中,作者利用并列式结构取得了很好的效果。

视野拓展:烟台国庆主题文旅活动丰富多彩 市民游客同庆祖国华诞

(二) 行业类软文的快速撰写技巧

行业类软文指面对某个特定行业从业人群的软文。不少企业在行业中的排名地位会直接影响到其总体竞争力,影响用户的选择。例如酒店行业中,总是在行业内整体知名度高且有一定影响力的企业占据竞争优势,其通过行业类软文,能更为有效地扩大自身行业影响力,打造出行业品牌形象。

快速撰写行业类软文的技巧包括以下几点。

1. 确定技巧、知识

在不同行业中存在特殊的技巧、经验或知识,如汽车保养技巧、电脑使用技巧等。写作行业类软文时,可以选择这些专业知识作为核心。

写作之前,可以先请教相关技术人员,或者通过对不同渠道文章和观点的分析,确定要普及的技巧和知识,从而写出有一定行业深度的软文。

2. 分享经验

在传播知识、技巧之后,借用行业专家之口或使用采访形式,分享围绕这些知识和技巧所形成的经验。由于行业软文的阅读对象大多是业内相关人士,他们会对经验部分的"干货"内容更有兴趣,学习以少走弯路并解决问题,由此产生向外界推荐该软文的愿望。这样,软文营销目的就可以充分达到。

3. 交流观点

行业软文既面对行业人士，又面向行业外感兴趣的读者。因此，只写技巧、知识和经验并不适合所有的人。在行业类软文中，不妨加入一些观点交流内容来进行有效"调和"，列举的观点不一定都是成熟的，重点在于体现从业人员的思考，引起不同群体读者的共鸣，帮助行业品牌建立应有的公信力和知名度。

例如，一篇 P2P 行业的软文写道："作为新鲜事物，P2P 从无到有、从小到大的发展，也经历了为人不知和被误解的尴尬过程。即便从事这一行业的专业员工，也曾经有过不同的顾虑，曾经在南京某家理财机构工作的吴女士，就和笔者讨论过关于信用体系如何保障的问题……"

正因为有了观点上的自由表达和合理碰撞，行业软文看起来才更客观公正、不偏不倚，而不单纯是一篇传授知识技能的普通文章。

4. 加入权威资料

无论哪个行业，其从业人员都希望能有机会接收与行业有关的调查数据、市场趋势分析、行业观察报告等。如果软文写作者能够事先掌握有针对性的数据和事实，在文章框架构思完成后，找到最好的角度将资料融入文中，并提供给从业人员，文章将会更加受欢迎。

例如，某家电子商务咨询公司宣传本企业品牌的软文中，就定期发布对商务行业加以研究分析的资料，并因此积累了很好的声誉。

📎 知识小助手

行业类软文的成功不可能一蹴而就。想让笔下的行业软文焕发出超出期待的价值，必须花费一定时间和精力，多观察、搜集和积累行业的相关情况，以便做到厚积薄发。

（三）用户类软文的快速撰写技巧

用户类软文又称为产品软文。这类软文主要针对某个单项产品或服务提高影响力和知名度，让消费者和潜在用户能够更好地了解产品，并最终引导他们做出消费决定。

由于产品特点各自不同，用户类软文写作手法相当灵活，主要包括下面几种类型。

1. 资源情报类

用户确定购买产品之前，会通过互联网、杂志或者微信朋友圈来了解相关产品的知识。他们尤其侧重参考那些消费"牛人"所分享的资源和情报。例如，从资深手机玩家的角度，在专业手机论坛上发布不同型号手机的知识、新的使用方法等；以手工 DIY 达人的身份，向圈内人士介绍购买原材料、组装作品的渠道；或者从保健专家的角度来和大家分享购买哪些食物能够起到预防疾病的作用……这些文章看起来平易近人，只是分享资源与情报，但却能够隐蔽地植入产品信息，令读者感到自然。

在撰写这类软文时，应该首先找准和产品有关的情报，随后将之组织罗列成大纲的要点，形成文章之后，再发布到聚集了最多用户类型的媒体中。

2. 制造争议类

不少人无论是上网阅读还是用手机浏览信息，都更多关注新鲜事件，利用对其中争议性话题的思考辩论，打发碎片化时间。想要写出利于推广的用户类软文，可以从产品的使用过程和结果等角度找准争议话题，借用文章中不同人的思考，带领读者"跟风"进行讨论。这样，文章就会因为争议而长久发挥作用。

例如，一家水果专卖店为了进行品牌推广，在其微信公众号上专门发表了一篇软文，围绕何时吃水果最利于健康进行讨论。这样的讨论因为复杂性而带动了越来越多的网友加入，使得他们越来越了解该专卖店。

3．由疑问引出内涵类

如果想尽快写出能够始终在读者心头萦绕的用户类软文，可以利用人性中好奇探索的基因，为他们准备必要的疑问，随后将解答的权力交给他们。

例如，文案人员可以一开始就在文章中释放问题，如"为什么日本是全世界人民平均寿命最高的国家""为什么高龄女星能够始终保持肌肤水嫩"等。也可以在文章开始介绍产品时，制造具有悬念性的话题，引发读者思考，让问题自然而然地盘旋在其脑海中，如"怎样维护产品""怎样充分利用产品的功能"等。当疑问背后的内涵被读者关注时，他们的思维也就会被文章所影响。

知识小助手

用户类软文的核心在于用户。写作者应在创作前置身于用户群体，多了解其想法；创作时则学会换位思考，明确用户的期待和愿望；在创作后，不妨让身边的用户朋友阅读文章，提出意见。

（四）电子商务产品类软文的快速撰写技巧

近年来，电子商务越来越火，大有和实体销售业争夺市场的架势。电子商务产品在撰写软文进行宣传时，既需要向用户类软文学习，也有自身特点需要关注。

1．对事实做出夸张处理

电子商务软文绝大多数都在互联网平台上传播，如果不能对事实加以必要的夸张，就会被埋葬在茫茫信息之中。创作时，要让文章内容更加直截了当或冲击心扉。

例如，在某零售电子商务的店铺中，为销售除螨用品而发布了一篇软文，软文中将"三个月不晒被子，百万只螨虫陪你睡"的事实加以放大，延伸到生活中的每个细节，并将螨虫对婴儿、老人的危害程度加以重点描写。虽然这些材料确实是专家研究后所提出的事实，但运用语言文字进行夸大，让其在消费者心中分量更重，成为了这篇软文成功的重要原因。

对事实的夸张，绝不应该无中生有，而应在对手头现有信息基础的整理和分析之后，有根据地进行适当夸大，并以具有表现力的文字来击中读者内心的痛点。为此，你需要利用一些大众化的口头词语，对电子商务产品的功效做出适当的比喻夸大和描述。

2．强调免费、高性价比和实际好处

选择通过互联网消费的用户，大都是对价格较为敏感的人群，因此，免费、高性价比和实际利益能够最快打动他们。

（1）免费。强调产品或利益的免费性，让读者感到有便宜占、有好处得。例如，"最新户外探险专家技巧，免费分享"，看起来是在无偿赠送知识，其实是将读者导流入一家户外探险用品的电子商务店面。

（2）性价比。让读者感到节约了金钱的同时又获得了相同的利益。例如，"买对空调，就能在这个夏天省500元电费"，这样的描述语句运用在软文之中，会让读者在最短时间内抓住你的营销重点，并因为高性价比而点击产品页面。

（3）实际利益。在没有提到价格的情况下，就让读者看到能够收获的实际利益。例如，采用"买对奶粉，迅速改善孩子缺铁症状"的标题，再加上软文中的权威数据和图文资料，能够帮助读者意识到自己即将获得的收益。而这种期待感会帮助他们进入软文所引导的消费情境中。

3. 加入网店链接

在电子商务产品软文中，最好带上电子商务网站的链接，这样就能够增加有效的外链，并引导搜索引擎链接到电子商务网站，提高其被搜索引擎收录的概率和排名。

网站的链接地址或产品的网址可以适当插入内容中。例如在介绍产品功能之前，或者向读者说明可能获得的利益之后，及时展示网址并引导读者点击。当然，链接地址究竟插入何处，同软文发布的平台也有关系，如在相关产品的平台上发布，可以在文章最后插入链接。而在行业论坛或其他平台上，则可以适当插在文章中最关键的词语中。

另外，无论选择插入文章中的何处，网址的链接都需要选择过渡性的语句来加以协调，过于直白的链接插入会令读者不适。

知识小助手

电子商务类软文直接面向广大网民，除了要抓住产品特质，还应该以生动丰富的网络语言与素材来构建软文，便于其在互联网上传播。

四、软文写作的误区与禁忌

软文写作不同于文学创作、新闻写作或公文写作；软文写作也不仅仅是把自己的广告简简单单地放置在文章中，而是需要读者主动进行植入，并且主动给你宣传，这样才能让你实现软文的价值。软文写作可以借鉴诸文体的写作方法和形式。我们应该了解软文的误区与禁忌。

（一）软文写作的误区

软文写作，为的是能够提升品牌促进销售，这一点是不容置疑的。但是在实际执行中，可能会走入写作误区，而使软文写作的效果大打折扣。

（1）软文拼凑。很多站长在写软文时采用拼凑的方法，认为这也是种原创，事实上因为这些文章的语序混乱，读者读完后不知道表达的意思是什么。

（2）内容空洞。软文的价值取决于写软文的人水平的高低，内容的把握一定不能忽视，一篇文章出来后空洞无味，文章也就失去了它原来的意义。

（3）文章主题不符。好的软文推广场合是有针对性的，不要只为了推广而不顾场合胡乱发表。软文不是写完文章就大功告成了，更需要作者把各方面都能考虑进来。

（4）专业度低。作者应根据主题选择创作的风格，体现专业性的文章用数据和事实说话,这样可以保证软文在推广的过程中取得很好的效果,写作者应把相关专业信息融入文章,体现故事的情节性与专业性,这样不但可吸引读者,也可以在故事中插入需要推广的信息。

(5)文章中包含禁忌词语。很多在做网站优化和关键字排名的站长在创作之初没有软文经验,所以在创作的时候,因不了解互联网的一些禁忌词语,没有在写作中加以注意,导致因文章中出现禁忌词语而在论坛发帖推广时被自动删除,这样就没有推广效果。

(二)软文写作的禁忌

软文写作作为商家最常使用的营销方法之一,可以提升一个商家的品牌形象和知名度,在一定程度上也能够促进产品的销量,但是撰写软文时也需要注意以下几个方面。

1. 忌篇幅过长过多

如今人们生活节奏快,客户看到大篇幅的文字就头疼,即使阅读也很难读完整篇内容,更何况是让其读广告了。因此,软文要短小精悍、言简意赅,让客户很快就能了解整个内容。为了让客户能够快速了解整篇软文的内容,要尽可能做到言简意赅,长篇段落要分轻重并划分几个小段,这样客户自然容易产生阅读兴趣。

2. 忌脱离中心思想

一篇营销类软文不能仅仅是产品信息的堆砌,而应该有中心思想,将营销的主题恰到好处地隐藏在软文的中心思想中,然后围绕中心思想撰写,最终形成一篇可读性较强的软文。

3. 忌忽视标题

一般客户决定是否看某一个内容70%是由标题决定的。标题是整篇软文的点睛之笔,所以,要在标题上下足功夫。

4. 忌无规划

在展开软文营销工作之前就要明确软文推广的目的,你想塑造品牌,利用新闻造势还是销售更多的产品?这些都应该在心里有个底,一旦明确目标就逐步去落实到位,否则是在做无用功。

一个合理的软文推广规划,必须在推广之前确立推广的媒体平台数量、推广的周期长短、软文发布的媒体特征等,这些是规划推广战略中不可缺少的内容。只有合理地规划软文推广,才能让软文按照计划进行传播,实现超越预期的营销效果。

5. 忌一成不变

在软文推广的过程中,客户需要的软文往往不止一篇,一个系统化、完善性的软文推广方案,在长期的推广过程中,需要的软文篇数较多,而所有软文中缺乏新意、一成不变是软文推广的一大禁忌。

6. 忌拖泥带水

客户看软文广告通常没什么耐心,如果不能在几行字之内抓住客户的视线,后面的内容即使再精彩也毫无意义,要避免像写流水账一样,语言要精练,前后呼应,使一篇软文浑然一体。

7. 忌知己不知彼

通常软文写作者会对所要宣讲的产品做深入系统的研究,这样做的确是写出有血有肉的好软文的一个重要因素，但往往忽视了另外一个重要因素，即对市场情况的调查研究。

先把握好市场的热点，分析用户的特点并抓住用户最关注的是什么，了解受众能够接受哪种传播方式，然后根据这些特征制定出相应的推广策略。

8．忌不考虑可接受性

软文的目的在于引导、说服与感动客户，推动客户产生购买行为。因此要充分考虑软文对于客户的"可接受性"。也就是说，软文一定要给客户一种"可信度"。切忌过分地夸大与拔高，切忌把软文写得类似硬性广告，引起受众怀疑甚至反感。

复习与思考

1．简述软文的含义。
2．简述软文的基本类型。
3．简述软文写作的要点。
4．简述常见的软文写作场景。
5．简述快速撰写行业类软文的技巧。
6．简述软文写作的误区。

实训项目

 实训题目

策划并写作微信公众号软文文案

 实训要求

（1）掌握微信公众号软文文案的写作方法。
（2）掌握在微信公众号文章中植入商品的方法。

实训准备

一年一度的"3·15"消费者保障日到了，每到这一天用户都特别关注又有哪些假冒伪劣商品被查处，话题占据了人们茶余饭后的时间，热度也会持续好几天。本例借助"3·15"的热度，为某鸭货品牌写作一篇微信公众号软文文案，以"3·15"当日曝光的茉莉香鸭颈王事件为切入点进行对比，既借用了热点事件，有一定关注度，又推销了自己的商品，可谓一举两得，如图6-14所示。

借热点写作微信公众号软文文案时一定要注意热点与自身商品的契合度，本例选取的热点事件为茉莉香鸭颈王黑幕事件，正好与要推广的商品某品牌鸭货有所关联，能够比较好地进行商品推广的衔接和过渡。同时，还要注意文案写作的风格，一般这种类型的文案建议以趣味性内容为主，通过语言风格、描述方式和有创意的图片来吸引用户，让用户在阅读的过程中能够感到愉快，回味无穷；或引起他们新奇、振奋等情绪，让他们轻松、自然地接受文案所传递的信息。

图 6-14　茉莉香鸭颈王事件的部分新闻信息

有趣味性的文案要有足够的新意，最好花费足够的时间在表达方式、内容倾向等方面进行构思，拥有自己的风格和特点并长期保持一致，这样才能与其他的公众号区别开来，让读者直观地识别。如琢磨先生、槽边往事等公众号都是比较有创意和个性的账号，文案人员可搜索这些账号并阅读其文章进行借鉴。

趣味性的文案可以通过新颖的写作方式或加入具有个性的图片进行改善。这类文案在写作时，要满足以下条件。

- ❑ 内容要有及时性、可读性、教育性、娱乐性或互动性的特征。
- ❑ 不能大篇幅进行自我推广，要保持80%的内容是读者感兴趣的，20%的内容进行自我推广。
- ❑ 文案结构清晰明了，内容最好具有一定的思考性，独特有趣。
- ❑ 保持自己的文案风格，不要有巨大的转变。

实训步骤

结合"3·15"打假的结果，通过对事件的描述和对比，撰写自己要推广的鸭货品牌。文案可以结合当下流行的表情包，穿插于其中，使文案严肃中带有乐趣，给读者带来不一样的体验，也可参考其写作方法或展开自己的创意进行写作。

参考文献

1. 宋俊骥,孔华. 电子商务文案:创意、策划、写作[M]. 北京:人民邮电出版社,2018.
2. 孙清华,吕志君. 电商文案写作与传播[M]. 北京:人民邮电出版社,2019.
3. 廖敏慧,吴敏,李乐. 电子商务文案策划与写作[M]. 北京:人民邮电出版社,2019.
4. 张国文. 打动人心电商文案策划与视觉营销[M]. 北京:人民邮电出版社,2017.
5. 兰晓华. 说服力:电商文案这样写才有效[M]. 北京:清华大学出版社,2016.
6. 龚芳,刘宁,焦韵嘉. 电子商务文案策划与写作[M]. 北京:北京邮电大学出版社,2018.
7. 苏高. 新媒体文案创作与美工设计[M]. 北京:中国铁道出版社,2019.
8. 陈庆,黄黎,徐艺芳. 移动商务文案写作[M]. 北京:人民邮电出版社,2018.
9. 孙清华. 超级转换力:电商爆品文案写作指南[M]. 北京:人民邮电出版社,2018.
10. 秋叶. 新媒体文案创作与传播[M]. 北京:人民邮电出版社,2017.
11. 彭斌全. 软文营销由浅入深的个性策略[M]. 北京:清华大学出版社,2017.
12. 王建平,梁文. 软文写作与营销实战手册[M]. 北京:人民邮电出版社,2017.
13. 李红术. 软文营销与内容运营[M]. 北京:电子工业出版社,2018.
14. 文能载商. 10W+新媒体文案炼成记:微信、微商、电商、App、头条号软文实战[M]. 北京:清华大学出版社,2018.
15. 文能载商. 10W+新媒体文案炼成记:爆款标题+内容创作+广告营销+排名优化[M]. 北京:清华大学出版社,2018.